汉字
家族

寻找称呼里的汉字

张一清　富丽　陈菲　著

中 华 书 局

图书在版编目(CIP)数据

寻找称呼里的汉字/张一清,富丽,陈菲著. —北京:中华书局,2016.10
ISBN 978-7-101-11970-1

Ⅰ.寻… Ⅱ.①张…②富…③陈… Ⅲ.汉字-通俗读物
Ⅳ.H12-49

中国版本图书馆 CIP 数据核字(2016)第 157085 号

书　　名	寻找称呼里的汉字	
著　　者	张一清　富　丽　陈　菲	
插　　图	吴　捷	
责任编辑	马　燕	
出版发行	中华书局	
	(北京市丰台区太平桥西里 38 号　100073)	
	http://www.zhbc.com.cn	
	E-mail:zhbc@zhbc.com.cn	
印　　刷	北京天来印务有限公司	
版　　次	2016 年 10 月北京第 1 版	
	2016 年 10 月北京第 1 次印刷	
规　　格	开本/710×1000 毫米　1/16	
	印张 16¾　插页 2　字数 120 千字	
印　　数	1-7000 册	
国际书号	ISBN 978-7-101-11970-1	
定　　价	36.00 元	

目　录

前　言

　　"汉字家族"系列第一本书《藏在身体里的汉字》问世以来，承蒙各方雅爱，先后上了几种"书榜"，同时也收到了一些比较肯定的意见，这让我们在感激的同时，也深受鼓舞。在第二本小书又将付梓之际，我们首先对有关方面和相关人士表示诚挚的谢意。

　　我们要感谢中华书局和宋志军、申作宏、李忠良、马燕等几位先生和朋友，感谢他们在第一本书刚印行不久，就着手和我们探讨第二本书的思路和框架，使我们更加坚定了把这个系列做下去的信心。

　　我们还要感谢北京电视台科教频道"书香北京"栏目和吴玮、吕楠、周清青、姜华以及栏目组的各位朋友，感谢他们为制作《藏在身体里的汉字》一书节目投入了大量人力物力，也使我们通过这个平台认识了更多喜欢汉字、喜欢中华文化的朋友。

　　我们同样要感谢"中国汉字听写大会"总导演关正文先生。在"书香北京"录制节目的时候，适逢他百事缠身，90高龄萱堂又刚刚入院，但他还是抽出时间赶到节目录制现场担任了嘉宾。

　　我们要感谢的，还有台湾大是文化有限公司，感谢他们对《藏在身体里的汉字》一书青眼有加，出版发行了繁体字版，从而让我们更加坚信，同宗同祖的两岸兄弟携手弘扬中华文化必将前景辉煌。

　　中华民族是最重视亲情、友情的族群，也十分看重谱牒文化，宗祠家庙遍布神州各地；每逢岁杪年初，"年夜饭"的笑声也响彻华夏上空。

　　的确，人活一世，许多时候活的就是一个"情"字。所谓"至爱亲人"，"亲"最初的意思有两层：一层是至近，也就是心意相通、深情显现，彼此之间没有距离；另一层是至高、至深，意味着爱意无限、无私无悔。因此，最能当得起这个"亲"字的，首先是赐予我们身体发肤、培育我们成人的父母"双亲"。

也正是因为如此，所以每一个儿女最大的心愿，就是山一般的父亲永远高大健康，于是我们把父亲称作"椿庭"；我们同样希望海一样的母亲一辈子忘却忧愁、开心快乐，所以我们把代表忘忧的"萱草"奉献给亲爱的母亲。

在其乐融融的大家庭中，还有和我们一起"骑马打仗""过家家"的兄弟姐妹。手足情深，号令幼小的长"兄"，常常用他稚嫩的肩膀为弟弟妹妹撑起遮风挡雨的屏障；而降临人世时间靠后的小"妹"，她一生都在追随哥哥姐姐的足印。

成年之后相伴一生的恩爱夫妻，未曾谋面的祖上、后人……血脉上的祖祖辈辈、子子孙孙都是我们情之所系并且铭刻于心的眷属和亲人。

供人瞻仰和寻根的洪洞大槐树，历经数百年风霜雨雪，依旧枝繁叶茂，荫蔽四方。她见证了多少家族薪火相继、子孙繁衍；也让多少华夏儿女在这里找到了血脉源流和家族的根。

关山路遥的同姓兄弟，携手跨越五百年时光川流：庭堂之上，父慈子孝，兄友弟恭，尽享天伦的便是彼此共同的先祖。而确实需要两支笔分别写就的"李"和"理"，两个姓氏的源头却都是我们华夏民族司法的鼻祖、舜帝时的"理官"皋陶，而且家族中还出现过影响中华与世界文明的道家始祖"老子"李耳。

《百家姓》《皇明千家姓》，这些流传甚广的启蒙读本，一方面引领千千万万幼小蒙童走进横竖点画构成的汉字世界；另一方面也让无数孩童从小建立起家庭、姓氏和宗亲的观念，并且把祖先及其贡献铭记于心。

尧、舜、禹、女娲、嫦娥、孔丘……这些永载中华史册的闪光人物，他们的名字同样意蕴深远、启迪后人。"尧"的高大、"舜"的繁茂、"禹"的勇猛，这也是古老的华夏民族在宇宙洪荒之时立于天地之间的真实写照；而"娲"的包容、"娥"的美好，则展现出女性自古海纳百川的胸怀和装点人世的俊美容颜；"丘"的朴实，不仅没有使"圣人"头顶的光环变暗，反而让我们更深入地了解到古老的取名风尚，感受到名字中对父母所赐和生活环境的浓浓记忆。

灿如星空的中华民族，多少闪亮的名字永远活在我们的记忆之中。而和我们同在蓝天下的诸多亲人，他们就像阳光和空气，默默提供着哺育我们健康成长的条件与保障。然而，长期置身其中，或许我们常常不知不觉、习以为常，而一旦有变，我们的肌体无疑将出现不自主和无条件的反应。

因此，关注我们身边的亲人，这既是我们每一个人必须承担的责任，同时也是我们加强自身修养、让人生少一些缺憾的需要。尤其是当我们中的一位经历了同胞手足言笑晏晏几小时后却天人永隔的创痛，痛彻心扉之际，也让我们愈加真切感受到亲情之重、真爱之深。所以我们希望通过本书呼吁大家珍惜亲情，关爱每一位亲人！

最后，我们还是要感谢我们的家人胡明女士、彭鹤先生、马金山先生和张牧笛小姐，因为他们是这本小书尚在襁褓时的读者，而且对书稿中的一些内容提出了许多中肯的改进意见与建议。

我们还要感谢这本书的读者朋友，因为你们的支持将是我们努力前行的动力，你们的批评与意见将是我们不断增长知识、开阔眼界的支柱与源泉。

作　者

2016年3月

第一部分

寻根溯源说姓氏

第一章　姓和氏的来历

在这个部分你将了解到下面这些字：

姓	柏	姬	姜	姚	嬴	姒	妊	氏	如
羌	孔	乙	颛						

一　姓是从哪里来的

在现代社会中，每个人都不是孤立的个体，需要承担社会角色，跟人打交道。而在人际交往过程中，介绍自己并了解对方姓名是十分必要的，这样才便于互相称呼和记忆。"请问您贵姓？""我姓某某。"是中国人在跟陌生人打交道时最常说的两句话。当然，这也是外国人学说中文一开始必学的对话。

姓氏，对现代社会的每个人而言，就像是人在社会交往中的"外衣"，非有不可。同时，姓氏也是血缘关系的重要标志。子承父姓是中国千百年来的传统，同姓之人可能有着共同的祖先。既然姓氏如此重要，那么，你有没有想过，姓氏是怎么来的？

我们先来看看"姓"这个字。它的甲骨文字形是𤯔，左边是土地中生长的植物，就是"生"字；右边是一个双手交叠、跪坐的女子形象。《说文解字》是这样描述"姓"字的："姓，人所生也。古之神圣母，感天而生子，故称天子。从女，从生，生亦声。《春秋传》曰：

xìng

姓

'天子因生以赐姓。'"清代段玉裁在《说文解字注》中说："《五经异义》、《诗》齐鲁韩、《春秋公羊》说圣人皆无父，感天而生。"这里所说的"神圣""圣人"，指的是伏羲、后稷、黄帝、颛顼、尧、禹等一些为中华民族的发展做出过卓越贡献的人物。根据中国古代典籍记载，这些人的诞生异于常人。比如司马迁在《史记》中写道："周后稷，名弃。其母有邰氏女，曰姜嫄（yuán）。姜嫄为帝喾（kù）元妃。姜嫄出野，见巨人迹，心忻然说，欲践之，践之而身动如孕者。居期而生子，以为不祥。"这段文字是说，后稷的母亲姜嫄因为在野外踩了巨人的脚印，才受孕生下了他。而《诗经》所载"天命玄鸟，降而生商"则说的是，商代的祖先契（xiè）是其母吞吃了玄鸟的蛋以后怀孕诞下的。其实，关于圣人感天而生的传说不止在中国有，世界上其他国家也有，甚至在宗教上也有，例如圣母玛丽亚是处女，受圣灵感应而生子，等等。经后代学者研究，所谓"感天而生"揭示了人类发展史上的一个重要事实：远古人类普遍经历了母系氏族社会阶段。当时的人只知其母，不知其父，甚至可能认为从怀孕到分娩的生育过程是由女性独立承担的。一母所生的人聚在一起，形成一个大家族，而"姓"则是同族的人用来代表相同血缘关系的符号，所以"姓"字由"女"和"生"构成。

同时，"感天而生"也暗示着"姓"最初的来源可能跟原始社会的图腾崇拜有直接关系。

在原始社会早期，人们对自然界的认识有限，动植物和其他自然物对当时的人们来说具有神秘莫测的力量。古代典籍中比比皆是的"感天而生"传说表明，原始氏族大多认为自己起源于某种动物、植物或其他自然物，从而把这种事物视为崇拜物和自己的保护神。这些被神化的事物就是我们通常所说的图腾。

图腾被刻成各种标志或加工成饰品佩戴，作为不同氏族交往过程中用以表明身份，区别于其他氏族的特征。由图腾演变而来的氏族名就是姓氏的雏形。据考证，现在的一些姓氏就是源自图腾。例如：

"柏"（bǎi）字表示的是一种树木，作为姓氏使用有好几种来源。其中的一个来源是远古时代的一个东方部落，这个部落的图腾就是柏树。该部落首领名叫柏芝，他的子孙后代就姓柏。

bǎi

柏

图腾

总而言之，"姓"源自母系氏族，代表的是母亲一系的血缘关系，这是目前学术界普遍认同的看法。说到这里，你一定意识到，最初作为母系血统标志的"姓"，跟现在代表父系血统的"姓"在含义上有明显不同。事实的确如此。那么，早期的"姓"有哪些特征？其中有没有一直沿用至今的姓？"姓"的含义上的变化是怎么发生的？这些问题，我们将在后面的章节中一一讲解。

二 哪些姓是从上古传下来的

虽然受制于有限的考古发现和史料记载，我们尚无法对中国早期的姓做深入研究，但是至少有两点能够肯定：其一，早期的姓数量一定不多；其二，我们现在所知道的浩如繁星的姓氏，正是以这些为数不多的古老姓氏为源头发展演变而逐渐产生的。那么，让人不禁感到好奇的是，究竟哪些姓是在上古时期就存在的呢？其中又有哪些是从那个时候起一直延续使用到今天的呢？

根据一些学者的意见，"姬、姜、姚、嬴、姒（sì）、妊、妫（guī）、妘（yún）、姞（jí）"这九个姓是在上古时期就存在的古老姓氏。下面我们来看一看。

jī
姬

jiāng
姜

yáo
姚

《说文解字》对"姬"字的解释是："黄帝居姬水，以为姓。"短短一句话透露了很多层意思。首先，"姬"既是古代的水名，也用作姓氏。其次，"姬"之所以成为姓氏，是从它作为居住地名称（姬水）而来的，可见以居住地为姓是古人获得姓氏的一种方式。再者，"姬"字很早就已经用作姓氏了，以至文中都没有对它的其他意思做出说明。实际上，"姬"除了用作姓氏，也有很多实在的意义，而这些意义往往跟它的偏旁所代表的女性含义有关。比如"姬"在古代文献中常用作对妇女的美称或指美女，像"妖姬、丽姬、曼姬、琼姬"这样一些词，都曾用来指美女佳人。例如南朝陈后主在《玉树后庭花》一诗中就有这样一句对美人的描写："妖姬脸似花含露，玉树流光照后庭。"当然，也正是因为"姬"有这样美好的意思，所以常常被用在那些容貌或才华出众的女子名字中，例如项羽的爱妾虞姬、东汉文学家班姬和蔡文姬等。

再回到"姬"字作为姓氏本身。姬姓虽然现在已经不太常见了，但它作为华夏族的祖先、"五帝"之首黄帝的姓，其地位在上古时期必定显赫一时。据史料记载，后来，黄帝的嫡系子孙继承姬姓，非嫡系子孙则改为他姓，而现在常用的姓氏当中，有很多都是源于姬姓。

相比之下，姜姓现在仍然很常见，你一定没有想到它也是从那么久远的年代流传下来的吧。《说文解字》对"姜"字的解释也只有一句话："神农居姜水，以为姓。"神农就是跟黄帝并称"炎黄二帝"的炎帝。可见，姜姓跟姬姓一样，也由于曾经是一位远古伟人的姓氏而沿用下来的。而且，因为姬姓和姜姓都曾经是古代的大姓，还由此衍生出"姬姜"一词，用来代指贵族妇女，同时也可以指美女。例如《左传》中的这句："虽有姬姜，无弃蕉萃"，就是用"姬姜"和"蕉萃"对举，前者指的是出身高贵的女子，后者则指的是鄙陋之人。

"姚"也是现在常见的姓氏。《说文解字》："虞舜居姚虚，因以为姓"，意思是说，姚姓是从"五帝"中的另外一位——舜那里来的。"姚"字现在除了用作姓氏，我们已经看不到它的其他用法了，然而这个字在古代还可以表示"美好"的意思。古代文献中可以看到"姚冶"一词，指的是美丽、妖艳等意思。例如《荀子》中有："今世俗之乱君，乡曲之儇（xuān）子，莫不美丽姚冶……"这里的"姚冶"指的是人的妖艳美态；而在清代龚自珍的《湘月·甲戌春泛舟西湖赋此》一词中："一抹春山螺子黛，对我轻颦姚冶"，"姚冶"则是形容景色的美好。

另外，中国古代诗词中还经常可以见到"姚黄魏紫"或"魏紫姚黄"的说法，有时也简写作"姚魏"或"魏姚"。相传，姚黄是宋代姚姓人家所培育的千叶黄花牡丹，而魏紫是当时魏仁浦家所植千叶肉红花牡丹，颜色紫红。这两种花都是牡丹花的名贵品种，所以后来"姚黄魏紫、魏紫姚黄、姚魏、魏姚"就都指牡丹花。例如宋代范成大在《书樊子南游西山二记》诗中写道："十丈牡丹如锦盖，人间姚魏却争春"。再如宋代杨万里的《紫牡丹》一诗中有："寒食清明空过了，姚黄魏紫不曾知。"

牡 丹

嬴姓如今虽然罕见，然而大家并不会感到陌生，因为它是千古一帝秦始皇嬴政的姓。不过从秦始皇再往前追溯，嬴姓在另外一位华夏族祖先少昊（hào）那里就已经有了。《说文解字》中说："嬴，少昊氏之姓。"嬴姓作为秦国的国姓，曾经盛极一时。而"嬴"同时也可以代指秦，所谓"嬴秦、嬴女、嬴台"都跟秦国或秦王朝有关。

yíng
嬴

在古代，"嬴"除了用作姓氏，还可以表示"增益、增加；余、满"等意思，跟下面为"月、贝、凡"的"赢"是通用的。不过现在"月、女、凡"的"嬴"已经不再具备这些含义，而只用作姓氏，大家一定要注意分辨。

"姒"是治水英雄大禹的姓。据《通志》记载："女志于水中得月

sì
姒

rèn
妊

精，神珠如薏苡，爱而吞含之，遂生夏禹。"说的是大禹是其母吞吃神珠薏苡所生，由此得姓为姒。之所以选择"姒"这个字，大概是因为它和"苡"字写法接近的缘故吧。

"姒"除了用作姓氏，还有其他含义。古代兄弟几人的妻子当中，兄长的妻子为"姒"，弟弟的妻子为"娣"（dì），后者也称前者为"姒"。同一个男人的诸位妻妾之中，年长的为"姒"，年幼的为"娣"。所以，"姒娣"或"娣姒"都既有妯娌的意思，也是同一个男人妻妾之间的称谓。唐代李翱《杨烈妇传》中有："妇人女子之德，奉父母舅姑尽恭顺，和于娣姒。"这里的"娣姒"就是妯娌的意思。可见古代把妯娌和睦作为考察女子德行的标准之一。

"妊"字作为姓氏的源头是黄帝最小的儿子禹阳。据《唐书》记载，禹阳从黄帝那里得姓为"妊"。但是，在漫长的发展过程中，妊姓逐渐演变成了今天的任姓，"妊"字本身不再作为姓氏，而只表示怀孕之义，用在"妊妇、妊娠"等少数词语中。

上古姓氏中的另外三个"妫、妘、姞"，相较于前面讲到的几个，现在无论是作为姓氏使用，还是作为单个的字，都不太常见了。然而它们也都出自名门望族，是那个时候的显赫姓氏。其中，妫姓一直沿用至今，妘姓和姞姓则各自丢掉女字旁，演变成了今天的云姓和吉姓。

仔细观察"姬、姜、姚、嬴、姒、妊、妫、妘、姞"这九个姓氏，大家一定已经注意到，它们的字形中都包含"女"字。这也从一个侧面印证了中国早期的姓氏跟母系氏族社会之间存在直接关联。

这些早在上古时期就已经出现的姓氏，有的流传至今，更多的情况则是由它们演变或发展出其他姓氏。据研究，我们现在所知的大多数姓氏都可以从它们那里找到"根"，所以有人将它们视为中国姓氏的源头。

然而，众所周知，几千年来，中国的姓氏所反映的是父系血缘联系，这跟"姓"最初代表母系血统之间是如何产生关联的呢？而且，我们现在姓氏并称，姓和氏到底是不是一回事？二者之间存在哪些区别和联系呢？我们将在下一节为大家揭晓答案。

三　姓和氏是一回事吗

我们现在讲一个人的姓氏是什么，对姓和氏并不加区分。然而在秦以前，姓和氏是完全不同的两个概念，二者之间有明显区别。

姓出现在先，氏是在姓的基础上产生的，是后起的。前面讲过，姓产生于母系氏族社会，是同一氏族组织的称号，同姓意味着具有相同的母系血缘关系。

随着氏族社会的发展，人口越来越多，氏族规模逐渐膨胀，氏族内部一些成员间的血缘关系变得越来越淡，有些成员之间甚至难以找到血缘联系了。这种情况下，大的氏族发生了分化，按照父系血缘关系结成次一级的组织，从而产生了不同的部落分支。这些部落分支各自也需要特殊的称号作为标志，这就是"氏"产生的缘由。可见，"氏"跟"姓"刚好相反，代表的是相同的父系血缘关系；而"姓"和"氏"属于上下层级的关系，氏是姓的分支。

我们再来看"氏"这个字。它的甲骨文字形是 ，有人认为它像一个侧身站立的人，手里拿着东西，至于它最初的意思则已经无从考证；不过也有人认为它像物体要倾倒而将其支撑住的形象，是"支"字原来的字形。现在所知，它就是作为标志宗族系统的称号，是姓的分支，用以区分子孙的血缘由来。南朝梁顾野王所撰字书《玉篇》中有："氏，姓氏。"按，秦汉以前，"姓"和"氏"不同，"姓"为"氏"之本，"氏"自"姓"出。夏、商、周三代，氏是姓的支系，用以区别子孙之所由出生。这段话明确说明了中国早期"姓"和"氏"的关系。

shì

氏

姓和氏的区别还在于功用的不同。据《通志》记载："三代之前，姓氏分而为二。男子称氏，妇人称姓。氏所以别贵贱，贵者有氏，贱者有名无氏……"可见，在夏、商、周三代以前，只有贵族才有氏，一般的平民百姓没有氏；贵族中的男子称氏，女子称姓。这是因为，氏是用来区别身份地位的高低贵贱的，姓则是用来区别婚姻的，所以有"同姓、异姓、庶姓"的说法。上古有所谓"同姓不婚"原则，指的是母方血统相同的人不能结婚。氏同而姓不同，可以通婚，同姓则不可通婚。姓和氏的这种区别反映了当时封建宗法制度的权威性和严密性。

不过，姓和氏的区别到了西汉就彻底消失了。从此以后，无论是单称"姓"、"氏"，还是合称"姓氏"，代表的都是一个家族的名号；而且，上自天子，下至庶民都能有姓；姓氏的应用也不再区分男女。

我们今天的"姓"，实际上等同于秦以前的"氏"，是父系血统的标志。了解了这些，我们再来看一些为大家所熟悉的古人的姓名，就不能按照现在的姓氏概念去理解。比如助武王伐纣的姜太公，"姜"是他母亲的姓，"吕"是他父亲的氏，"尚"是他的名，因此，他的严格意义上的姓名应该是"姜尚"，而不是"吕尚"。再比如秦始皇的母姓为"嬴"，父氏为"赵"，名"政"，因而，他为世人所熟知的姓名是"嬴政"，而非"赵政"。

值得一提的是，"氏"除了表示姓氏的含义，还有另外一些跟人的称谓相关的用法。远古传说中的人物往往被称为"某某氏"，例如："神农氏、伏羲氏、燧人氏"等。对一些学术大家或名人，人们也常常在他们的姓后面加上"氏"字，例如：《说文解字》的作者、东汉著名文字学家许慎被称为"许氏"。

在中国古代，"氏"更常见的用法是放在已婚妇女的父姓后面，比如姓张的称为"张氏"，姓李的称为"李氏"。不仅如此，通常还要在其父姓前面加上夫姓，比如张家的女儿嫁到王家，就称为"王张氏"。

可以想见，中国古代得有多少个"王张氏"啊！而像"王张氏"这样"重名"的妇女在当时又该有多少啊！

姓名代表的是一个人的身份。在封建礼教的束缚下，连专属的姓名都没有，而只能以"夫姓+父姓+'氏'"这样的方式来称谓，可见中国古代妇女地位之低下。这其中反映的正是"在家从父，出嫁从夫，夫死从子"等所谓"三从四德"。而诸如此类的封建礼法，实际上在我们的汉字中也有所体现。最典型的莫过于"如"字。

大家都知道，"如"字由"女"加"口"构成，但一定很少有人知道，它最初的意思就是"顺从、遵从"，说得更直白些，就是要听别人的话。女人不但没有专属的姓名，更没有发言权，要"从父、从夫、从子"，一切由男人做主。所幸我们生活在新社会，这一切已经不复存在，然而它们在汉字中留下的印记将一直流传下去。

rú
如

我们回过头来再看姓氏。"姓"和"氏"由原本的上下层级关系、各有分工，发展到后来不加区分，指的是同样的意思。与此相伴随，"姓"的含义也从代表母系血统，转变为代表父系血统，古今概念有别，不能混为一谈。

四　同姓一定有血缘关系吗

中国人很看重姓氏，但凡遇到与自己同姓之人就感觉格外亲切，互称"本家"。这说明大家的潜意识中普遍存在一种观念，认为姓氏相同意味着可以追溯到共同的祖先，换句话说，同姓的人之间存在着或多或少的血缘联系。事实果真如此吗？

在姓、氏合流之前，同姓确实意味着拥有共同的祖先和血缘。比如上古时期以"姬"为姓的人，都是黄帝的子孙；而以"姜"为姓的人，都是炎帝的后人。

然而姓、氏合流以后，姓氏的来源变得复杂多样，同姓的人之间不再是单一的联系，同姓不一定具有相同的血缘关系。这是因为，大多数的新姓是从以前的氏转化来的，而再往前追，这些氏又各有各的源头。也就是说，不同来源的氏恰好使用相同的汉字，继而演变成为现在看似相同的姓。

　　还是以姜姓为例。早期的姜姓是从炎帝开始的，这一脉延续下来，成为今天姜姓的一支。姜姓的另外一支，据《通志》记载，是在唐代由桓氏改姓而来的。还有很多姜姓，则是由少数民族改汉姓而来的。比如满族的姜佳氏（也称姜尔佳氏）改姓为姜。其他如羌族、侗族、瑶族、彝族、蒙古族等一些民族也都有改用姜姓的。其中，有些羌族人改姜姓，据说是因为"羌""姜"二字字形接近。仔细说来，二者的确有相似之处，它们字形的上半部都是"羊"。"姜"字上"羊"下"女"的结构一目了然。至于"羌"字，从它现在的字形已经不太容易看出，实际是上"羊"下"人"，这在其甲骨文字形 ⚘ 中可以观察到。《说文解字》说："羌，西戎牧羊人也。"可见，"羌"最初是对中国古代西部游牧民族的泛称，而不仅仅指今天的羌族，而"羌"这个字从构字上就反映了这些民族以游牧为主的生活方式。但是需要注意的是，从现代汉字的角度看，"羌"和"姜"在写法上是有明显区别的："姜"上半部的"羊"，中间一竖下面不出头；而"羌"中间是一长撇，从上至下不能断开。

　　说完了姜姓，我们再来看看"孔"这个著名的姓氏。孔姓因为孔子而闻名于世，然而孔姓不止孔子这一支，还有很多来源。比如春秋时期，郑国有出自姬姓的孔，据说为周厉王之后；陈国有出自妫姓的孔，据称出自虞舜；另外，土家族、苗族、蒙古族、回族、满族等一些少数民族也有孔姓。所以尽管都姓孔，后面这些孔姓却显然很难跟孔子扯上关系。

　　关于孔子的姓氏问题，是很有说道的。众所周知的说法是孔子姓孔，名丘，字仲尼。其实细究起来，"孔"并不是他真正的姓。据

qiāng

羌

kǒng

孔

记载，孔子的祖先是宋人，而宋是殷商的后裔。前面讲过，商的始祖契据传是其母简狄吞食"玄鸟之子"而怀孕生下的，因此得姓"子"。商灭亡之后，契的后代被周封在宋，宋王室的后代又各有氏。孔子的先世是以祖先孔父（fǔ）嘉的字"孔父"为氏。由此可见，孔子实际上是子姓、孔氏。只不过在秦汉以前姓氏有别，男子称氏不称姓。姓氏合一之后，氏也就成了姓。加之司马迁在《史记》中说孔子"姓孔氏"，从此世人就只知孔子姓孔了。

不止如此，孔子的姓氏还有不少讲究。就拿"孔"这个字来说吧，它最为大家所熟悉的意思是表示孔洞、窟窿，其实在古汉语中，"孔"字有很多意义和用法。我们先来看看"孔"的字形。左边是"子"，右边的"乚"读作 yǐ，在古汉语中跟"乙"是一个字，也写作"乙"。"乙"这个字形横过来看，像是一只昂首展翅的鸟的形象，所以古人有把"乙"作"燕子"用的。例如《南齐书》："昔有鸿飞天首，积远难亮，越人以为凫，楚人以为乙，人自楚越，鸿常一耳。"其中的"乙"指的就是燕子。同一种飞鸟，越人以为是野鸭，楚人则以为是燕子，所以后来人们就用"越凫楚乙"比喻因为认识不清，判断错误而各执一词。

"孔"字用"子+乚"的字形，表示的意思是，燕子到来并得到了下一代。这是一件多么美好的事情！因此，"孔"包含有"嘉美、美好"的意思。"孔"的这个意思可以通过中国古人爱用"嘉"作名、"子孔"作字的事实得到印证。例如：据史料记载，楚成嘉字子孔，郑公子嘉字子孔，等等。

燕子到来并得到下一代这件事，也有顺利的意思在里面。凡能顺利通过的，必定不是铁板一块，一定有孔洞。"孔"表示孔洞、窟窿等意思就由此产生了。而且，

要想物体通过，孔洞太小也不行，一定得够大，因此，"孔"又发展出"大、空、深"等意思。例如："孔硕"是将两个意思相近的字放在一起，表示"硕大"的意思；"孔德"就是大德。我们甚至可以推断，"孔雀"作为鸟的名字，大概也是由于这种鸟体形硕大而用"孔"字。

再进一步，"孔"又可以表示抽象意义上的程度深，即"甚、很"之义。"孔嘉"一词在古汉语中常用，是"非常美好"的意思。《诗经》："其新孔嘉，其旧如之何？"大概意思是说，她（妻子）新婚时非常美好，时间久了会怎么样呢？"孔"表示程度深的意思，曾经可以用来构成一批词语，而现在仅保留在"孔武有力"一词中。

实际上在我们的汉字中，跟燕子相关的，除了"乙"，还有一个"鳦"字。这个字，左边是繁体的"鸟"；右边是"乙"；合在一起仍然读作yǐ，意思就是指燕子。例如清代程先贞《西亭闲坐独酌有述》："柳色绿初成，絮语来新鳦。"描绘的是春天柳树发芽，燕子飞来的美好画面。不过，"鳦"字现在已经不再使用了。

yǐ

鳦

燕子、鳦，以及前面提到的玄鸟，在古书中指的都是燕子一类的飞禽。玄鸟被认为跟商王朝的诞生有直接关系，是殷商的图腾。《诗经·商颂》中就专门有一篇叫做《玄鸟》。而孔子作为殷商的后裔，他的姓、氏"子、孔"二字都跟玄鸟有着或多或少的联系。

不过，需要注意的一点是，"孔子"的"子"跟他原本的子姓没有关系，而是中国古代对男子的尊称。

我们还是把话题拉回到姓氏本身。像姜、孔这样支系众多的现代姓氏还有很多。这是因为，氏的来源本就多种多样，后来它们又各自转化成姓，这样，就在不同来源的姓氏之间形成了交集。

从来源上看，以出生地、居住地为姓的情况很多，例如前面讲过的姚，以及东郭、西门等复姓；也有以国名或封地为姓的，例如郑、吴、赵等；有以官职为姓的，例如司马、上官等；有古代天子赐姓的，例如南明隆武帝把国姓"朱"赐给了郑成功；还有因避讳或某种原因改姓的，等等。这里不一一列举，后面还会有详细论述。

同姓不一定有共同的血缘，反过来说，异姓反而有可能同出一宗。道理很明显，姓由氏转化而来，而氏又是从早期的姓分化出来的，这就造成很多现代姓氏实际同源的局面。比如据考证，吕、许、谢、高、国、纪、丘、齐、强、尚等超过一百个姓都出自"姜"这个古老的姓。

　　如此看来，姓氏不仅是象征家族关系的符号，也是维系整个中华民族凝聚力的纽带。姓氏的演化历史就是一部中华民族发展史，记录了中华儿女成长、繁衍的足迹。

第二章 到洪洞县寻根

在这个部分你将了解到下面这些字：

解	判	半	赵	趋	趣	杨	旸	扬	郑
陈	阜	东	丘						

一 谁的老家在洪洞

"问我祖先在何处？山西洪洞大槐树。祖先故居叫什么？大槐树下老鹳窝"。这首民谣曾在我国北方地区广为流传，家喻户晓。里面提到的山西洪洞是一个什么样的地方？"老鹳窝"又怎么会是祖先故居呢？这得从一场重大历史事件说起。

据史料记载，明代初期，中原地区劳动力严重不足，土地大片荒芜，政府财政收入锐减。为巩固明王朝统治，朱元璋下令移民屯田，从而拉开了一场大规模移民活动的序幕。

槐 树

由于山西在当时属人口稠密之地，而洪洞县又是晋南人口最多的县，因此成为民众迁移外地的重点地区。当时洪洞县城北的广济寺旁有一棵巨大的槐树，官府人员在树下集中百姓，为被迁移的人办理手续，登记造册，督促他们上路。

数十万的山西农民被迫离开故乡，迁往河南、河北、山东等地。移民活动在很大程度上缓解了地区间人口不平衡，促进了农业发展。但是，被迁移的每家每户却不得不忍受背井离乡和妻离子散的痛苦。因为当时的移民条律是"四口之家留一，六口之家留二，八口之家留三"，且同姓同宗者不能迁往一地。可以想象，有多少家庭因此而支离破碎，失散各地。

如今，槐乡的后裔已遍布全国各地，有的甚至远在东南亚一些国家和地区。由于他们的祖先是在洪洞大槐树下办理的迁出手续，他们便把大槐树当作自己的故乡，所以才会有"问我祖先在何处？山西洪洞大槐树……"的民谣传唱至今。

整个移民活动规模大、时间长，其间发生了很多事，留下了不少至今仍为人言说的典故。

有人说，洪洞大槐树移民后裔具有"走起路来背抄手，小拇趾甲是两个"的特征。背抄手走路，是因为在被迫迁移的漫长征途中，移民们的双手长期被反绑于背后，经年累月，成为习惯。小拇趾甲是两个，是说他们的小拇趾甲盖上有一道竖纹，乍看上去像是两个趾甲。而关于这道竖纹的来历，有的说是官兵怕移民路上逃跑不便抓捕，就在每人的小拇趾甲上砍了一刀，作为记号；有的说是移民将初生子女的双脚小拇趾甲咬裂，当作记号；还有的说是移民一路上翻山越岭，磕磕绊绊，乃至小拇趾甲被碰伤，裂成两半。所以，直到今天，在中国北方民间仍然流传着一种说法，通过观察小拇趾甲，就能判断是否为大槐树移民的后代。

除此之外，还有人说，"解手"一词之所以成为如厕的委婉说法，是从洪洞大槐树移民活动开始的。

由于在迁移途中双手被反绑，当移民需要大小便时，就得请求官吏把绳索解开。久而久之，人们懒得多费口舌，只简单地喊上一句："解手！"从此，这个词就作为大小便的代名词被沿用下来。

其实，只需稍加考证，我们就会发现，"解手"的这种用法早在洪洞大槐树移民之前就已经出现了。《京本通俗小说》中有："叙了些寒温，魏生起身去解手。"关于这部书的成书年代，学术界目前尚没有定论，有人认为是宋代，有人认为是元代，总之一定早于明代。

同时，我们也可以通过考察"解"字意义的发展脉络来推断"解手"表示上厕所之义的由来。

"解"的甲骨文字形是 🐂。上半部的中间是一只牛角，两边各是一只手；下半部是牛头；合在一起表示用双手把牛角掰下来，而最上面的两个点，大概是表示掰的时候有血溅出。《说文解字》："解，判也。从刀判牛角。""判"又是什么意思呢？"判断、判决"等是我们对其字义的一般理解。然而从这个字的字形来看，左半边是"半"，右半边是"刀"，它的意思应该跟刀有联系。《说文解字》："判，分也。"可见，"判"最初的意思是"分；分开"，所使用的工具显然是刀。用刀把什么分开呢？答案就在它左半边的"半"中。"半"的古文字形是 半，上面是"八"，下面是"牛"。如果大家读过《藏在身体里的汉字》，就一定清楚，"八"最初就是"分"的意思。把一头牛一分为二正是"半"字本来的意思。而"判"在"半"的基础上加了"刀"，表示的还是同样的意思。了解了"判"的意思以后，我们再回过头来看《说文解字》对"解"的注释，就不难理解，它表示的是用刀割牛角的意思。实际上更准确地说，这种解释针对的是"解"的小篆写法 解，原来甲骨文中的"手"变成了"刀"，整个字由"角+刀+牛"构成，这种结构一直延续到它的现代字形中。

用手掰牛角也好，用刀割牛角也罢，表示的都是分解牛的肢体的意思，这正是"解"字最初的含义。这个意思，在"庖丁解牛"一词中保留下来。"解"由这个具体的意义逐渐发展出"将其他动物或物体分解、分割"，以及"把束缚着的或系着的东西打开"等意义，比如"解甲归田"，是指军人脱掉铠甲，回家务农的意思。再进一步，又发展出"消解、消除、废除、停止"等意义，不仅可以用在具体事

jiě
解

pàn
判

bàn
半

物方面，也可以用在抽象事物方面。例如：杜甫《八哀诗》中有"战伐何当解"，意思是说，战争到什么时候才能停止呢？跟这些意义相关联，用在人体方面，"解"很早就有了"排泄大小便"的意思，因为排泄是将人体内新陈代谢的废物排出的过程。例如东汉王充《论衡》："人中于寒，饮药行解"，是说人受寒以后应该吃药排便。"解"的这个意思和用法后来一直被沿用，在古代文献资料中有很多用例。这些事实说明，"解"字是先有了排便义，之后才有了"解手"的用法。如此看来，"解手"之所以成为"如厕"的代名词，是汉语字词意义演化的结果，跟移民活动没有什么关联。

有趣的是，"解手"在古代还不止这一种意思。例如：宋代秦观《次韵子由题斗野亭》诗中有"不堪春解手"。其中的"解手"是分手、离别的意思。诗句的大概意思是，在美好的春光里与朋友相聚，不忍离别。这里的"解手"如果也当"如厕"理解，那可真是要闹出大笑话了。可见，我们的汉语字词中有很多值得探究的东西，一味地相信道听途说或者想当然地去理解都是有可能犯错误的。

就拿前面提到的大槐树移民后裔具有"走起路来背抄手，小拇趾甲是两个"的特征来说，我们只要仔细想一想，就知道走路习惯或者身体上的伤痕是不可能一代代遗传下来的。这些似是而非的说法之所以能在民间流传，大概是因为，洪洞大槐树移民那段历史给太多背井离乡的中国人留下了世世代代难以磨灭的印记，而人们则需要通过各种方式去铭记它、缅怀它。

二 从洪洞走出来的赵姓

在中国，"五百年前是一家"是同姓的人之间拉近关系时常说的一句话。这句话的来源，据说正是几百年前的山西洪洞大槐树移民。

当初的移民后裔遍布全国各地。人们初次见面，互问老家，当得知是洪洞老乡时，再接着问"贵姓"，如果回答是同姓，问的人就会说："原来咱们五百年前是一家啊！"这样，同姓之人"五百年前是一家"这句俗语就逐渐传播开来。

"五百年前是一家"揭示了那场声势浩大的移民活动涉及人口之多、影响之广。据统计，移民涉及的姓氏超过八百个。山西作为华夏文明的发源地之一，有些姓氏本就源自那里，之后通过移民扩散到全国各地。如今，移民的后裔又重返故里，寻找自己姓氏的古老的"根"。

据考证，赵姓就是源自山西洪洞。

赵姓的始祖是造父（fǔ）。造父是颛顼帝的后人伯益的第十三代孙。他善于驾驭车马，因在平叛中立功，被周穆王封于赵城。赵城就在今天的山西省洪洞县。造父的子孙便以封邑为姓。后来，其子孙在"三家分晋"的过程中建立了赵国，也就是与秦、齐、楚、燕、韩、魏六个诸侯国并称"战国七雄"的赵国。赵国的王室和百姓皆以国名为姓。这就是山西赵姓，或称"正宗赵姓"的由来。

关于"赵"这个字，我们现在对它的理解无外乎作为姓氏或者古代国名，然而这个字在古汉语中还有其他意思。它的字形中包含"走"。"走"在古代就是"跑"的意思，这在《藏在身体里的汉字》一书中有过详细讲解。字形中包含"走"的字，在意义上大多与"跑；快步走"等有关。例如："趋"最初就是"快步走"的意思，由此发展出"趋向；奔赴"等意思；"趣"在古代也有"快步走、疾行"等意思，它表示"志趣；兴趣；趣味"等意思也是后来发展出来的；其

zhào
赵

qū
趋

qù
趣

他如"赴、赶"等字，情况也大抵如此。而"赵"跟它们一样，在古代，也是"疾行、快走"的意思。西周典籍《穆天子传》中有："天子北征，赵行口（wéi）舍。"这句话描写的是穆天子（即周穆王）北征过程中，行军之神速。不过，"赵"的这个意义没能保留下来，只在其字形中留下了痕迹。

"赵"作为姓氏是个大姓，作为古代诸侯国，也是很有名的。不仅"完璧归赵、围魏救赵"等成语都跟赵国有关，而且赵国还常常被人跟它的邻国燕（yān）国一起并称"燕赵"出现在古代诗词中。《古诗十九首》中的一句"燕赵多佳人，美者颜如玉"，使得"燕赵"一词成为美女或舞女歌姬的代名词。例如南朝梁武帝《戏作》一诗中有："燕赵羞容止，西妲惭芬芳。"其中，燕赵与西施、妲己并列，指的都是美人。同时，一些含有"燕赵"的词语，如"燕赵人、燕赵女、燕赵姝"等也都表示美女或舞女歌姬等意思。

三　跟太阳有关的杨姓

另外一个源自洪洞的大姓是杨。

杨姓来源众多，据考证，其中重要的一支就源于山西洪洞。西周时，周成王封弟弟叔虞为唐侯，封地在古唐国，今天山西省西南部。之后，周康王又把叔虞的次子杼封为杨侯，封地在古杨国，今天山西省洪洞县附近。接着，周宣王的儿子尚父在幽王时期也被封为杨侯。到了东周时期，杨国被晋所灭。晋武公的儿子伯侨又被封于杨，其后裔以祖宗封地为姓，即为杨姓。

杨姓名人数不胜数，典故也特别多。有一句话大家一定很熟悉，就是当两个人约定共守秘密时，会说："这件事天知，地知，你知，我知。"意思是，除了天、地、你、我以外，没有别人知道。这句话

yáng

杨

就是出自一位杨姓名人之口。这个人叫杨震，是东汉的一位清官。有一次，杨震在上任途中路过昌邑。当时的昌邑县令王密曾经受过他的举荐，听说杨震来了，便在晚上悄悄去拜访，并带了黄金作为礼物，却被杨震当场拒绝。杨震说："故人知君，君不知故人，何也？"意思是，作为老朋友，我是了解你的，你却不了解你的老朋友了，这是为什么呀？王密以为杨震假装客气，便说："暮夜无知者。"意思是，现在是晚上，没有人知道。结果杨震说了一句："天知、神知、我知、子知，何谓无知？"意思是，天知道，神知道，我知道，你知道，怎么叫没人知道啊？从此，这句"四知"就流传下来，成为光明磊落、坦坦荡荡做人做事的宣言。只不过传到后来，变成了更加通俗的"天知，地知，你知，我知"，而且被人反用其意，成了保守秘密的誓约。

关于"杨"姓，有一点特别值得注意。有些人在做自我介绍时会说："我姓杨，木易杨"，实际上这是个错误。我们仔细观察繁体字的"楊"就会发现，它的右半边是"昜"，即"日、一、勿"，而不是"易"。"昜"读作yáng，在古汉语中跟"阳"是同一个字。很多字，比如"汤、扬、场、畅"等，它们的繁体写法右半边都是这个"昜"，只不过简化以后看不出来了。

"杨"字看似平常，实际上很有说道。有一种观点认为，"杨"左边的"木"特指扶桑树。根据《山海经》的记载，东方大海上一个叫汤谷的地方生有扶桑树。传说生活在汤谷的原始氏族根据太阳在扶桑树两侧的升落来确定自己的历法，这就是所谓的"扶桑纪历"。由此，这个氏族就被称为"杨"。"杨"字通过左半边表示扶桑树的"木"和右半边表示太阳的"昜"，合在一起就是日升汤谷的意思。

汤谷在古代文献中也写作"旸（yáng）谷"或者"阳谷"，都是指古代传说中的日出之处。"旸"的意思就是日出，也可以指太阳。例如北宋蔡襄《自渔梁驿至衢州大雪有怀》："薄吹消春冻，新旸破晓晴。""新旸"就是初升的太阳。"阳"当然也有太阳的意思。可见，

yáng

旸

"杨、旸、阳"三个字通过它们右半边的繁体字形"昜"产生了关联。有趣的是，汉字简化过程中对它们做了不同的处理，"阳"的右半边保留了"昜"

日 出

上面的"日"，而"杨、旸"的右半边则在"昜"除了"日"以外部分的基础上稍作变形。

　　跟杨姓相关的还有一个扬姓。"杨、扬"二字字形相近，只是部首不同，现在却是两种不同的姓氏。中国汉代有一位著名的文学家叫扬雄，关于他的姓到底是"扬"还是"杨"，古往今来一直存在争议。有人认为扬雄本姓杨，因古时扬、杨不分，人们将这两个字用混了；也有人说是扬雄本人标新立异，自己将姓由"杨"改为"扬"；还有人认为"扬"和"杨"是来源不同的两种姓氏，扬雄本来就姓"扬"。

　　这些观点孰是孰非我们姑且不论，先看看这两个字。首先，在古代，确实存在"杨、扬"通用的情况。例如：《诗经》中的篇名《扬之水》，古代也有写作《杨之水》的，这里的"杨"与"扬"相通，是"激扬"的意思。再如唐代韦庄《陪金陵府相中堂夜宴》一诗中有："却愁宴罢青娥散，杨子江头月半斜。"其中的"杨子江"就是"扬子江"，即今天的长江。

　　其次，从源流上看，"杨、扬"二姓本来就是有联系的。这两个姓氏都源自姬姓，都是伯侨的后裔，以祖宗封地为姓，属于同宗。所以扬雄即使不姓"杨"，也跟杨姓有着千丝万缕的联系。但是，基于扬雄本人用"扬"不用"杨"，我们还是以尊重本人的意愿为好。而且，自扬雄开始，其后代皆用"扬"，扬姓至少有了这样一个来源。现在，杨、扬二姓是分开的，扬姓人口虽然不比杨姓多，但也是独立

yáng

扬

存在的一个姓氏。

像赵姓和杨姓这样从山西洪洞走出来的姓氏还有很多。这些姓氏如今遍布全国，在各个角落繁衍生息，但是无论走到哪里，洪洞大槐树永远是他们"根"的所在。

四　世界华人是一家

从整个中国来看，明代初期的山西洪洞就像一个圆心，不同姓氏的人从那里扩散到全国各地。而从全世界的范围来看，中国又是一个点，上千年来，无数中华儿女走出国门，走向世界，从而把中华文化传播到世界的每一个角落。

中国是向外移民较多的国家。据传说，早在商代，就已经有中国人向海外移民了。之后，历朝历代都有中国人由于经商、逃难、宗教等原因移居海外。如今，在这些海外华人当中，各种姓氏都有人在，其中有一些姓氏特别吸引人的注意，比如郑和陈。

zhèng

郑

郑姓称得上是一个勇于开拓进取的姓氏。为什么这样说呢？因为郑姓本来发源于中原，素有"天下郑氏出荥（xíng）阳"一说。郑姓源自姬姓，祖先是郑国第一任君主郑桓公。郑桓公受封于郑，建立郑国，位置在今天的陕西省境内。后来，郑国贵族的后代迁移到河南开封一带，并在当地定居。那里曾经有一个叫荥阳的郡，所以荥阳所处的河南中部地区就成为公认的郑姓主要发源地。但是郑姓的居住区域并没有限于中原地区。从战国时候起，他们就开始向周边的四川、山西、山东等地迁移。到两晋时期，已经有大批郑姓人口迁移到东南沿海一带。然而，郑姓向外拓展的步伐并没有至此停止。元代初年，就已经有郑姓向海外迁移的记载。到了明代，郑和七次下"西洋"开创了走出国门，走向世界的先河。从那以后，一批又一批郑姓人追随他的足迹去往世界各地，并且有许多人留在当地，没有回来。如今，这个发源于中原的姓氏不仅在国内的主要聚居地已经迁移到广东、福建一带，而且，他们在世界各地都有分布，特别是在东南亚地区以及日本、韩国等地，都有大量郑姓人口定居。他们在当地的各个领域发挥所长，使得郑姓成为有影响的华人大姓之一。

郑姓不仅勇于开拓，而且"能歌善舞"，这反映在"郑声、郑音、郑舞"等一系列词语中。"郑声"本来是指春秋战国时郑国的音乐。但是，因为跟孔子等人提倡的所谓"雅乐"不同，所以遭到儒家的排斥。从此以后，凡是与雅乐相悖的音乐，甚至一般的民间音乐，都被斥为"郑声"。"郑音"与"郑声"意思相近，多用于指俗乐。当然，"郑"字本身也由此背负了"不雅"之名。南朝梁刘勰《文心雕龙》："诗声俱郑"，意思是诗歌和声乐都不合乎正统的标准。另外还有"雅郑"一词。顾名思义，就是雅乐和郑声，进一步发展出"正与邪""高雅与低劣"等意思。例如出自《文心雕龙》的另外一句："学有浅深，习有雅郑。"需要注意的是，"雅郑"应区别于"雅正"，它们是意思不同的两个词语。后者指的是合乎规范、纯正，也常常被用在诗文书画作品的赠语中，表示请对方指教的意思。

耐人寻味的是，"郑"字同时又有"郑重、慎重"的意思。《广雅》："郑，重也。""郑重、郑重其事"等词语都是我们现在常用的。"郑"的这个意思岂不是跟它"不雅、有悖正统"的意思自相矛盾吗？就连对"郑舞"一词也有不同的解释。例如《楚辞》："二八齐容，起郑舞些。"古人的注释有说"郑舞"是"郑国之舞"的，也有说是"郑重屈折而舞"的。可见，所谓"雅"与"俗"，是基于不同的伦理道德标准，换一种尺度，结果可能就不一样了。

跟"郑"一样，"陈"也是一个在海外颇具影响力的华人大姓。舜的后人妫满被周武王封在陈，即今天的河南省淮阳县，建立了陈国。陈国后裔以国为姓，这就是陈姓的由来。河南淮阳则因此成为公认的汉族陈姓的老家。

chén
陈

陈姓也同样没有固守中原。唐代时，他们曾经两次向南迁至福建。南宋战乱期间，又有大批陈姓南迁，进入广东。清代初年，很多陈姓人跟随郑成功入台，对台湾的开发做出了重大贡献。这其中有一位妇孺皆知的人物——陈近南。其实，他的本名叫陈永华。他是郑成功之子郑经非常倚重的人，曾一度主理台湾政务。在他的主持下，台湾设立了一整套教育体系。可以说，陈永华对台湾的教育事业有开创之功，因此至今被人铭记。

除此之外，陈姓还做过一件很了不起的事。曾经在越南存在了一百七十多年的朝代——陈朝，就是由一位陈姓人于公元13世纪建立的。据记载，这个陈氏王室是从中国的福建或广西迁入越南的，由渔业起家，并逐渐发展壮大，乃至成为拥有超强经济实力的一方豪族。如今，陈氏王朝虽然灭亡了，但是陈姓的影响还在，仍然是越南的十大姓氏之一。

"陈"这个字也是很有讲究的。我们把它拆开来看，左半边是"阝"，右半边是"东"。"阝"就是"阜"。"阜"的古文字形为 𨸏，像是一级一级的台阶。有人认为它表示逐层上升的山崖，也有人认为它是石阶之形，总之都跟山势、地形的高低升降有关。"阜"本来表示土山的意思。《说文解字》对它的解释是："山无石者。"有石为山，无石为阜，这就是"山"和"阜"的区别。例如《荀子》："生于山阜"，这里的"阜"就是土山。在古人的思想意识中，山这个形象总是跟盛多、高大等概念有关，所以"阜"自然而然就有了此类意思。例如在"物阜民丰"等词语中，"阜"就表示丰富、多的意思。"阜"在楷书中当左偏旁使用时写作"阝"，带有这个偏旁的字在意思上都跟地势的高低升降有关，例如"降、陟、陵"等。

"陈"的右半边写作"东"，但是跟东南西北的"东"却没什么关系。东南西北的"东"，繁体写作"東"，《说文解字》认为它由"日"和"木"组成，表示"日"升到了树木的半中腰，用以指东方。然而，这个分析是基于其小篆字形做出的判断。后代学者通过观察

fù
阜

dōng
东

它的甲骨文形体 ，认为它更像一个装满东西，两端扎起来的大口袋，因此推断"东"本来表示装东西的口袋，也可以指口袋里面的东西，而它表示方位的用法只是借用了这个字形而已。再看"陈"右半边的"东"，繁体也写作"東"，是由"申"和"木"组合而成的，"申"表示读音，所以古时候的"陈"还有一种写法是阩。

《说文解字》认为，"陈"指的就是古代陈国的所在地——今天的河南省淮阳县，古时称为"宛丘"。宛丘这个地方有什么特点呢？首先，它在地形上呈现四方高、中央低的特点。"丘"最初的意思跟"阜"接近，表示小土山。它的甲骨文字形 ，描绘的是高出平地的两个小山。当然，也有人说，"四方高，中央下为丘"。后来，"丘"也可以指一般的山或者坟墓、废墟等。而"宛"本来是表示弯曲的意思。"宛丘"就是中央曲折低下，四周略高的一种地貌，这个地方也由此得名。很多类似的地名，如"虎丘、商丘"等，大概都具有相似的地形特征。在宛丘建立的诸侯国名曰"陈"，"陈"字左半边的"阜"代表的正是宛丘地形上高低起伏的特点。其次，宛丘据传说是上古帝王伏羲氏的故地。按照中国古人的观念，伏羲氏以木德统治天下，所以"陈"字右半边的繁体写法中有"木"。可见，陈国的命名充分考虑了其封地的地理和历史特征，着实花了一番功夫。

如今，不只是郑姓和陈姓，各种不同姓氏的华人华侨已经遍布世界各地。他们落地生根，开枝散叶，而且大都保留着原来的姓氏，延续着华夏血脉，瓜瓞（dié，指小瓜）绵绵。

qiū

丘

第三章 关于祖先的那些事

在这个部分你将了解到下面这些字：

邹	邑	口	国	或	域	卫	郭	城	门
户	张	弛	李	理	巫	灵	祝	施	攽

一　姓氏告诉你祖先是哪国人

姓氏是一个神奇的符号。它不仅标示着血缘，象征着家族关系，而且，还能引领我们走进祖先的世界，了解他们的时代和人生。

夏、商、周三代，王室大举分封诸侯，大大小小的诸侯国遍布华夏大地。这些诸侯国的名称便成为该国子孙后代的姓氏，比如前面提到的赵、郑、陈等。其实，很多我们熟悉的春秋战国时期的诸侯国，如齐、鲁、宋、越、秦、楚、卫、韩、魏、燕等，都是现在的姓氏。

zōu

邹

邹国是战国时期鲁国的附庸国。它的前身叫做邾（zhū）娄国或邾国，是由周武王分封给颛顼帝的后裔曹挟的，位置在今天山东省邹城市。邹国后来为楚国所灭，该国遗民就以邹为姓。这是今天邹姓的一个重要来源。

另外，邹也曾经是一个采邑的名字，叫做邹邑。邹邑是跟孔子有渊源的正考父（fǔ）的采邑。正考父的后人中有一支就以邹为姓。

"邹"的字形结构中暗含着它作为国名或邑名的信息。右半边的"阝"是"邑"字作右偏旁时的变形。

"邑",甲骨文字形为 。上面的方框在古代也是一个字,写作口(wéi),就是今天"围"字的早期写法。"口"用一个封闭的方框表示围绕之义,就像古代城邑四周的围墙。夏、商、周时期,用围墙环绕起来的部分就是一个邦国,所以,"国"字外面也是"口"。"国"的繁体字形"國"里面的"或"也含有"口"。"国"是"国家"的意思自不待言。"或"最早也是"国家"的意思。它在甲骨文中写作 ,由"口"和"戈"构成。戈是古代常用的兵器。"戈"在"口"旁边,表示用戈保卫国家,这是"或"最初的意思。不过,它当这个意思使用时,读音跟现在不同,应该读作yù。后来,人们在"或"的左边加了"土",就有了"疆域"的"域"。因此,"域"最初也是"国"的意思。人们又在"或"的外面加上"口",就有了"國"字,而"或"字从此就不再表示"国"的意思了。

"邑"字是在"口"下面加上一个跪坐着的人,表示人聚居的地方,也就是"国"。所以,《说文解字》中说:"邑,国也。"西周以前,不分大国小国,都可称作"邑"。《左传》中尊称对方的国家为"大国",称自己的国家为"敝邑",可见"国"和"邑"原本没有什么区别。后来,"邑"有了"国都"的意思。例如《诗经》:"商邑翼翼",意思是说,商的国都很整齐。再后来,"邑"也可以指一般的城镇。例如宋代苏洵《六国论》:"小则获邑,大则得城。"这里,"邑"与"城"相对,"邑"指一般的城镇,"城"则指具有都城性质的大城市。

"邑"作右偏旁使用时,写作"阝"。凡含有"阝"的汉字,意思大都跟城镇、地名等有关,比如"都、郭、郡"等。我们再回过头来看,"邹"字也含有"阝",而它在古代是诸侯国或采邑的名字,就是一个地名。

卫国是西周初年分封的一个姬姓诸侯国。首任国君是周文王的第八个儿子康叔。卫亡后,卫国的子孙就以国名为姓。除此之外,据说还有一个卫国，属于姚姓。不管怎样，这两支不同来源的卫姓都是以国名为姓。

"卫"字也跟城镇有关，只不过简化以后看不出来了。它的甲骨文字形为![字形]，中间的方框代表一个城市或者一个区域；上下是脚趾朝向相反的两只脚；合在一起表示在周围巡逻，也就是"保卫"的意思。在中国古代，"卫生"一词，就是保护生命、养生的意思。《庄子》中所谓的"卫生之经"，指的就是养生之道。这跟"卫生"现在多用于表示个人或环境的洁净状况等意思不一样。不过，今天的"卫生"也不无道理。讲卫生，身体就洁净了，就不容易生病，岂不正是一种养生之道吗？

卫玠

卫姓最值得一提的是出了一个传奇性的人物，他的名字叫卫玠（jiè），是中国古代四大美男之一。关于四大美男到底是哪四位，一向众说纷纭，但无论哪个版本，卫玠都位列其中，可见他的美貌是毫无争议的。那么，他究竟有多美呢？有一个出自《晋书》的成语，叫做"看杀卫玠"。讲的是有一次卫玠乘车到洛阳去，当地人听闻他的美貌，为一睹芳容，全都拥到街上，乃至把街道都堵死了。卫玠本就体弱多病，在经历了这样的阵仗之后，不堪劳累，不久就病死了。人们都说，卫玠是被看死的！后来，成语"看杀卫玠"就被用在像卫玠这样为民众所仰慕的人身上，表示赞美。

当然，关于卫玠之死，还有别的说法。无论如何，卫玠的美貌是毋庸置疑的。当时的人形容他如同珠玉一般，光彩照人。所以还有一个成语"冰清玉润"也跟卫玠有关。这个成语最初是用来形容卫玠及其岳父二人的。原文是这样说的："妻父有冰清之资，婿有璧润之望。"意思是说，岳父德行高洁，像冰一样纯净，女婿则像美玉一样

wèi

卫

光洁润泽。从此以后，"冰清玉润"就成了翁婿的美称，也用来比喻人品高洁。例如清代陈端生《再生缘》："淑女才郎同匹配，冰清玉润两周全。"这里的"冰清玉润"指的是翁婿。再如明代高濂《玉簪记》："他是冰清玉润，怎便肯随波逐尘。"这里的"冰清玉润"是形容人品的。也可以单用"玉润"，表示对女婿的美称。例如明代沈璟《义侠记》："应招子婿称玉润，会看爱女荣闺阃（kǔn）。"

有一件趣事据说也跟卫玠有关。中国古代管毛驴叫"卫"或"卫子"。例如《聊斋志异》中有"家人捉双卫来……"。这里的"双卫"既不是两个卫兵，也不是两个姓卫的人，而是两头毛驴。之所以管驴叫"卫"或"卫子"，据说是因为卫玠喜欢骑跛腿的毛驴。也有人说是因为卫国所在的地方毛驴很多，或是卫灵公爱乘驴车，总之都跟卫姓或卫国脱不了干系。不过，像卫玠这样一位超凡脱俗的美男子却骑着一头跛腿的毛驴，这样的画面还真是让人难以想象呢。

二 姓氏告诉你祖先住在哪

姓氏中不仅暗含"国籍"，有些姓氏还能告诉我们，祖先的"家庭住址"在哪里。

把地名作为姓氏似乎不是中国人的专利，我们的近邻日本人也喜欢这样做。很多日本姓氏都源自地名，如田中、中村、小林等。而在中国人的姓氏中，大到国名、邑名，小到乡名、村名，甚至连特别具体的地址都有。以国名或邑名为姓的情况我们在前面已经提到过，下面再来看看其他情况。

郭姓是一个源自地名的典型姓氏。它有几种不同的来源，其中一种就是居住地的名称。"郭"字右半边是"邑"，说明跟城镇有关。古代的城市，出于战略防御的需要，通常要在四周筑起高高的围墙。

guō

郭

而且，对于较大的城市来说，只筑一道城墙还不够，外围还要再筑一道。这两道城墙都有名称，里面的叫"城"，外面的叫"郭"。所以"城、郭"二字最初都跟城墙有关。

古文的"城"写作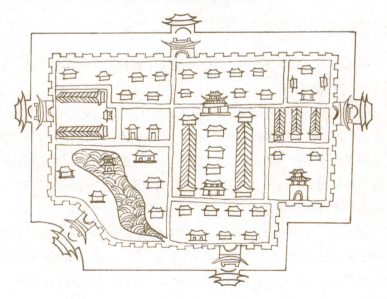，左边中间的圆圈表示一圈城墙，上下两端是城门楼，右边是"成"。"成"的甲骨文字形为，由一把锋刃朝左的大斧头和一个棒状兵器组成。不过也有人认为左下的那一"竖"表示舂米的棒槌。"成"在"城"的右边，既表示读音，也表示用武器护卫城市。"城"本来的意思是城墙。"长城"中的"城"用的正是这个意思。后来，由城墙的意思扩大到指城市。

"郭"的甲骨文字形为，中间像一圈城墙，上下两端是城门楼。它最初指的是在城的外围加筑的一道城墙。《孟子》："三里之城，七里之郭。""城"在内，"郭"在外，因此"城"短"郭"长。由"城"围起来的部分叫做内城，"城"和"郭"之间的部分叫做外城。当"城、郭"分开使用时，前者指内城，后者指外城。例如李白《送友人》："青山横北郭，白水绕东城。"当"城、郭"连用时，则指城市。例如《玉台新咏》："东家有贤女，窈窕艳城郭。"

"郭"从城墙的意思，发展出物体的外周或边框等意思。例如："耳郭"，指外耳由软骨构成的那一部分，也叫"耳廓"。在这个意思上，"郭"和"廓"通用。

那么，我们回过头来看"郭"这个姓氏。有一支郭姓人就是因为居住地在外城而得到了这个姓氏。

东郭先生和狼的故事，大家一定不会感到陌生。故事出自明代马中锡的《中山狼传》。说的是一位姓东郭的人救助了一头被人追逐的中山狼，最后却险些被狼吃掉。后来，人们就管那些不分善恶，滥施仁慈的人叫做"东郭先生"。

《韩非子》中讲述了一位南郭先生滥竽充数的故事。说的是齐宣王喜欢听三百人一起吹竽，一位姓南郭的处士（古代指未做过官的士人）不懂装懂，在乐队里面混饭吃。齐宣王死后，齐湣（mǐn）王继位。湣王喜欢听人独奏，南郭处士心虚之下便逃走了。成语"滥竽充数"就由此而来。"南郭先生"和"南郭处士"则被用来比喻那些没有真才实学却混在行家里面充数的人。

事实上，东郭和南郭都是现实中确实存在的姓氏，并非作者杜撰的。不仅如此，还有西郭和北郭。例如：东汉时有一位谒者仆射（古代官名），名叫西郭嵩；春秋时期齐国有一位大夫，名叫北郭子车，等等。也就是说，按照居住地在外城所处方位的不同，东、南、西、北四"郭"便都成了姓氏。只不过，因为复姓使用上的不便等原因，他们的后代很多都改姓单姓"郭"了。

跟"郭"类似的姓氏还有"门"。据说，历史上曾经存在过以东、南、西、北四个门得姓的"东门、南门、西门、北门"。它们是春秋时期守卫城郭的官兵、将领或者城门附近的居民以地为氏而形成的姓氏，后来也大多简省为单姓"门"了。

"门"字虽然简单，却也有说一说的必要。原因在于，门的形制古今有别。"门"的甲骨文字形为 門，像是两扇对开的门。这是门在古代常见的样式。"户"的甲骨文字形为 戶，就像是一扇门的样子。

mén
门

可见，在古代汉语中，"门"和"户"有所区别，一扇的叫"户"，两扇的叫"门"；或者，在厅堂、内室的叫"户"，在大的区域的叫"门"。《乐府诗集》中的"木兰当户织"，其中的"户"可不是指窗户，而是指房门。"门"和"户"现在都当姓氏用，不过它们之间可没有什么大小的差别。

"门户"一词，最初是指房屋的出入口。例如宋代刘攽（bān）《新晴》："惟有南风旧相识，偷开门户又翻书。"大概意思是说，南风吹开了房门，又把书页掀开了。"门户"从房屋出入口的意思发展出家庭、门第、派别等诸多意思。例如《红楼梦》："迄今门户雕零，家人星散"，其中的"门户"，指的是家庭；《二刻拍案惊奇》："焦家不过市井之人，门户低微"，其中的"门户"，指的是门第，即家庭在社会上的地位等级；《新唐书》："今朝廷多山东人，自作门户"，其中的"门户"指的是派别。

"门"从"对开的两扇门"这样具体的意思发展出"房屋、围墙、车船等的出入口"或者"形状、作用像门的东西"等意思。例如《徐霞客游记》："洞门甚隘。"意思是说，洞门很狭窄。再进一步，"门"也可以指解决问题的出路、窍门等，例如：这事有门了。

一门之内就是一家，所以"门"也可以指家或家族。例如《三国志》："汝勿妄语，灭吾门也。"意思是说，你不要乱说，当心我们的家族被灭掉。顺着这个发展脉络，"门"又可以进一步指学术思想或宗教的派别，乃至其他各种事物的类别、门类等。前者如《论衡》："孔门之徒"；后者如：动物界有节肢动物门。

三　姓氏告诉你祖先做什么官

想知道祖先当过什么官吗？有些姓氏就能向我们透露这方面的

信息，例如"张"和"李"。

姓张的人在做自我介绍的时候常常会说，自己的"张"是"弓长张"。有一种意见认为，这个"弓长"在古代就是一个官名，只不过，"长"应该读成它的另外一个读音 zhǎng。弓长，顾名思义，就是掌管弓箭等军火制造的。在古汉语中，"长"（zhǎng）和"正"都有官长、君长的意思。所以这个官衔准确的名字叫做"弓正"。张姓的祖先可以追溯到黄帝的后人挥。据传说，挥因为发明了弓箭而成为弓正，被赐姓张。这是现在张姓的一个主要来源。

"张"字由"弓"和"长"组成，最初的意思是"把弦安在弓上"。《说文解字》："张，施弓弦也。""张"从"给弓上弦"的意思，发展出"张开弓弦"的意思，成语"剑拔弩张"中的"张"就是这个意思。后来，"张"又逐渐发展出一系列跟张开的动作相关的意思，具体怎样理解，要看它使用在什么样的语言环境中。"一张纸、一张弓"等之所以用"张"作量词，也是因为纸、弓这一类的物体是可以展开或者张开的。

不管张姓是不是源自"弓正"这一官职，从"张"字跟"弓"相关这条线索来看，张姓起源于其祖先从事弓箭制作方面的工作这一推论应该是可信的。

既然"张"是"给弓上弦"，那么，表示跟它相反的意思，也就是"放松弓弦"的是哪个字呢？这个字是"弛"。所以，才会有"一张一弛"的说法。这个成语字面上的意思就是拉紧弓弦和放松弓弦。《礼记》："一张一弛，文武之道也"，是用弓箭来比喻人事。意思是说，宽严结合，是周文王、周武王治理国家的方法。现在，"一张一弛"多用来比喻工作、生活等要有紧有松，劳逸结合。

有的人分不清"弛"和"驰"，常常把这两个字用混。其实，只要记住"弛"左边是"弓"，最初的意思跟"弓"有关，它表示"松弛、放松、解除"等意思都是从"放松弓弦"那里发展而来的，就不容易用错了。现在能当姓氏用的是"驰"。

李姓有多种来源，其中一个重要的来源也跟官职有关。这个官叫做理官，是掌管司法、刑狱的官职，大概相当于我们今天的法官吧。可是，"李"和"理"分明不是同一个字啊？李姓是怎么跟理官联系到一起的呢？这就要从李姓的祖先说起。

据说，李姓的祖先是一个叫皋陶（gāoyáo）的人。皋陶是舜帝时期的理官。他的后代世袭了这一官职，并以"理"为姓。可是到了商代，皋陶的后人理征因为执法如山，屡次直言进谏而惹怒了纣王，招致杀身之祸。理征的妻子带着儿子理利贞一路逃难，差点饿死，最后因为吃了一棵李子树上的果子才得以保命。为了报答李子树的救命之恩，同时也出于避难的需要，理利贞就把姓氏从"理"改成了"李"。李姓由此延续至今。

李姓源自一个理性十足的官职，却因为一个充满感性色彩的事件而变成现在的姓氏，这个从理性到感性的变化过程，着实令人唏嘘。

其实"理"字最初也不是那么刻板，它的字义有一个美丽的开始。《说文解字》："理，治玉也。"顺玉之文而剖析之。"理"字的左半边是"玉"，它最初的意思是加工雕琢玉石，也就是顺着玉石的纹理把玉从石头中分离出来，这样，原本朴拙的玉石就变成了美玉。例如《韩非子》："王乃使玉人理其璞而得宝焉，遂命曰：'和氏之璧。'"意思是说，王命令工匠加工玉石从而得到了宝玉，于是就命名为"和氏璧"。"理"从"治玉"的意思发展出"治理、管理、处理、整理"等诸多意思。

因为加工玉石的时候，要顺着玉石的纹理切割，所以"理"也可以表示"纹理、条理"等意思，在此基础上又发展出"道理、法律"

李

理

等意思。

　　大概跟理姓改为李姓有关，在春秋时期以及汉代的文献中，都出现了用"李"代"理"的情况。例如《管子》："皋陶为李"，这里的"李"是指司法官。再如马王堆汉墓帛书《经法》："四时有变，天地之李也"，这里的"李"是"道理、规律"的意思。

四　姓氏告诉你祖先从事什么职业

　　想知道祖先是干哪一行的吗，有什么本领和专长？我们也能从姓氏中找到答案。"巫"和"施"就是这样的两个姓氏。

　　巫姓的起源跟"巫"这种古老而神秘的职业有关。上古时期的"巫"从事祈祷、祭祀、占卜等方面的活动，还兼通天文、地理、医术、算术等各方面知识，可谓无所不通。据说，巫姓的祖先是商代一个叫巫咸的人。他发明了用筮（shì）进行占卜，还擅长占星术，是当时非常重要的大臣。他的后代就把他的职业"巫"当作姓氏。这是巫姓的一个重要来源。

wū
巫

　　在现代人的思想意识中，"巫"往往跟装神弄鬼、骗人钱财等不好的事情联系在一起，因为以女性居多，所以一般被称为"巫婆"或"女巫"。这跟上古时期的"巫"有天壤之别。那个时候的"巫"通晓各种知识，并且可以作为人类的代表与上天沟通，因此被视为天地、人神的中介，无论是在朝廷，还是在普通百姓心目中都具有相当高的地位。"灵"字，就恰如其分地反映了古人对"巫"的推崇。繁体字的"靈"下面就是"巫"。《说文解字》："灵，灵巫。以玉事神。"可见，"灵"跟"巫"意思相同。"巫"拿着被古人视为圣洁之物的玉沟通天地、人神，足见他们所从事的活动在上古人类的眼中也是崇高而神圣的。而且，"灵"的另外一种写法"靈"，下面就是"玉"。

líng
灵

实际上，"巫"字也含有"玉"。它的甲骨文字形为。有些学者认为，这个字形代表的是两根相互交叉的长条形玉。而许慎在《说文解字》中所描述的"巫，祝也。女能事无形，以舞降神者也"则是就女巫所从事的职业活动而言的，显然跟上古时期人们对"巫"的认识有距离。

"灵"和"巫"本来表示同样的意思，却沿着完全不同的脉络向前发展。"灵"后来发展出"神灵、灵魂、心灵"等意思。例如《楚辞》："灵之来兮如云"，这里的"灵"指神灵。"灵"还可以表示"通晓事理的、具有灵性的"等意思。例如唐代刘禹锡《陋室铭》中的名句："水不在深，有龙则灵"，这里的"灵"是"具有灵性"的意思。"灵"所表达的这些意思，大多含有神圣、美好的意味在里面。

"巫"则恰恰相反。随着科学技术的发展，人们认识世界的能力逐渐提高，巫术脱离了各种学科兼擅的局面，只剩下祈祷、占卜等手段，在人们心中变成了与科学相悖的迷信活动的代名词。

《说文解字》说，"巫，祝也"。可见，"祝"最初的意思也跟"巫"有关。"祝"在甲骨文中写作，像是一个面朝左侧跪坐着的人在祈祷的样子。"祝"本来的意思就是"祈祷"。例如《战国策》："祭祀必祝之"，意思是说，祭祀的时候一定要祈祷一番。"祝"字现在常用的"祝愿、祝福"等意思，都是从"祈祷"这里发展出来的。

zhù

祝

因为在祭祀活动中主持祷告的人都是男性，所以"祝"也表示"男巫"。"巫"和"祝"合在一起构成"巫祝"一词，是对古代掌管占卜、祭祀的人的通称。而祝姓的来源之一，据说就是跟他们的祖先从事"巫祝"一职有关。

施姓的来源也跟一种职业技能有关。是什么呢？我们先来看看这个字。"施"字由"㫃"（yǎn）和"也"构成。"㫃"字的意思是"旗帜"。这个字现在已经不再使用了，但有很多汉字都是由它构成的，例如"旗、旌、旅、族、施"等。这些字最初的意思基本上都跟旗帜有关。

《说文解字》："施，旗貌"；段玉裁《说文解字注》："施，旗旖施也。""施"本来是指旗帜飘动的样子。"旖施"就是"旖旎"。《史记》中有"旖旎从风"。旗帜随风飘动，就会张开，所以"施"就有了"散布、铺陈"的意思。例如《周易》："云行雨施"，意思是说，云和雨散布开来。进而，"施"又有了"设置、安放"等意思，例如《诗经》："施于中林"，就是放在林中的意思。再进一步，"施"就发展出了"施行、施展、施加"等今天常用的意思。

旗帜在古代战争中发挥着重要作用，既是国家、部落等的标志，也象征着胜利，所以制作旗帜也是一个重要的行当。根据史料记载，商代有七种主要行业，称为"七族"。其中一族叫做"施氏"，就是做旗子的。这一族的后人以职业为姓，成为今天施姓的重要一支。

姓氏透露给我们这么多关于祖先的信息，仿佛为我们打开了一扇通向上古世界的大门，让我们有机会触碰祖先的脉搏，感受他们的气息。

shī
施
yǎn
㫃

第四章　发生改变的姓氏

在这个部分你将了解到下面这些字：

随	辵	彳	隋	朱	侏	诛	株	厉	厂 hǎn
韦	韩	丘	邱	金	罗	网			

一　你跟祖先可能不同姓

　　中国有句俗话叫做"行不更名，坐不改姓"。这句话本来出自元代杂剧《盆儿鬼》，被《水浒传》里武松等好汉说了以后，就成了一句脍炙人口的名言。像武松这样的梁山好汉，为人处世光明磊落，就算被连坐治罪，也不改换自己的真实姓名，着实令人佩服。不过话又说回来了，名字倒在其次，姓氏是老祖宗传下来的，怎能说改就改呢？

　　然而真实的情况是，中国历史上的很多姓氏都是曾经改换过的。也就是说，我们现在所用的姓氏，有可能跟老祖宗的并不相同。

　　中国历史上最轰轰烈烈的改姓当属隋文帝杨坚把国号由"随"改为"隋"了。虽说是国号的改变，但是因为之前追随杨坚及其父"随国公"杨忠的那部分随国人，曾经以"随"为姓，迫不得已也跟着改姓"隋"，所以造成了姓氏的改变。

　　那么，杨坚为什么要改"随"为"隋"呢？"随"字有什么不

suí
随

好的意思吗？相比之下，"隋"字的意思就好吗？还是让我们一起来看看这两个字。

"随"在古汉语中还写作"隨"，由"隋"和"辶"组成。"辶"单独使用的时候也是一个字，写作"辵"，读作chuò。"辵"由"彳"（chì）和"止"构成。"彳"是"小步行走"的意思，所以才有"彳亍"一词，形容小步行走、走走停停的样子，进而比喻犹疑不定。"止"字我们在《藏在身体里的汉字》一书中已经提到过。它由最初表示"脚"的意思发展出"停止"的意思。"彳"和"止"合在一起，也就是"忽走忽停"，这是"辵"字本来的意思。例如《说文解字》："辵，乍行乍止也。"因为"辵"跟"奔走"有关，所以，由"辶"构成的字大都表示某种行为动作，例如"过、进、退、运"等。

《说文解字》："随，从也。""随"最初的意思是"跟从"，在此基础上逐渐发展出"依顺、依从、听任、按照"等意思。仔细体会"随"的这些意思，多少都带点"没有主见、人云亦云"的意味在里面。例如唐代韩愈《进学解》中的名句："业精于勤荒于嬉，行成于思毁于随"，其中的"随"表示"随波逐流、随大溜"的意思。可见"随"的字义当中的确包含了一些负面成分。

杨坚在建立隋朝之前，四处征战，早已厌倦了这种随波逐流、奔走不宁的生活。同时，他更不希望自己亲手建立的王朝国运随着"辶"走掉，所以把"辶"去掉，改国号为"隋"。

其实，细心的人应该早已发现，"随"字的意义中也包含有美好的成分。比如"随和"一词，表示"谦和、和顺"等意思，指的都是人性格中好的方面。而且，"随和"还有另外一种意思。它是春秋战国时期两件价值连城的珍宝——随侯珠、和氏璧的合称。大家对和氏璧都再熟悉不过了，随侯珠则是与之齐名的一件珍宝。传说随国的君主随侯救了一条受伤的大蛇，大蛇为了报恩送给随侯一颗夜明珠，并说自己是"龙王之子"。因此，随侯珠也被称作"灵蛇之珠"。"随和"因为与珍宝有关，后来也比喻高洁的才德。例如司马迁《报任安书》：

chuò
辵

chì
彳

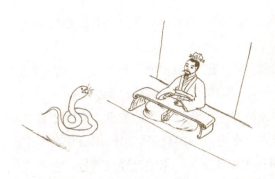

"若仆大质已亏缺，虽材怀随和，行若由夷，终不可以为荣。"司马迁自叹由于身体上的缺陷，即便自信怀有稀世珍宝一样的才能和如同许由、伯夷两位前贤那样的品行，也终究无法引以为荣。

那么，杨坚用"隋"作为国号，"隋"字的意思就很好吗？"隋"的右下是"肉"，它最初的意思跟古代的祭祀有关。《说文解字》："隋，裂肉也。"何谓"裂肉"？大概可以理解为撕好后用来祭祀神灵的肉品。例如《周礼》："既祭，则藏其隋与其服。"意思是说，祭祀完毕，把服饰收入箱箧，把祭品埋到地下。这些东西实在让人难以把它们跟美好的意思联系在一起。

更为糟糕的是，"隋"在古代还跟另外几个字通用。它跟"堕"通用，表示"垂下"的意思，例如《史记》："廷藩西有隋星五"，这里的"隋"就表示"垂下"之义；"隋"也跟"惰"通用，表示"懈怠"的意思，例如《淮南子》："民气解隋"，意思就是，老百姓懈怠；"隋"还跟"隳"通用，表示"毁坏"的意思，例如《国语》："若受君赐，是隋其前言"，意思是说，如果接受您的赏赐，就毁掉了前面说的话。可以说，"隋"的这些意思里面，没有一个是好的。

杨坚煞费苦心地改换国号，却选择了"隋"这样一个字，所以，有人认为，这正是隋朝短命的先兆。王朝的成败兴亡历史自有评说。但是，在杨坚改"随"为"隋"的影响之下，一批随姓人也跟着改为隋姓，乃至流传至今，可谓影响深远。

当然，并不是所有的随姓人都跟着改成了隋姓。原来随姓的另外一支还维持着原有的姓氏。所以，今天，"随"和"隋"共同存在着。

suí

隋

二　姓氏贵比金银

姓氏是祖先给的，象征着家族和血缘关系，对每个人来说都很珍贵。而在中国古代封建王朝，作为"国姓"的皇家姓氏更是象征着至高无上的皇族血统，尊贵至极。历朝历代的君主都曾经出于褒奖、恩惠、笼络等目的，把国姓赏赐给臣民。这样的赏赐，其价值不是金银玉帛这些物质奖励可以比拟的。

中国历史上最广为人知的赐姓，应该是南明隆武帝把国姓"朱"赐给了郑成功这件事吧。郑姓前面已经讲过，下面就让我们一起来看看"朱"这个姓氏。

zhū

朱

朱姓的来源很复杂。最重要的一支跟颛顼帝的后裔曹挟建立的邾国有关系。历史上对邾国后代以"朱"为姓的原因有两种解释：一说因为国家灭亡了，土地没有了，邾国后代就把"邾"字象征国土的"阝"去掉，改成了"朱"；还有一种说法是，邾国诸侯的旁系子孙为了与嫡系相区别，而把"阝"给去掉的。

朱姓的另外几个来源，一个可以追溯到尧帝之子丹朱；一个可以追溯到商纣王的哥哥微子启，他的子孙中有一个名叫朱晖的；另外也有少数民族改汉姓时用"朱"的情况。至于明朝的国姓"朱"源于其中的哪一支就不得而知了。

众所周知，"朱"有"红色"的意思，应该说是一个不错的字眼。那么，它表示"红色"的意思是从哪里来的呢？

"朱"的甲骨文字形为 ，像一棵树，上面是树冠，下面是树根，中间的黑点表示这棵树是红心的。因此，《说文解字》中说："朱，赤心木，松柏属。""朱"本来指的是红色木心的松柏一类的树木，后来专门用来指红色。具体来说，"朱"指的是像朱砂一样的大红色。所以，"朱"字有时候也可以指朱砂。所谓"近朱者赤，近墨者黑"，其中的"朱"就是指朱砂。

在中国古人的观念中，大红色是一种纯正的颜色，属于红色中的"正色"。所以，古代皇帝使用红色的颜料批阅奏章，称为"朱批"。古代王公贵族住宅的大门要漆成大红色，以示尊贵，叫做"朱门"。这种红漆大门不是随便哪户人家都可以安的，它最开始是帝王赏赐给公侯的一种特权，是地位的象征。所以，"朱门"一词也可以代指王公贵族，后来也指豪门大户。例如杜甫《自京赴奉先县咏怀五百字》中的名句："朱门酒肉臭，路有冻死骨。"

不过，也有一种意见认为，甲骨文"朱"字上面的那个黑点，表示"砍"的意思。一棵树被拦腰砍断，剩下的部分就变矮了。因此，"侏儒"一词曾经被写作"朱儒"，表示"矮小、短小"的意思，也用来指那些身材特别矮小的人。例如《左传》中有："朱儒，朱儒，使我败于邾。"这里的"朱儒"，就是"侏儒"。而"侏"字本身也有跟"侏儒"一样的意思。

zhū **侏**

由"朱"构成的"诛"字，有"杀戮、夺去生命"的意思，比如"诛杀"。"诛"还有"除去、芟除、删除"等意思。例如清代恽敬《三代因革论》："神农氏作，民知耕而食之，诛草莱，摘沙砾，各治其田而已。"其中的"诛草莱"，就是"除掉田间杂草"的意思。

zhū **诛**

由"朱"构成的另一个"株"字，最初的意思是"露出地面的树根"，也就是树木断掉以后露在外面的一截。例如成语"守株待兔"中的"株"，就是指树根。

zhū **株**

如果把"侏、诛、株"三个字的意思跟"朱"联系起来看的话，将"木"上面的那个黑点理解为"砍"，似乎也不无道理。只是没有发现更多的证据支持这一观点，姑且聊备一说吧。

总之，郑成功获赐国姓"朱"，被老百姓称为"国姓爷"，足见其地位之尊贵。

既然有赐国姓以示尊宠的，反过来，也有赐恶姓以示惩罚的。

据《三国志》记载，吴国君主孙皓为人暴戾，因为忌惮宗亲孙秀却又无计可施，就把孙秀的姓氏改为"厉"。孙秀的后代中有一支沿用了厉姓，直到今天。

那么，难道"厉"字竟如此恶毒，乃至孙皓以此赐姓来发泄怒气吗？

"厉"的字形中包含"厂"。这个"厂"跟"工厂"的"厂"不是一个字。"工厂"的"厂"是由"廠"简化而来的。"厉"字中的"厂"在古代读作hǎn，字形像突出的山岩，下面可以住人。由"厂"构成的字大多跟房屋或山岩、山石有关，比如"厨、原、历"等。

"厉"本来是指磨刀石，《诗经》"取厉取锻"中的"厉"，就是这个意思。后来，"厉"从"磨刀石"的意思发展出"祸患、危险"等意思。例如：《诗经》中有"降此大厉"，"大厉"就是"大灾祸"的意思。在此基础上，"厉"又进一步衍生出一系列跟祸患、危险相关的不好的意思，比如"恶鬼、瘟疫、传染病"等。例如《左传》："盗贼公行，而夭厉不戒。"其中的"夭厉"，是"遭受病疫而死"的意思。

"厉"字所带有的这些凶险的意思，大概就是吴王孙皓想通过赐姓加于孙秀身上的吧。

不过，"厉"从"磨刀石"的意思，沿着另一条脉络，也发展出带有积极色彩的意思。首先，"厉"可以表示"磨；磨快"的意思。

例如：成语"秣马厉兵"，就是把马喂饱，把兵器磨快，准备战斗的意思。之后，"厉"又发展出"砥砺、磨炼"等意思。例如唐代柳宗元《柳河东集》："参之《谷梁》以厉其气。"这里谈的是做文章的方法，大意是说，参考《谷梁传》，以加强文章的气势。

而且，"厉"在古汉语中还跟"励"通用，表示"振奋、激励、勉励"等一系列意思。例如《韩非子》："故明主厉廉耻，招仁义。"意思是说，所以贤明的君主鼓励廉耻之心，提倡仁义之举。

吴王孙皓大概做梦也没有想到，自己本意是用一个凶险的"厉"字咒孙秀一族厄运连连，反而变成了对他们的一种磨炼和激励。

从吴王孙皓到隋文帝杨坚，中国历史上像这样"任性"的君王不在少数。他们以为仅靠一个字的改变就能影响一个人甚至一个国家的命运，实在荒诞至极，最终只能遭到世人的耻笑，成为历史的笑谈。

三　是改姓还是掉脑袋

皇帝改国号也好，君王给臣民赐姓也好，他们作为"唯我独尊"的一国之君，当然可以为所欲为。而对于普通老百姓来说，不到万不得已，当然不会轻易改换姓氏。在中国古代，普通人改姓，常见的是两种情况：一是为了避难，二是为了避讳。

韦姓的来源之一就是为避难而改姓。这些人的祖先是汉代名将韩信。相传，韩信被吕后杀害以后，他的一个儿子被人暗中救下并送到了南粤，也就是今天的两广一带。为了避祸，韩信的这个儿子就把"韩"字去掉一半，改姓"韦"了。他们的后人成为今天韦姓的重要一支。

"韦"的甲骨文字形为 ，中间的方框表示一个区域；上下是方向相反的两只脚；合在一起表示背离某地。"韦"最初是"违背"的意思。后来，人们用它来表示"经过鞣制的熟皮"。同时，为了加以区别，在原来的字形上加"辶"写作"违"，专门表示"违背"之义。所以，《说文解字》中说："韦，相背也"，清代朱骏声《说文通训定声》曰："经传多以违为之。"

兽皮是古代常用的材料，跟它相关的字有好几个，比如"皮、革、韦"等。它们之间的意义分工是：带毛的兽皮叫"皮"；去了毛，但没有经过鞣制的生皮叫"革"；经过鞣制的熟皮叫"韦"。

熟皮可以制衣、制帽等，有很多用途。古代管一种用熟皮制成的礼帽叫"韦弁"；管熟皮制成的衣裳叫"韦裳"。例如《周礼》："凡兵事韦弁服"，是说在战争场合要穿戴熟皮制成的衣服和帽子。

用熟皮裁成的皮绳常常被用来捆束物品。古代在竹简上写字，用皮绳把竹简编缀在一起，所以才有"韦编"一词。《史记》："读《易》，韦编三绝。"说的是孔子晚年爱读《周易》，常常翻阅，爱不释手，以致连穿连《周易》竹简的皮绳都断了很多次。后世就用"韦编三绝"来形容好学不倦、勤奋用功。而"韦编"一词则可以借指《周易》，后来也指一般的古籍。例如唐代周弘亮《除夜书情》："还伤知候客，花景对韦编。"其中，"韦编"指的就是古籍。

"韦"字不单是"韩"字的一部分，这两个字在意思上也是有联系的。"韩"最初的意思是"井垣"，也就是井口四周的围栏，古时候多用木头制成。其中的"围绕"义，就是从"韦"这里来的。而且，"韦"字本身也含有"连缀"的意思。如此看来，韩信的儿子在改姓的时候舍"韩"而留"韦"，倒是没有割断跟祖宗姓氏之间的联系。

中国古代为了避讳而改姓的情况特别多。出于所谓"伦理"等方面的原因，跟封建君王、圣贤、尊长等的姓名相关的一些字眼是不能随便使用的。在书写的过程中如果遇到，必须通过改换他字、省略笔画或者空缺不写等方式回避。

清政府推崇儒家文化，曾经规定把孔子的姓氏"孔"作为汉人

hán

韩

的第一大姓。雍正时期又规定不准老百姓再写孔子的名字。这样一来，全天下的"丘"姓人都犯了难。一方面是祖宗传下来的姓氏不能随便改，另一方面又是皇命难违，违反了就要杀头。最后，他们想了个两全其美的办法，就是在原来的字上加了一个"阝"，把"丘"改成了"邱"。

丘姓是一个源自姜姓的古老姓氏，最早可以追溯到姜子牙受封营丘。据考，从汉代以后开始，就有丘姓人士为了避孔子的圣讳而改姓"邱"的，但数量很少。清代丘姓的这次大规模改姓，使得从那以后邱姓成了主流。所以，民间有"雍正以前无邱姓，从此丘姓变成邱"的说法。

"丘"字我们在前面提到过。它最初指小土山，后来也可以指一般的山，也表示"坟墓、废墟、乡村"等意思。由"丘"组成的词语、成语有很多，比如"狐死首丘"。相传，狐狸到了临死的时候，头一定会朝着它出生的山丘方向。人们用这个成语来比喻不忘本或者对故乡的思念。《淮南子》："鸟飞反乡，兔走归窟，狐死首丘"，说的是动物对生存之地的依恋之情。动物尚且如此，人又何尝不是呢。

可是，在封建专制的古代社会，老百姓的生存环境如此之艰难，连祖宗传下来的姓氏都保不住，更别提守住家园了，明朝山西洪洞大槐树移民就说明了这一点。而丘姓人在原有的姓氏上面加了一个"耳朵"，从而保住了性命，这既是封建专制制度逼迫下的无奈选择，也不失为明智之举。

四　你有少数民族血统吗

中国历史上少数民族改汉姓的情况十分普遍。今天我们的很多姓氏，如"李、周、金、石、杨、赵"等，都含有少数民族基因。

金姓是一个少数民族色彩十分浓厚的姓氏，而且民族"成分"还相当复杂。

汉族的金姓源自嬴姓，最早可以追溯到黄帝之子少昊。少昊号"金天氏"，其后裔便以"金"为姓。另外，汉族中的金姓也有改姓而来的。五代时期吴越国的刘氏一族为了避开国君主钱镠（liú）的名讳而集体改姓"金"。

金姓中有出自古代匈奴族的。西汉时，匈奴休屠王太子被俘以后在汉室养马，受到汉武帝刘彻的赏识，得赐金姓。其后人就有以"金"为姓的。

"金"也是古代新罗人的姓氏。据记载，朝鲜历史上的新罗国国王姓金。所以，现在的朝鲜族当中仍有姓"金"的。

"金"还是羌族的姓氏。前秦苻坚时，羌族首领中就有一个金氏。

另外，很多人都知道，有一支金姓是清代皇族爱新觉罗氏改姓而来的。

除上述情况以外，金姓还有很多来源。蒙古族、景颇族、达斡尔族、回族、土家族等民族中都有金姓。金姓真正算得上是一个多民族、多源流的姓氏群体。

现在，一提到"金"字，我们立刻会联想到"黄金"这种贵重的金属。实际上，"金"最初是表示"金属"，而非特指黄金。

"金"的古文字形为 ，上面三角形的部分表示覆盖，三角形的下面表示地下的土层，旁边的两点表示埋藏在地下的金属物质。这个字形说明古人很早就已经认识到土壤中含有金属这一自然现象了。《说文解字》："金，五色金也。"所谓"五色金"，指的应该是金、银、铜、铁、铅一类的金属。可见，"金"在古代可以表示包括黄金在内的各种金属。今天的"五金"一词用的正是"金"的这个意思，指金、银、铜、铁、锡五种金属，也泛泛地指一般的金属。另外，也有人认为"金"字古文字形中的两点表示冶炼过程中溅落的碎金属块。

后来的一些金属制品，比如刀、剑、箭之类的兵器以及钟、铃、锣之类的乐器，也可以称为"金"。例如《荀子》："金就砺则利"，意思是说，刀、剑等兵器在磨刀石上磨过之后就变得锋利了。再如《汉书》："闻金声而止"，其中的"金"指的是铜锣。古代打仗的时候，听到锣声就要停止，所以才有"鸣金收兵"一说。

由"金"构成的汉字大都跟金属有关，例如"铜、针、钱、铸、鉴"等。

"金"表示"黄金"的意思是后来产生的。因为黄金是贵重而坚固的物质，所以"金"字又常常被用在具有此类含义的词语中。例如："金瓯"代表国土，"金瓯无缺"形容国家领土和主权的完整。其他类似的还有"金言、金榜、金城、金汤"等。

黄金在商品流通过程中可以起到等价物的作用，相当于货币，所以"金"后来又可以表示"钱财、货币"等意思。例如《战国策》："以季子之位尊而多金"，"多金"就是常说的"富有、有钱"的意思。今天的"金融"一词，也是从"金"字表示"货币"的意思来的。

"金"字的意思这么好，怪不得那么多不同民族的人都以它为姓呢。

"罗"也是一个典型的多民族、多源流的姓氏。

汉族罗姓的源头可以追溯到颛顼帝的孙子祝融。西周时期，祝融的后代中有被封在罗国的。罗国灭亡之后，其遗民以国为姓，成为今天罗姓的一支。还有一支汉族罗姓源自一个叫"罗氏"的官名。

源自其他民族的罗姓就非常多了。古代的鲜卑、突厥，现在的蒙古族、满族、苗族、布依族、黎族、土家族、瑶族、白族、朝鲜族、回族、壮族、羌族、佤族等诸多民族中都有改汉姓时用"罗"的，这里就不一一列举了。

"罗"字的意思大概很多人都想不到。它的甲骨文字形为 ，上面是"网"，下面是一只"鸟"，合在一起表示鸟被网扣住。所以，"罗"本来指的是捕鸟用的网。《说文解字》："罗，以丝罟鸟也。""罟"读作gǔ，也是"网"的意思。这句话的意思是，"罗"是用丝织成的、用来捕鸟的东西。

跟"罗"相比,"网"既可以捕捉飞禽走兽,也可以打鱼。例如《盐铁论》:"网疏则兽失",意思是说,网的空隙太大,野兽就逃跑了。

"罗"和"网"意思相近,一个用来捕鸟,一个用来捕兽打鱼,所以经常在一起使用,比如"罗网、天罗地网"等。而"网罗"一词,由"捕捉飞禽走兽和鱼类的用具"的意思,发展出"搜罗、包容"等意思。例如司马迁《报任安书》:"网罗天下放失旧闻",意思是说,搜集天下早已散失的陈旧见闻。可见,"网罗"一词最初并没有什么贬义。但是,现在它常常被用作贬义词,比如"网罗党羽"等。

因为捕鸟用的"罗"是丝织的,所以"罗"字又可以指轻软的丝织品。例如宋代张俞《蚕妇》:"遍身罗绮者,不是养蚕人。"这里的"罗"和"绮"都是丝织品。像"罗绮"这样的丝绸衣服,古代只有达官显贵才穿得起,而那些为此付出辛苦的劳动者却根本没有机会穿。

同时,"罗"也有"用网捕捉"的意思,比如在成语"门可罗雀"中,"罗"就是这个意思。门外都可以设罗捕鸟了,足见门庭冷落,宾客之少。例如《梁书》:"及卧疾家园,门可罗雀。"这句话说的是,某人生病在家,就门庭冷落,无人拜访了。

前面提到的"罗氏"一职所从事的工作就跟"罗"的意思直接相关。据《周礼》记载:"罗氏,掌罗乌鸟。"可见,"罗氏"是专门负责鸟类的捕捉与饲养工作的。如今听起来有些不可思议,可是在周代确有这样一种官职。当时,罗氏捕来鸟类并精心饲养,以供王公贵族们欣赏和享用。

历史上还曾经有一个"好鹤亡国"的典故。说的是春秋时期的卫懿公姬赤特别喜欢仙鹤,他大量饲养仙鹤,由罗氏照料,还给这些仙鹤冠以官位品级,比如"鹤将军、鹤大夫"什么的。由于卫懿公终日沉溺于养鹤等事,荒淫奢侈,老百姓怨声载道。后来,有人趁机进

好鹤亡国

攻卫国。卫懿公想征兵打仗，可是上上下下的人都说，既然你养了那么多仙鹤，就让你的那些鹤将军、鹤大夫们去打仗吧！它们高官厚禄，我们哪里比得上呢！卫懿公没有办法，只好带着少数亲信前去迎战，结果兵败被杀。

中华之大，无奇不有。中华文化，兼容并包。中国自古以来就是一个多民族融合的大家庭，姓氏的改换和变迁恰好真实地反映了这一点。

第五章　从百家姓到千家姓

在这个部分你将了解到下面这些字：

黎	梨	赵	钱	孙	奉	捧	承	阙	席

一　"百姓"是怎么来的

若问从古至今，中国人的姓氏到底有多少，大概没有人能说得清楚。不过从很早以前开始，姓氏问题就受到重视，历史上曾经有过很多姓氏方面的书籍。比如《百家姓》，自古以来就被当作童蒙教育的重要读本。直到今天，仍然有人提倡让孩子们通过学习《百家姓》来了解中华姓氏文化的精髓。除此之外，明代有《皇明千家姓》，清代有《御制百家姓》，甚至其他一些民族，也有本民族文字的"百家姓"，比如《蒙古字目百家姓》《女真字目百家姓》等。

另外，唐代林宝修撰的《元和姓纂》、宋代王应麟撰写的《姓氏急就篇》以及明代凌迪知撰写的《万姓统谱》等，都是姓氏研究方面的专著。这些著作从源流、郡望、谱系、人物等方面对姓氏进行考证和整理，对于了解中国古代姓氏和历史人物都具有重要的参考价值。

关于中华姓氏的数量，很多人都做过统计，不同历史时期得到的数字必然不同。比如明代有人统计当时的姓氏，得到的数字是3625个。改革开放之初，公安户籍系统对北京、上海、广州等七个大城市的姓氏进行统计，得到的数字是2587个。近年来，又有人以国家统计局的人口资料为依据进行统计，得到姓氏11969个。但是，没有人敢说哪一个数字是绝对准确的，这些数据都只能作为一个大概的参考。

今天，我们的"百姓"一词涵盖了各种不同姓氏的普通民众。"百"可以表示"多"的意思，"百姓"自然就可以用来指各种姓氏。然而实际情况是，"百姓"这个词，最初可以说真的跟一百个姓氏有关系。只不过，当初的这一百个姓氏，不是普通人的姓，而是王公贵族的姓。有人说，上古时期的炎黄部落联盟是由大约一百个氏族组成的，"百姓"指的是这些氏族的"氏"，也不无道理。因为这些氏族所代表的正是对当时社会起主导作用的群体。总之，"百姓"是对百官贵族的笼统说法，包括那些掌管国家大小政务的人，以及管理各行各业生产的官员。例如《尚书》："平章百姓"，其中的"百姓"指的就是百官。

直到战国以后，贵族和平民阶层之间的界限不像之前那么明显了。所以，"百姓"也就不再具有专指某些特权阶层的意义，而开始指普通民众了。例如《史记》："百姓多闻其贤"，其中的"百姓"指的就是普通人。再如唐代刘禹锡《乌衣巷》："旧时王谢堂前燕，飞入寻常百姓家。"这里把"百姓"跟王导、谢安那样曾经的豪门权贵做对比，指的当然是普普通通的老百姓了。

古代"黎民"和"百姓"常常连在一起使用。"百姓"最初指百官贵族，而"黎民"指的则是与之相对的平民百姓。

几千年前，在黄河流域曾经聚集了黄帝族、炎帝族和九黎族等几个势力较大的部落。他们之间相互征战了很多年，最后，由黄帝族和炎帝族组成的部落联盟，共同战胜了九黎族。战败的九黎族一部分被迫退回南方，一部分被炎黄联盟俘获，沦为奴隶，被称为"黎民"。所以"黎民"这个词最初指的是处在社会最底层的人。

后来，留在北方的九黎族后人建立了黎国，其子孙以国为姓，

lí

黎

就有了"黎"这个姓氏。

由此可见，"百姓"与"黎民"，最初几乎意味着奴隶主与奴隶的区别。《尚书》中有："百姓昭明，协和万邦。黎民于变时雍。"大意是说，百官的政事理顺了，又协调万邦诸侯，天下民众也随之变得友善和睦起来。在这里，"百姓"和"黎民"是两个完全不同的社会阶层。到了后来，"百姓"的地位逐渐下降，与"黎民"所代表的社会阶层之间的差距越来越小，"百姓"和"黎民"就变成一回事了，并且产生了"黎民百姓"这样的说法。

在古汉语中，不仅"黎民"表示民众，而且"黎庶、黎元、黎首、黎玄"等一系列含有"黎"的词语都有"百姓、民众"的意思。例如宋代范仲淹《奏上时务书》："国侵则害加黎庶"；晋代潘岳《关中诗》："哀此黎元，无罪无辜"等。所以《尔雅》说："黎，众也。"现在看来，"黎"表示"众多"的意思，应该是从"黎民"一词中来的。

"黎"字本来的意思跟一种农作物有关。它指的是黍胶，也就是用黍米制成的胶。古时候把黍米打成胶状物，用来粘鞋子。大概因为黍米的籽实呈淡黄色，所以"黎"也可以表示"黑中带黄的颜色"，"黎黑"一词就是这么来的。例如北魏贾思勰《〈齐民要术〉序》："舜黎黑"，是说舜帝的肤色黑中带黄。不过，这个词现在一般写成"黧黑"，意思则跟"黎黑"相同。

因为用黍胶粘鞋这一动作含有"附着；到"的意思在里面，所以"黎"后来发展出"接近、等到"等意思。"黎明"一词表示的就是"接近天明"的意思，指天将明未明的时候，我们现在一般用它来指天快要亮或刚亮的时候。

"黎"也有"老；年纪大"的意思。例如《国语》："今王播弃黎老，而孩童焉比谋。"大意是说，现在你抛弃老臣，接近年幼无知的人共商国策。其中，"黎老"跟"孩童"相对，指的就是老人。"黎"用作这个意思时，跟"梨"是相通的。"梨"表示"老；年纪大"的意思是从老人面色如冻梨那里来的。所以，《释名》中说："九十曰鲐背……或曰冻梨皮，有斑点如冻梨色也。"意思是说，九十岁称作"鲐背"或者"冻梨皮"，是因为老人的皮肤像冻梨一样，上面有斑点。

有人说，"黎"有"老"的意思，而"黎民"和"百姓"指的都是与官员相对而言的普通民众，所以人们就在"百姓"前面也加了一个"老"字，才有了"老百姓"的说法。其实，"老百姓"的"老"，可以视为跟"老三、老李、老虎"中的"老"一样，没有什么实际的意思。

二 家喻户晓的《百家姓》

《百家姓》

提起姓氏方面的书，大家首先想到的一定是《百家姓》。这本书把中华姓氏按照四字一句的方式排列在一起，辅以韵律，通俗易懂，朗朗上口，曾经是中国古代最为流行的儿童启蒙读本之一，与《三字经》《千字文》并称"三百千"。

虽名为"百家姓"，但是全书收录了不止一百个姓氏。拿目前通行的一种版本来说，里面共有568个字，涉及504个姓氏，包括444个单姓和60个复姓。可见，"百"在这里并不表示具体的数量，而是"众多"的意思。

《百家姓》最开始的一句"赵钱孙李，周吴郑王"大概没有几个中国人不知道吧。那么，它为什么把姓氏按照这样的顺序排列呢？这其中有什么讲究吗？要回答这个问题，就不得不考虑《百家姓》的作者和成书年代。

有人推断，《百家姓》最晚在宋代就已经有了。证据是陆游在给他自己的一首题为《秋日郊居》的诗做注释的时候写道："农家十月乃遣子入学，谓之冬学，所读《杂字》《百家姓》之类，谓之村书。"这里说《百家姓》是在农村都能读到的"村书"，可见在当时已经非常流行了。

那么，这本书是什么人写的呢？南宋学者王明清对《百家姓》的作者问题做了深入探讨，得出的结论是："似是两浙钱氏有国时小民所著。"意思是说，作者应该是五代十国时期吴越国的一个普通人。理由就是"赵钱孙李"等姓氏的排序。

"赵"是宋朝的国姓；"钱"则是吴越国的国姓；"孙"是吴越王钱俶（chù）的皇后的姓；"李"则是跟吴越国毗邻的南唐的国姓。至于后面的"周吴郑王"四姓，也基本上都是吴越一带的大姓。这样的姓氏排序一定是作者按照跟自己所在的吴越国关系的亲疏远近做出来的。所以，作者应该是吴越国归顺宋朝以后，前吴越国的一个文化人。

下面我们就来看看开头的"赵钱孙李"这几个姓。赵姓和李姓前面已经讲过，还剩下"钱"和"孙"。

钱姓的起源相对比较单纯，而且真的跟钱有关系。中国历史上有一位著名的老寿星叫彭祖，姓篯（jiān）。彭祖的后代彭孚，在西周时担任钱府上士。这是一个掌管国家财政事务的官职，类似于今天的财政部长兼央行行长。他的后人就去掉了"篯"上面的"竹"，以"钱"为姓。这是钱姓最主要的一个来源。

"钱"字我们在《藏在身体里的汉字》一书中已经讲过，这里就不再重复了。

孙姓的来源要复杂得多。其一源自商代忠臣比干。比干姓子，被商纣王害死以后，他的子孙为了避祸，就改姓"孙"了。其二是周文王姬昌的后代。其三源自舜帝的后裔妫满，其后代子孙因立下战功，被齐景公赐姓"孙"。其四源自春秋时期楚国的孙叔敖。他本姓芈（mǐ），名敖，字孙叔。当时的人习惯把字放在名的前面，所以楚国人都称他为"孙叔敖"。其子孙中的一部分以"孙"为姓。其五为

zhào

赵

qián

钱

sūn

孙

著名思想家荀子之后。他们为了避汉宣帝刘询的名讳，由荀姓改为孙姓。其六是汉代开国功臣夏侯婴的后代，由复姓"夏侯"改姓"孙"。除此之外，还有其他赐姓、改姓为"孙"的情况。

"孙"字甲骨文写作，左边是"子"；右边是"糸"（mì）。"糸"的字形像绞起来的一束丝。丝线有"系联"之义，系在"子"下的就是"孙"，这是"孙"的字形本来表示的意思。后来，在字形演变过程中，"糸"被写成"系"，"孙"就变成了"孙"。"系"也有"系联、接续"的含义，跟"子"组合在一起，刚好也能表达"子子孙孙，无穷匮"的意思。

"孙"最初指"儿子的儿子"，后来也可以指后代子孙。又从人推演到其他生命体，指植物再生的或孳生的部分。古代诗文中常常出现"孙竹"一词，指的是竹子的枝根（即竹鞭）末端新生的竹子。《周礼》中的"孙竹之管"，就是指用这种竹子制成的管乐器。宋代王安石在《鸟塘》一诗中写道："篱落生孙竹，门庭上女萝。"篱笆上长出了新竹，门口和庭院都被女萝缠绕，可见门庭之冷落寂寥到了何种程度。

过去常用"名落孙山"一词来委婉地表示应考落榜。这里的"孙山"不是山的名字，而是指一个人。据说，这个叫孙山的人有一次去外地应考，同乡人托他带着自己的儿子一同前往。考试结束以后，孙山一个人先回来了。同乡人问他自己的儿子考得怎么样，孙山幽默地回答说："解名尽处是孙山，贤郎更在孙山外。"意思是说，我的名字排在上榜名单的末尾，您的儿子排在我后面呢。

《百家姓》把"赵钱孙李"等姓氏以押韵的方式编排在一起，在内容上其实没有特别的含义。但是有趣的是，其中的一些句子后来反而演变为成语。比如"乌焦巴弓"是排在一起的四个姓氏，后来被用以形容物体被烧得又焦又黑。例如蔡东藩、许廑（jǐn）父《民国通俗演义》："良弼正要进门，猛听得一声怪响，不禁却顾，可巧弹落脚旁，把左足轰得乌焦巴弓。"

《百家姓》像是一首四言诗，既具有实用性，又易读易记，因此流传甚广，达到家喻户晓的程度。后世虽然有很多姓氏方面的书籍，但无论是编写水平，还是影响范围，都没有能够超过它的。

三　弘扬国威的《皇明千家姓》

《百家姓》影响很大。可是到了明代，明太祖朱元璋自然不希望看到"赵"作为老大，排在姓氏的第一位，而自己的朱姓屈居后面，因此决定按照自己的想法重新编写一部姓氏方面的书。因此，当时的翰林编修吴沈等人根据户部所藏户籍，奉旨编纂了《皇明千家姓》。

《千家姓》

从书名上就能看出来，《皇明千家姓》虽然是一部姓氏方面的书，但也兼有宣扬大明王朝皇帝权威、歌功颂德的功用。全书共2168个字，收录姓氏1968个，有单姓，也有复姓。因为既要把常用姓氏编排进去，也要符合统治者的意愿，同时又要讲究韵律，可以说，作者在姓氏的编排上着实费了一番心机。全书以"朱奉天运，富有万方；圣神文武，道合陶唐"开头，中间部分按照动物、植物、地理、建筑等事物类别将姓氏归类排序，最后以歌功颂德的语句结尾。

"朱奉天运"，"朱"是明朝国姓，理所当然排在第一位。"奉天运"，强调明朝的统治是上天的安排。

"奉"字的古文字形为 ，像是在用两只手恭恭敬敬地捧着东西。所以，"奉"最初的意思就是"捧"。例如《史记》："臣愿奉璧往使"，"奉璧"就是用双手捧着玉璧。由此发展出"献"的意思。

fèng
奉

例如《史记》："玉斗一双，再拜奉大将军足下。"意思是说，这一对玉杯，拜两拜敬献给大将军您。从"献"又发展出"给予"的意思。例如《左传》："天奉我也。"意思是说，这是上天给予我的。

后来，当表示"捧"的意思时，人们在"奉"的左边加上"扌"，就有了"捧"这个字。

从另外一个角度，"奉"又发展出"恭敬地接受"的意思，例如诸葛亮《出师表》："受任于败军之际，奉命于危难之间。""奉命"就是"接受命令"的意思。进而，"奉"又发展出"贯彻、执行"等意思。例如：《史记》中的"谨奉法令"，就是"谨遵法令"的意思。

因为"奉"含有恭敬的意味，所以，在古汉语中，当表示自己的举动涉及对方时，常常使用"奉"字。例如："奉款"是"款待"的意思，"奉屈"是"屈尊"的意思，这两个词都用在表示尊敬对方的场合；"奉恳"表示"拜托"，是自谦的说法；"奉揖"表示"作揖；拱手为礼"等。

《说文解字》："奉，承也。""承"最初也是"捧"的意思。它的甲骨文字形为 ，上面是头朝一边跪坐着的人；下面是两只手。"承"的意义包含两个方面：从托举者的角度看，是"捧着、托着"的意思；从被托举者的角度看，就是"接受、承受"的意思。例如《诗经》："承筐是将"，大意是，捧上用竹筐盛的礼物。《左传》："敢不承命？"意思是，哪里敢不接受命令呢？"承"表示"承载"的意思是从前一个角度发展出来的，表示"继承、接续"等意思则是从后一个角度发展出来的。

"奉"和"承"两个字组合在一起，构成"奉承"一词，我们现在常用它来表示"逢迎、阿谀"之义。其实，在古汉语中，"奉承"有很多种含义。首先，它有"承受、遵行"的意思。例如《左传》："奉承以来，弗敢失陨，而致诸宗祧。"大意是，接受命令回来，不敢废弃，而祭告于宗庙。其次，"奉承"也有"继承"的意思。例如《后汉书》："陛下奉承洪业。"意思是说，陛下您继承帝王之业。除此之外，"奉承"还有"侍奉、祭祀、奉送、馈赠"等意思，这些意义都是直接从"奉"和"承"这两个字的意思来的。

"奉天承运，皇帝诏曰"是大家耳熟能详的一句话，在宫廷剧里面经常能够听到，古代皇帝诏书常以此开头。据说，这句话就是明太祖朱元璋发明的。朱元璋曾将大朝会正殿命名为"奉天殿"，手中所执大圭上刻有"奉天法祖"四个字，颁布的诏书前面必以"奉天承运皇帝"自称。朱元璋想用这样的方式昭告天下，自己大明王朝的统治是"尊奉上天的命令，遵从时运的安排"。

《皇明千家姓》以"朱奉天运"开首，跟"奉天承运"所表达的是同样的意思，不过是明朝统治者假托上天的旨意，为行使统治国家的权力寻找一套冠冕堂皇的说辞而已。

四　尊孔尚儒的《御制百家姓》

到了清代，统治者仍然不满于之前历代编写的百家姓。于是，康熙亲自主持编写了《御制百家姓》。

这本书共472个字，收录姓氏468个，其中单姓408个，复姓30个，也是按照四言成句的形式编排。全书以"孔师阙党，孟席齐梁；高山詹仰，邹

《御制百家姓》

鲁荣昌"开篇，以人物和历史事件为线索，将姓氏串联在一起。

"孔师阙党，孟席齐梁"。这里的"孔""孟"，毫无疑问指的是儒家学派的两位代表人物——孔子和孟子。其余的"师、阙、党""席、齐、梁"几个字，既是姓氏，又分别跟孔孟二人有关联。

"阙党"，据说是孔子以前居住的地方，更广为人知的叫法是"阙

里"。阙里在今天的山东省曲阜城内。《孔子家语》中写道："孔子始教学于阙里。"意思是说，孔子最开始在阙里给人讲学。

"阙"是一个多音字，它最初的读音是què。古代宫殿、祠庙、陵墓一类的建筑物前面筑有高台，通常是左右两边各一个，台上有楼观。这种高台就叫做"阙"。在两阙之间有道路。

"城阙"一词最初指的是城门两边用于瞭望的阁楼，也就是通常所说的"城门楼"。例如《诗经》："挑兮达兮，在城阙兮。"大意是说，在高高的城门楼上来回走动张望。因为古代都城都有城门楼，所以后来"城阙"又用于借指"都城、京城"。例如三国曹植《赠丁翼》："嘉宾填城阙"，是说京城到处都是宾客。

"阙"由"宫殿前面的高台"的意思，也可以代指宫门或宫殿。比如"宫阙"指古代帝王所居住的宫殿；"阙庭"指帝王居住和处理政务的处所；"阙下"指帝王的宫阙之下，进而指朝廷。

"阙"还可以指神庙、陵墓等前面竖立的石雕。据说，"阙里"就是因为曾经有两个石阙而得名。

因为两阙之间有空缺，"阙"字还可以表示"豁口、缺口"的意思。例如《水经注》："两岸连山，略无阙处。"意思是说，两岸的山峰连绵不断，没有一点中断的地方。进而，"阙"又可以表示"空缺、缺少"之义。当这个意思讲时，其读音为quē。"阙如、阙疑"等词语的意思就是这样来的。

"席"字上面是"庶"的省略形式；下面是"巾"。它最初是指供坐卧铺垫的用具。例如《玉台新咏》："结发同枕席。"意思是说，结婚后夫妻二人使用共同的坐卧用具，比喻夫妻之间相亲相爱的生活。古代天子、诸侯使用的席都有刺绣镶边，因此"席"字的形体中含有"巾"。又因为铺席是古时候待客之礼，宾客通常不止一人，而"庶"有"众多"之义，所以"席"字的形体中含有"庶"的省略形式。

古人席地而坐，设席每每不止一层。紧挨地面的一层称作"筵"，筵上面是"席"。可见，"筵席"一词是从"宴饮时的座位和陈设"

这样的意思发展出"酒席、宴会"的意思，故而有"天下无不散之筵席"的说法。

"席"从"坐卧用具"的意思，又发展出"座位、席位"等意思。例如陆游《老学庵笔记》："未尝离席"，就是"没有离开过座位"的意思。在此基础上，"席"又发展出"职位、职务"等意思。过去称所承担的职务为"席"，比如掌管钱粮的职务称为"钱席"，教书的职务称为"教席"等。

"孔师阙党，孟席齐梁"这句话，显然是指孔子在阙里讲学，孟子周游齐、梁等国并推行自己的政治主张这两个典故。

《御制百家姓》跟《皇明千家姓》不同，没有特别强调清王朝的统治，也没有把国姓"爱新觉罗"放在第一位，而是以孔孟开头，通篇都洋溢着尊孔尚儒的气息。这一方面可能是因为清朝王室以少数民族身份入主中原，对汉族文化怀有景仰之心，想借此来表达对汉族传统儒家文化的尊崇之意；另一方面或许也是出于笼络民心，巩固自己统治地位的需要。

第六章 姓氏万花筒

在这个部分你将了解到下面这些字：

死	歹	难	隹	鸟	贶	司	宁	覃	龙
虎									

一 鲜为人知的姓氏

中华姓氏经过几千年的发展，不仅数量庞大，而且多种多样，几乎无字不可以入姓。不同的姓氏，历史有长有短，人口数量天差地别。现在常见的几个大姓，比如李、王、张等，人口数量均以亿计，而一些罕见的姓氏，则仅有几千、几百，甚至更少的人在使用。

据统计，人口数量排在最后几位的姓氏有"死、难、贶（kuàng）"等。

"死"字可以作姓，一定令很多人都感到吃惊吧。然而这是千真万确的事。据说，死姓是由北魏时期少数民族的四字复姓发展而来，目前主要分布在中国的西北地区。

那么，"死"表示"死亡"的意思是怎么来的呢？我们一起来看看它的字形。

"死"在甲骨文中写作 𠣴，左边表示残骨；右边像一个躬身下拜的人；合在一起表示凭吊死者。楷书的"死"由"歹"和"匕"组

sǐ

死

成。"匕"是倒"人"之形。而"歹"本来指的就是死人的残骨，并由此发展出"不好"的意思，比如"不识好歹"等。因此，凡是含有"歹"的字，意思大都跟"死、坏"有关，比如"殓、殁、残"等。

关于死亡这件事，古代针对不同对象有不同说法。"死"一般用来指年少者、庶民或下级官员的死亡。例如《礼记》："庶人曰死。"意思是说，平民百姓的死亡称为"死"。年纪大的人逝世则称为"终"。例如《二刻拍案惊奇》："后来此人整整活到九十一岁，无疾而终。""无疾而终"意思是没有病就死了。后来常用来比喻事物没有受到外力干扰就自行消失了。诸侯或者有封爵的大官之死称为"薨"（hōng），例如《史记》："昭王薨。"古代把天子的死看得很重，常用山塌下来比喻，因此帝王之死称为"崩"。例如《明史》："越二月，帝崩。"意思是说，过了两个月，皇帝死了。

死去的东西就不能动了，所以"死板、不灵活"等意思也称为"死"。"死脑筋、死心眼"等说法就是这样来的。

"难"作为姓氏使用时，读作nàn。据考，难姓是南北朝时期由鲜卑族的姓发展而来的，后来大部分迁徙到了朝鲜半岛，中国现在已经很少存在了。

"难"字的右半边是"隹"（zhuī）。"隹"在甲骨文中写作 ，像是一只鸟。《说文解字》："隹，鸟之短尾总名也。"也就是说，短尾巴的鸟叫做"隹"。凡含有"隹"的字大都跟禽类有关，比如"雀、雉、集"等。

那么，"隹"跟"鸟"有什么区别呢？"鸟"的甲骨文字形为 ，描绘的也是一只鸟的形象。《说文解字》："鸟，长尾禽总名也。"按照这种说法，"鸟"指的是长尾巴的鸟类，它跟

"隹"的区别仅仅在于尾巴长短的不同。含有"鸟"的字也大都跟禽类有关，比如"鸡、鸣、凤（鳳）"等。

"难"最初也是一种鸟的名称，后来被借用表示"困难"之义。据说，"难"之所以成为姓氏，是跟当时人们对鸟类的崇尚有关。

"赆"是一个不太常用的字，作为姓氏更加罕见。据说，此姓目前主要分布在河南省安阳市，数量不过百人。

"赆"字的左半边是"贝"。在中国历史上，贝类曾经可以作为货币使用。所以，含有"贝"的字大都与金钱、财物等有关，比如"财、贿、货、资"等。这在《藏在身体里的汉字》一书中曾经有过详细讲解。"赆"的意思是"赏赐、赐予、赠予"，是指地位高的人给地位低的人或者长辈给晚辈财物。例如鲁迅《书信集》："同时亦得家母书，知蒙存问，且赆佳品。"这里，因为是长辈给晚辈礼物，所以用了"赆"，是一种尊敬的说法。由"赆"参与构成的词语大都跟"赐予、赠予"或"赏赐、馈赠之物"有关。例如："厚赆"意为"厚赏"；"赆赠"意为"馈赠"；"赆寿"意为"赠献寿礼"等。

古代书信中常见"寄赆"一词，是对亲朋好友托人致送礼品的一种尊敬的说法。例如宋代苏轼《答程全父推官书》："寄赆佳酒，岂惟海南所无，殆二广未尝见也。"大意是说，您托人带来送给我的好酒，不只海南没有，大概在两广也没有见过吧。

有人认为，赆姓是另外一个跟它读音相同的姓氏"况"因误写而形成的。不过结合"赆"字的意义，我们猜测，它作为姓氏的由来也很可能跟赏赐之类的事情有关吧。

中华姓氏用字如此丰富，各种姓氏的产生，实在令人感到奇妙。每个姓氏都承载着独特的文化内涵。姓氏无论大小，地位都是平等的，没有高低贵贱之分。不管什么样的姓氏，都应该受到尊重。

二 为什么会有复姓

我们现在比较常见的是一个字的姓氏，偶尔见到两个字的复姓都觉得稀罕。可是你知道吗？除了两个字的复姓，还有三个字、四个字、五个字的姓，据说甚至连九个字、十个字的姓都有。这些字数较多的姓氏，单从用字上就能看得出来，一般都是少数民族姓氏，比如"奚什卢、爱新觉罗、忽神忙兀歹"等。

三个字以上的姓氏姑且不论，两个字的复姓是如何产生的呢？

据考证，封邑、居住地等地名以及官名是复姓的几个主要来源。

在以地名为来源的姓氏中，复姓较多。这一方面是因为很多地名原本就是两个字的，后来被直接用作姓氏，比如"令狐"就源自与之同名的一个封邑。另一方面，还有很多以一个表示地名的字跟"东、南、西、北"等表示方位的词语组合在一起的情况。本书前面曾经讲过的"东郭、西门"等就属于此类情况。除了"郭"和"门"，类似的还有"乡、间、里、方、宫、陵、野"等字，都常常出现在复姓中。另外也有其他一些情况，比如"欧阳"。

欧阳一姓可以追溯到春秋时期的越王勾践。越国被楚国灭亡以后，越王勾践的一个名叫"蹄"的子孙被楚王封在乌程欧余山（今浙江省吴兴县）的南面。因为山南为"阳"，所以被人称为"欧阳亭侯"，其后世子孙便以"欧阳"为姓。

"山南水北"是"阳"字最初的含义。与之相对，"阴"指的则是"山的北面，水的南面"。"阴"和"阳"是中国古代哲学中一对对立的基本范畴。很多对立的概念都可以用"阴阳"来表示，例如："天地、日月、昼夜、寒暑、男女、奇偶、正反、生死、人间和阴间"等。这些概念都跟"阴、阳"二字最初表示山、水之间的位置这个意义源头有直接或间接的联系。

在以官名为来源的姓氏中，也不乏复姓，例如："上官、太史、乐正、左丘"等。另外还有一些以"司"开头的复姓，都跟官职有关，"司"在其中是"掌管"之义，比如"司徒、司马、司空、司士、司寇"等。

"司"的甲骨文字形为 ，左下是"口"；右上是一只手。用手遮在口上，表示"发布命令"的意思。由此，"司"有了"主管、掌管"之义。例如陆游《春残》："庸医司性命，俗子议文章。"意思是说，医术不高明的医生掌握人的性命大事，平庸没有见识的人议论文章的优劣。"司"的这个意义一直沿用到现在。比如负责汽车、火车等机器操作的叫做"司机"；主管会议、仪式等活动进程的叫做"司仪"；执法机关依法负责各种案件的侦查、审判等叫做"司法"；军事上指挥士兵、发布命令的叫做"司令"；等等。至于前面所说的"司徒、司马、司空"等，也都是古代负责掌管某项事务的官名。

除了地名和官名，复姓中还有其他一些情况。比如"慕容"这个复姓的产生过程就很有意思。

三国时，鲜卑族首领莫护跋在荆城以北（今河北省昌黎县境内）建立国家。据说，当时北方汉人流行戴"步摇冠"，莫护跋见了很喜欢，也做了一顶，整天戴在头上。鲜卑人见他这种打扮，都称他为"步摇"。因在当地语言中"步摇"跟"慕容"读音很接近，传到后来就成了"慕容"。莫护跋的后人便干脆以此作为部落的名称。到了西晋，慕容一族势力壮大，在北方建立了前燕国，从此正式以"慕容"为姓。这是慕容姓的重要来源之一。

步 摇

步摇是中国古代妇女佩戴的一种首饰，因其上面坠有珠串，走动时会摇动而得名。"步"在这里是"行走"的意思，这也是它最初的含义。唐代白居易《长恨歌》中的"云鬓花颜金步摇"，描写的是杨贵妃倾国倾城的美貌以及雍容华丽的装扮，"金步摇"是用黄金制成的步摇。步摇冠是一种带有悬垂装饰物的礼帽，戴在头上随着身体的活动而摇动，给人一种富贵华丽之感，所以曾经流行一时。没想到还由此促成了"慕容"一姓。

在《百家姓》中，有一个叫做"第五"的复姓，颇为引人注目。这个姓氏一看便知是由排序而得名的，据说是出自汉高祖刘邦强迁原战国时期齐国的田氏公族时封的编序。从"第一"到"第八"的姓氏都曾经有过。这些姓氏本为同宗同源，后来渐渐失传，仅有"第五"流传至今。

中国古代复姓很多，后来出于各种原因，很多都改成了单姓。比如"第五"有的简化为"第"，有的简化为"五"或"伍"；"欧阳"有的简化为"欧"，有的简化为"阳"；"钟离"简化为"钟"；"公孙"简化为"孙"等。然而到了今天，现代人追求个性，喜欢标新立异，反而出现了把单字姓改成双字姓的趋势。有的父母将双方姓氏叠加在一起作为子女的姓氏。比方说，如果父亲姓"王"，母亲姓"陈"，孩子就叫"王陈某"。有的甚至干脆不随父母任何一方的姓氏，而另择喜欢的字眼作为姓氏。古今姓氏的这种变化及其背后的社会和文化等原因值得探究。

三　哪些姓不能乱读

中华姓氏文化非常复杂，每一个姓氏都是一部历史。不仅姓氏的源流及其背后的文化内涵值得探究，仅就其表面的读音而言，也有不少学问在里头。

姓氏自古流传下来，读什么音是固定的。很多字在用作姓氏时读音特殊，跟通常情况下的读音不同。例如：用作姓氏时，"区"读ōu，不读qū；"任"读rén，不读rèn；"单"读shàn，不读dān；"朴"

读piáo，不读pǔ；"仇"读qiú，不读chóu；"尉迟"读yùchí，不读wèichí；等等。这些都是很简单、很常见的字，可是如果不了解它们作为姓氏时的读音，也有可能读错。

更为复杂的是，有的字用作姓氏时也不止一个读音，不同的读音代表不同的姓氏，各有各的来源。这种情况下就要仔细区分了。

"宁"作为姓氏使用时，读音就很复杂。这跟"宁"字本身复杂的源流有直接关系。我们现在使用的简化字"宁"，实际上对应的是古汉语中两个不同的字——"寧"和"甯"。

 níng
宁

"寧"本来的读音是níng。甲骨文字形为 ，像是屋内放置了盛装食物的器皿，以此来表示住在屋里有饭吃就安心了。后来在"皿"上又加了"心"，意思就是"心安"，更加强化了"安宁"之义。唐代柳宗元《捕蛇者说》："虽鸡狗不得宁焉。"意思是说，即使是鸡和狗都不得安宁。成语"鸡犬不宁"就来源于这里，其中的"宁"，用的就是它本来的意思。

过去管已嫁女子回娘家探望父母叫做"归宁"，取的就是"回家问父母安好"之义，例如《诗经》："归宁父母。"

"寧"后来又可以表示"宁愿、宁可"的意思。例如《论语》："礼，与其奢也，宁俭。"大意是说，就礼节仪式的一般情况而言，与其奢侈，不如节俭些好。"宁"在这里是"宁可"的意思。除此之外，"宁"还有"难道"的意思。例如《史记》："王侯将相宁有种乎？"意思是说，王侯将相难道说是天生的吗？在表示这些意思时，"宁"应该读作nìng。

"甯"的读音是nìng，意思是"愿望"。例如《汉书》："穰穰复正直往宁。"大意是说，收获很多，归于正道，正是往日所愿。"甯"也可以表示"宁愿、宁可"的意思，不过表示这个意思时，用"寧"的情况更多。

"寧"和"甯"原本各自都是姓氏，而且作为姓氏时读音不同，前者读níng，后者读nìng。

甯姓源自封地，属于以邑名为姓。据考，周文王之子卫康叔有一个叫"季亹（wěi）"的后人，被封在甯邑（今河南省境内）。他的子孙便以封地名"甯"为姓。这是甯姓的一个重要来源。

至于宁姓，则应该是由满族宁佳氏、宁古塔氏改单姓而来。

可见，"宁"和"甯"这两个姓氏，无论是来源、字义，还是读音都不相同。而且，据说这两个姓氏在人口数量上也有差别。甯姓人数多，宁姓人数少。《百家姓》里收了甯姓，没有收宁姓。

汉字简化过程中，"宁"和"甯"合二为一，都变成了"宁"。如此一来，到底是哪一个姓，是该读成níng，还是读成nìng，从字面上就看不出来了。这种情况下，我们别无他法，只能遵照当事人的读法去读。

与"宁"类似的还有"覃"。在现代汉语中，"覃"有tán、qín两种读音，读qín时，一般只用作姓氏；读tán时，除了用作姓氏，还用在"覃思"等个别词语中。实际上，在古汉语中，"覃"也是一个意义丰富的字。

tán
覃

"覃"较早的意思是"味道深长"。《说文解字》中"覃，长味也"，说的就是这个意思。如果在它的左边加上跟酒有关的"酉"，构成"醰"字，则表示"酒味醇厚"的意思，读音也是tán。

"覃"后来可以指"长；悠长"的意思。例如《诗经》："实覃实訏（xū）"，是说新生儿后稷的哭声又悠长又洪亮。再进一步，"覃"又可以表示"蔓延"之义。例如《诗经》："葛之覃兮，施于中谷。"大意是说，葛草越长（zhǎng）越长（cháng），渐渐蔓延到谷中。后来，"覃"又发展出"遍及、广施"等意思。例如南朝徐陵《为贞阳侯与太尉王僧辩书》："仁信之风覃于万国。"意思是说，仁爱诚实的风气遍及各国。

"覃"从"味道深长"的意思还发展出"深"的意思。"覃思"就是"深思"。例如梁启超《新中国未来记》绪言："编中寓言，颇费覃思，不敢草草。"大意是说，书中的寓言是经过深思熟虑得来的，不敢草率。

表示上面这些意思时，"覃"都读成tán。

现在，作为姓氏用的"覃"至少有qín和tán两种读音。据考，壮族覃姓多读qín，汉族覃姓则多读tán。历史上还曾经有过读音为xún的覃姓，多分布在岭南一带，至于现在的情况就不是很清楚了。

类似于"宁"和"覃"的情况还有很多。姓氏的读音如此复杂，当我们遇到自己不熟悉的姓氏或者多音字作姓氏用的情况时，如果拿不准最好先去请教或查实，同时也应谨慎开口。否则一旦读错了，实在是令彼此尴尬又失礼的事情。

四　十二生肖可入姓

十二生肖是中国传统文化中重要的文化符号。关于它们是怎么来的，其文化源头何在，从古至今一直众说纷纭。

很多学者认为，十二生肖的起源与原始社会的图腾崇拜有关。在上古社会，人们常常用某种动物、植物或自然现象等图形作为本氏族的保护神和标志，这就是通常所说的图腾。例如：《史记》中记述黄帝"教熊罴（pí）貔貅（píxiū）䝙（chū）虎，以与炎帝战于阪泉之野。""熊罴、貔貅、䝙虎"都是猛兽的名字，在这里指的是各部落图腾的名称，而并不是说黄帝驾驭这些猛兽与炎帝作战。十二生肖很可能就是由这些图腾标志逐渐演化，乃至成为今天与十二地支相配的十二种动物。

在十二生肖中，有九个可以用作姓氏，分别是：马、牛、狗、猪、羊、鸡、蛇、龙、虎。它们作为姓氏的来源，有的跟图腾崇拜有关，有的则是缘于其他原因。

龙是中国神话传说中一种能够上天入水、兴云作雨的神异动

lóng

龙

物。甲骨文的"龙"字写作，描绘的就是一条龙的形象，上有头，下有尾。《说文解字》："龙，鳞虫之长。能幽能明，能细能巨，能短能长。春分而登天，秋分而潜渊。"大意是说，龙是鳞甲类动物之首，能够在明暗、粗细、长短之间自由变化，春分时节上天，秋分时节潜入水中。在中国人的概念中，龙就是这样一种无所不能的神奇之物。而且，龙的形象融合了很多种动物的特征。比方说，它有蛇一样的身体、兽类的爪子、鹿的角、鱼的鳞等。有学者认为，龙作为图腾的出现是许多动物图腾糅合在一起的结果，象征着多个氏族部落融合在一起，形成华夏民族。所以，龙被视为中华民族的象征。

因为龙是神物，所以中国封建时代曾经把龙作为皇帝的象征，凡是跟皇帝有关的事物，都用"龙"来表示。比如，皇帝的容貌称为"龙颜"；穿的、用的是"龙袍、龙床、龙椅"；乘坐的是"龙辇、龙船"；生的是"龙子、龙孙"；死去叫"龙驭宾天"；等等。

"龙"神通广大，因此也被用来比喻豪杰之士。例如："龙凤"的意思之一是比喻才能优异的人。明代高启《咏隐逸庞公》："南阳有龙凤，乘时各飞

故宫刻有龙纹的台阶

翻。"其中的"龙凤"比喻的是东汉时的隐士庞德公。另外，还有"龟龙、龙鹏"等词语，都是用来比喻杰出人物或贤俊之士。

古代还用"龙"来比喻文章、书法的雄健华丽。例如："龙蛇"是形容笔势如龙蛇一般蜿蜒盘曲；"龙藻"比喻华丽的辞藻；"龙骧豹变"比喻书法气势雄放，变化无穷。李白在《草书歌行》中写道："恍恍如闻神鬼惊，时时只见龙蛇走"，是在称赞某一书法作品的雄浑气势和洒脱风格。现在，仍有人用"笔走龙蛇"一词来形容挥洒自如、洒脱奔放的书法风格。

"龙"作为姓氏，是非常古老的，其来源多跟神话有关，不太容

易查考。不过传到今天，已经只有很少的人姓"龙"了。

hǔ

虎

　　"虎"在甲骨文中写作 𧇽，就像是一只老虎的形象，头在上，尾在下，身上带有花纹。《说文解字》："虎，山兽之君。"虎作为百兽之长，象征着威猛有力。宋代辛弃疾《永遇乐·京口北固亭怀古》："想当年，金戈铁马，气吞万里如虎。"说的是宋武帝当年领兵北伐，收复失地时威猛如虎的气势。

　　含有"虎"的词语常常被用来比喻威武勇猛。古代有"虎贲（bēn）"一词，最初是对勇士的称呼。例如《战国策》："虎贲之士百余万。"这里是号称军队由一百多万勇士组成的意思。后来，"虎贲"成为一种官名，指的是负责侍卫国君以及保卫王宫、宫门的将领。另外，"虎臣"比喻勇武之臣；"虎旅"比喻勇猛的军队；"虎士"比喻勇猛如虎的战士；等等。像这样的词语还有很多。

　　"虎"也是非常古老的姓氏，其来源跟远古神话及图腾崇拜等有关。现在，只有很少的人在使用这个姓氏。

　　"龙"和"虎"都是威猛神勇的动物，所以常常被用在一起。古代诗文中用"龙虎"一词比喻英雄俊杰。例如宋代周必大《益公题跋·跋刘仲威兰亭序》："晋人风度不凡，于书亦然，右军又晋人之龙虎也。"大意是说，晋代的人具有超凡的风度气质，在书法方面也是一样，而王羲之更是其中出类拔萃的人物。现在，我们仍然用"藏龙卧虎"一词来比喻潜藏着人才。

　　另外，还有"虎踞龙盘、生龙活虎、龙腾虎跃、龙吟虎啸、龙争虎斗"等一系列词语，都是形容像龙和虎一样威武雄壮、矫健有力、豪放激烈的气势。

　　随着历史的发展，十二生肖从最初的信仰逐渐演化成一种符号和象征，渗透在中国人生活中的各个方面。十二生肖中的每一种动物都被赋予不同的气质和精神风貌，其中潜藏着中国人的生存智慧，寄托了人们对美好生活的期许。同时，十二生肖也大多能用作姓氏，将独特的文化意象投射到中国人的日常称呼中。

第二部分

名字中的万千世界

第七章　名、字、号的前世今生

在这个部分你将了解到下面这些字：

名	字	冠	笄	体	正	训	渊	封	适
韬	启	信	义	象	假	类	号	别	称

一　"名""字"的由来

在日常生活中，彼此比较熟悉的人之间交往，一般很少直呼对方的姓名。在大多数场合，更常见的情况是或者在对方的姓氏前加"老、小"等，如"老李、小张"；或者直接称对方的名字，如"志勇、兰英"等。有趣的是，任何一个人的旧识新交之中，"老李、小张"可能都不止一位，但是"志勇、兰英"在绝大多数情况下，基本上只有一位。这种情况告诉我们一个事实：姓氏是着眼于多人共享的一种社会现象；而名字则是着眼于每一个具有特殊性的个体。前者大体上属于"求同"；而后者则显然是体现"别异"了。

从本质上看，名字只是一个人区别于其他人的一种符号，但是，我们常常也会通过一个人的名字想象他的模样、猜测他的个性，比如当你看到"大壮、子墨、若男、淑雅"这样一些名字的时候，名字的主人在你脑子里是什么形象呢？特别是当你见到了体形瘦削的"大壮"，你是开始质疑自己的判断力，还是"碎碎念"地腹诽名字的"不靠谱"？

　　其实，你真的不必纠结，因为当你开始留意并关注人的名字时，你实际上已经在探究名字的内涵了。

　　"名字"的产生是人的个体意识觉醒的必然结果，也是私有制经济出现后的必然产物。而在共有制为主的原始社会，人们的观念还是以族群、部落等为基本单位，因此，部落的名号就成为个体身份的一种标志，比如像"黄帝、炎帝、共工、蚩尤"等，据说最初都是一些原始部落的名称，后来才成为部落首领的名号。

　　再往后，随着社会发展，每个人的社会分工也渐趋稳定，所以后来就在姓氏里出现了职业的影子，而且不同人之间也渐渐产生了需要特定称呼予以区分的需求，这时候，自然而然就出现了起名的需要与实践。

　　"名"这个字的甲骨文字形是 ，左边是"口"；右边的"夕"表示傍晚或黄昏时分；合在一起的意思是"在昏暗不清的情形下自报家门"。例如《说文解字》："名，自命也。从口从夕，夕者，冥也，冥而不相见，故以口自名"，意思就是由于天黑，打交道的双方彼此看不清对方，所以用"名"来称呼自己。这就像我们现在和别人通电话或者登门拜访时，以自报家门的方式应答对方"谁啊、哪位"这一类问话。

按照这种说法，人之所以有名字，显然起源于自己称呼自己的需要。例如汉代乐府诗《陌上桑》："秦氏有好女，自名为罗敷。"这和现实生活中我们或者叫别人名字、或者听到别人叫我们名字的情形似乎有些矛盾。这是怎么回事呢？

原来，古代的时候，为子女起名是父亲的职责，例如《仪礼》："故子生三月，则父名之。"再依据《白虎通》"人必有名何？所以吐情自纪，尊事人者也。"可见人名的基本用途是表露心迹或意念的时候说明自己的身份，并在和他人交往时体现自谦的。因为这里的"纪"有"记录、记载"等含义，意思是表明说话人是谁。

另外，《白虎通》里还说："名者，幼小卑贱之称也。"可见，"人名"是上对下、长对幼的一种称呼，情况有些类似现代人的"乳名"或"小名"。因此，这种称呼只能自己用来表示谦恭，或者是尊长用来表示对晚辈或属下的亲切。例如《礼记》："父前，子名。君前，臣名"；以及"国君不名卿老世妇，大夫不名世臣侄娣，士不名家相长妾。"可见，就是堂堂九五之尊的帝王，按照礼制，对前朝老臣以及统管宫廷内政的女官也不能"直呼其名"。

那么，古人在人际交往过程中，相互之间怎么称呼对方呢？这就涉及人的"表字"了。

"字"的金文字形是 ，外面是"宀"，表示房屋；里面是"子"，表示婴儿；合在一起的意思是"生育"。人类生儿育女意味着"繁衍、滋生"，所以涉及人的表字，其含义是人的"字"是由"名"衍生而来，二者之间具有本质上的关联。

zì
字

根据《礼记》："幼名，冠字"，可见古人在幼年的时候先有"名"，到了"弱冠"，也就是成年的时候再取"字"。那么，在古时候，多大年龄意味着人到了成年呢？同样按照《礼记》："男子二十，冠而字。女子十五，笄而字。"很显然，我国古代传统是男子二十岁的时候束发加冠并"取字"，女子十五岁的时候束发戴笄并"取字"。这实际上就是一种成年礼或者成人仪式，意味着仪式结束之后，仪式的主角将告别无忧无虑的少年时代，继而步入担负起更多社会角色的成年阶段。

"冠"这个字由"冖、元、寸"三部分构成，"冖"表示布帛一类的遮盖物；"元"表示人的头部；"寸"由计量单位进而表示某种标准或法度。三个部分合在一起，指的就是用布帛一类的东西束发，这是男子进入成年的一种约定标志和礼法制度。

guàn

冠

jī

笄

"笄"由"竹、开（jiān）"两部分构成，"竹"表示物品的制作材料；"开"表示整个字的读音；合在一起的意思是束发用的"簪子"。需要注意的是，"笄"的古文字形下边本来是"开"，后来由于字形演变才变成了现在的"开"。女子用簪子束发同样意味着成年，例如唐代杜佑编撰的《通典》："笄冠有成人之容，婚嫁有成人之事。"

很显然，在古代无论男女，束发都是一种成人的标志。与此同时，人名之外再取"字"同样是另外一种成人的标志。特别是对于女子，取"字"往往还意味着婚嫁。例如《仪礼》："女子许嫁，笄而醴之，称字"，意思就是，女子定亲、束发、举行祭拜仪式以及取"字"，这是一种成系统的、环环相扣的礼仪形式，因此，女子许婚常常也可以说成"许字"。例如何其芳《画梦录》："她早已许字了人家，依着父母之命，媒妁之言。"与此相对的"待字闺中"则意味着女子尚未许配人家。

成年男女取"字"之后，他们的"字"其实就是供别人称呼的。在人际交往中，称呼别人的"字"主要体现两种意图：一是表示尊重；二是表示亲近。

因为"名"可以看作是一种谦称和昵称，其基本功能是自用，或者供尊长者使用。因此，为了表示对他人的尊重，一般情况下就不能直呼对方的"名"，而要称呼对方的"字"。例如《白虎通》："人所以有字何？所以冠德明功，敬成人也。"这句话的意思很直白，人之所以取"字"，意在表明功劳德行，体现的是对成人的一种尊重。

另一方面，省却姓氏直接称"字"，还可以体现彼此关系的熟稔和亲近。例如《旧五代史》："太祖虽登大位，时以兄呼之，有时呼表字，不忘布衣之契也。"这句话背后的故事是宋太祖赵匡胤对协助他登基并在大宋王朝奠基之初有卓越功勋的臣下王峻青睐有加，虽然对方脾性略有瑕疵，但是念在其忠心耿耿且年长自己两岁，赵匡胤还是常常以"兄"称呼对方，或者直接称对方表字"秀峰"，以示不忘过往并显示亲近。

由此可见，人的"名"与"字"来源不同，功能有别。那么，它们之间有哪些关联呢？

二　"名"与"字"的关联

从先后顺序上看，人都是先有"名"后有"字"，再结合"字"的衍生含义，基本上可以说"字"是"名"的深化和扩展。按照这种思路，参照古代文献以及当代的一些研究，我们可以看到"名"与"字"之间千丝万缕的关联。

从总体上看，"名"是用来标示个体的，主要起区别作用；而"字"是用来体现德行的，意在表明人的追求、操守乃至价值观念等。例如北齐颜之推《颜氏家训》："古者，名以正体，字以表德。"

"体"这个字有两个来源，一个是"低劣、蠢笨"的意思；另一个来源的字形原本是"體"，意思就是身体。按照许慎《说文解字》对后一种来源"总十二属"这种解释，"体"所概括、统领的是头部的顶、面、颐（下巴）；躯干的肩、脊、臀；上肢的肱、臂、手；下肢的股（大腿）、胫（小腿）、足，总共十二个身体部位。由这种基本意思再发展，"体"也就间接有了表示"人的本身"这一类含义。

"正"最初是"准确、正确"的意思，后来又有了"方向、目标"等含义，所以也隐含着"确立、明确"等意思。例如《周礼》："岁终，

tǐ

体

zhèng

正

则令群吏正岁会。月终，则令正月要。旬终，则令正日成，而以考其治。"这句话的基本意思是，每天、每月、每年都要各级官吏总结确定自己管辖范围的账目，并且以此考察他们的政绩。

因此，"名以正体"的基本意思就是用"名"明确身份，进而实现"名正言顺"，也就是依照人的自身情况谋事、做事。

根据清代学者王引之所著《春秋名字解诂》，人的"名"与"字"具有多种关联形式。

第一种是"同训"，意思是"名"与"字"意义相同、一致。

xùn

训

"训"这个字由"言"和"川"构成。"川"最初的意思是河流，而河水因"顺流而下"故暗含"顺"的意思。所以，"训"的基本意思就是依从一定的道理进行教导。例如《左传》："务材训农"，意思就是致力于生产并教导民众从事农耕。后来"训"由"训导"的意思也渐渐发展出"解释源流、本源"等含义。例如陆游《老学庵笔记》："先人有遗稿满箧，皆诸经训解，字画极难辨，惟某一人识之"，意思是，满箱经文注解，但是字迹难辨，只有我一个人能够辨识。

yuān

渊

因此，"同训"可以看作是两种事物具有共同的来源，具体到文字的意义，则可以说两个字词之间有共同的源流。例如孔夫子有一名弟子名叫颜回，表字子渊。"渊"字左边的"氵"好理解，可是右边的部分表示什么呢？结合这个部分以前的形体 ，再审视"回"与"渊"之间的关系，我们有理由相信，古人解释说这个部分的左右两边表示河岸，中间部分是水流回旋的样子，这种推断是合理的。例如宋代梅尧臣《和李密学见怀》："二水交流抱闾井，清潭几曲自渊回。"

村居美景

这两句诗仿佛用淡墨描画出两条小河环绕着村庄，水深处几许漩涡在打转的村居美景。

　　"名"与"字"的第二种关系是"对文"，意思是二者在意义上互相对照、映衬。例如大名鼎鼎的宋代鸿儒朱熹，他取的字是元晦，"熹"与"晦"，一个表示光明，一个表示晦暗，二者意思相反。再比如根据《左传》记载，春秋战国时期齐国有一位名叫"庆封"的大夫，此公取字"子家"。"封"有"疆域"的含义，也就是"邦"，而"邦"与"家"相辅相成，足以体现所谓的"家国"情怀。

fēng
封

　　"名""字"的第三种关系是"连类"，意思是二者在意义方面有承接或类属关系。例如根据《史记》等文献记载，孔夫子弟子中有一位名叫"南宫适"的。"适"最初表示"迅疾"之义，在这里读作kuò，与"括"相通，因此，南宫适也称"南宫括"。不过，"适"现在也作为"適"的简化字使用，读作shì，表示"去、往"等意思。南宫适还有另一个名字叫"南韬"。

shì
适

　　"韬"这个字最初意思是"剑鞘"，也就是包裹宝剑的东西。因此，"韬"显然有"包容"的含义。"括"自然具有"包括、囊括"等意思。恰好，南宫括表字"子容"，可见，无论是"括"还是"韬"，它们与"容"在意义上都有类属方面的联系。

tāo
韬

　　"名""字"的第四种关系是"指实"，意思是二者在意义方面具有虚与实、抽象与具体的关系。例如根据《左传》记载，春秋战国时期楚平王有一个儿子名叫"启"，成人后冠字"閜"。

　　"启"字的甲骨文字形为█，左边是表示房门的"户"；右边表示"手"；合在一起的意思是"开门"。"閜"最初意思恰好是里巷中的"门"，例如宋代楼钥《送潇宰富阳》："三年待汝归，二亲真倚閜。"表示"开门"的"启"和表示实物门的"閜"，虚实相配，联袂成景。

qǐ
启

　　"名""字"的第五种关系是"辨物"，意思是二者在意义方面来自相同的事物，而且彼此之间是种属关系。这种情况最著名的例子莫过于孔夫子公子的名字了。孔子的儿子名叫孔鲤，字伯鱼。"鲤"显然就是一种鱼，而"鱼"则是与"鸟、爬虫、哺乳、两生"等脊椎动物并列的一种更大的动物门类。"鲤"与"鱼"类别相同，而且具有包容与被包容关系。

"名"与"字"的关系如果细究起来，由于角度、标准不同，大概还会有更细致的分类。人的名字，不论是父母长辈所赐，还是长大后凭自己意愿另行更改，人在起名字的时候有哪些特别的讲究呢？

三　"名字"的讲究

中国人花在起名上的功夫有目共睹，许多名字内涵丰富、寓意深远，形式上也常常给人构思巧妙、匠心独具的感觉。比如有些人往往把姓氏与名字连为一体，像马识途、成方圆、向前进等；还有些人则把姓氏用字拆成两部分当名字，像舒舍予、何可人、贺加贝等。据说还有人在孩子出生后本意是要寄予厚望，因此取名"经理"，却没承想该家族姓"傅"，结果孩子成人后虽然不负家族众望，果然通过个人努力闯出一番天地，而且成了总经理，但是人们耳朵里常常听到的却是"副总""副经理"。

这些起名的趣闻逸事有时候的确令人忍俊不禁，而且常常成为人们茶余饭后的谈资。实际上在我国古代，关于给子女取名一事早就形成了诸多讲究与规矩。

根据《左传》记载："公问名于申。对曰'名有五：有信，有义，有象，有假，有类。以名生为信，以德命为义，以类命为象，取于物为假，取于父为类'。"

这段话的大致意思是：鲁桓公向大臣申繻（rú）询问取名的事，申繻回答说，"起名有五种情况，也可以说是五种规矩：人名应当反映信、义、象、假、类这五种情况中的一种。具体说起来，用出生时的某种情况命名属于诚信，反映德行方面的追求属于仁义，体现生理上的某些特征就是形象，依照客观事物起名则是借助，而类比父亲的某种特质就属于类同"。

"信"最初的意思就是诚信，也表示人的行为等稳定、无差池。比如"信风"指的就是定时而来并且方向固定的季候风，如唐代于鹄《舟中月明夜闻笛》："浦里移舟候信风，芦花漠漠夜江空。"以这种情况命名的著名例子有春秋战国时郑国的第三任君主郑庄公，此公出生时属于逆产，或者叫倒产，也就是不是正常的头部先出，而是足部先出，因此被取名"寤生"，"寤"的意思与"牾"相通，就是"逆；颠倒"等。

或许正是由于逆产的原因，郑庄公从小不受生母武姜的宠爱，以致继位之后还与备受生母宠爱的弟弟"共叔段"上演了一出"郑伯克段于鄢"的戏码，诛杀了图谋篡位的弟弟。当然，最终庄公母子还是为亲情所感而冰释前嫌了，所以在隧道中相见时咏出了千古名句"大隧之中，其乐也融融。大隧之外，其乐也泄泄（古音yì）"。

"义"的甲骨文字形是羕，上边是可以充当祭品的"羊"，具有吉利的含义；下边是"我"，指的是兵器，也可以表示仪仗；合在一起的意思是"合宜的德行或道理"。例如《孟子》："生，亦我所欲也，义，亦我所欲也，二者不可得兼，舍生而取义者也。"可见，在孟子心目中，生命与德行难以两全时，他是宁可舍弃性命而保全德行的。

以德行命名的著名人物有在"羑（yǒu）里"城推演八卦、德政影响中华数千年的周文王姬昌。因为"昌"最初的意思是"美善的言辞"，后来也指一切美好昌盛的事物，也表示美好、盛大。显然周文王的长辈对他将来施行仁政，并且引领王朝兴盛寄予了殷切希望。

"象"的甲骨文字形是，描摹的显然是陆地上的庞然大物"象"的形象。当然，在古代也有人推测说，造字之人其实并没有见过这种主要产于热带地区的哺乳动物，只是凭借想象描画出了它的轮

xìn
信

yì
义

xiàng
象

廓，这也正是后来出现"想象"一词的缘由。

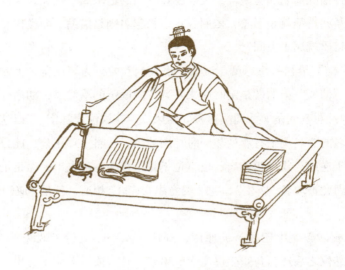

　　以事物形象取名的首推圣人孔夫子。古时候有一种传说，说孔子出生时脑顶形状是中间凹陷、四周隆起，这恰好正是"丘"这个字最初的一种含义，例如《说文解字》："一曰四方高，中央下为丘。"

jiǎ

假

　　"假"最初意思就是"虚假、不真实"，而虚无的东西只有借助其他实在的事物才能存在，因此，"假"后来就产生了"借助"的意思。比如汉字起源的"六书"中就有"假借"这种形式，古人对这种形式的定义是"本无其字，依声托事"，意思就是本来没有表示某个意思的汉字，只是由于表达这种意思时，因为读音与表达其他意思的某个汉字恰巧相同或相近，因此就借用了那个字形来表示这种意思。例如"长"有一种意思是"长辈"，而表示"首领"这种意思原本并没有相应的字形，只是由于表示这种意思时读音与表示"长辈"的"长"相同，所以后来表示"首领"就借用了"长"的字形。

　　借助客观事物取名的历史名人也与孔夫子有关，那就是他的公子孔鲤。据说孔鲤出生时有孔子友人携鲤鱼前来道贺，所以老夫子就借鲤鱼为儿子命名了。这里面是否暗含了友人以及孔夫子"鲤鱼跃龙门"的期冀，那就不得而知了。

"类"这个字以前的字形是"類"，由"犬"和"頪"（lèi）构成。"頪"表示整个字的读音；"犬"表示就种类的相似程度而言，没有哪种动物比得过狗了。因此，"类"的意思就是种类相似，例如"画虎不成反类犬"，其中"类"就表示"相似、近似"等意思。后来，"类"由"相似、近似、类似"等意思，逐渐也就可以表示"种类"了，如"类别、分类、人类"等。

以类比父亲某种特质方式命名的历史人物有春秋战国时期的鲁庄公，因为他的出生日期与其父鲁桓公是同月同日，所以鲁桓公就为鲁庄公取名"同"，意指他与父亲在某个方面具有相似情况。

根据《左传》记载，鲁桓公给鲁庄公取名为"同"，其实就发生在他与大臣申繻谈论取名问题时。在他们君臣谈论此事过程中，申繻还说过取名的六种避讳，即所谓的"六不"原则：不以国，不以官，不以山川，不以隐疾，不以畜牲，不以器币。也就是取名不能用邦国名称，不能用官职名称，不能用山川名称，不能用疾病名称，不能用供祭祀用的牲畜名称和器物财物名称等。

之所以提出取名的"六不"原则，其中最主要的原因是古人对于亡灵往往是当作神灵一样顶礼膜拜的，而对于神灵是不可以"直呼其名"的，因此，如果有人生前的名字涉及邦国、官职、山川等事物的名称，那么，当他们"百年"之后，这些邦国、官职、山川等事物的名称就由于避讳而必须废除和更改，在这方面历史上已经有过先例和教训。例如西周时期晋国的第七任国君晋僖侯，姓姬，取名司徒，结果直接导致晋国后来废除了当时"司徒"这种官职称呼，改称"中军"。

类似的例子还有春秋时宋国第十二任国君宋武公，由于他的名讳是"司空"，所以也令宋国后来只能取消"司空"这种官职，而改称"司城"。其他还有鲁桓公的先人鲁献公和鲁武公，由于这二位的名讳分别是"具"和"敖"，所以鲁国后来也不得不更改"具山、敖山"两座山的名称。

当然，从古至今，人们的取名风尚，包括规矩、讲究以及避讳等等，内容广博而丰厚，上述内容只能是择其要者聊窥一斑。其他还有借助占卜、梦象的起名取向，以及为了子女能够很好地生存与长大而起"贱名"的取向等情况。足见可以探究的空间还十分广泛。

另外在起名的避讳方面，也还有避尊长、圣贤的名讳，以及根据战国时期哲学家尹文的《尹文子》中记载的一则趣事："康衢长者字僮曰善搏，字犬曰善噬，宾客不过其门者三年。长者怪而问之，乃实对。于是改之，宾客复往。"这告诫我们，给仆人和爱犬起名字也要避免因"擅长搏击、擅长噬咬"等含义而吓退访客的窘况。

由此可见，我们的名字的确值得玩味，值得反复端详与品鉴。

四　"名字"之外的称号

在一般情况下，我们的名字也像身体发肤一样大都由父母、尊长所赐。而且在古代，个别情况下确实存在人在成年之后改"字"的现象，但是改"名"的情况却极少出现。当然，到了现代社会，人们的心态还是比较宽容的，而且因为取"字"的习俗几成过往，人基本上只有一个名字了，因此，为了更好体现个性追求等，改"名"的现象大概就比古代多了一些。

其实在古代，也还存在着一种相对自由、自主地展示个性的命名形式，那就是"名""字"之外的"号"了。

hào
号

"号"也叫"别称、别字、别号"等，因为一般都是自己所取，所以也叫"自号"。但是按照《周礼》："号为尊其名更美称焉"，显然"号"又是体现尊重的一种美称。因此，它也指别人送上的称号，所以也称作"尊号、雅号"等。而且广义的"号"还包括"庙号、谥号"等等。

"号"的起源很早，但是究竟源自何时，尚未发现更详细、更确切的文献记载。一般认为大概远自西周时期可能就已经产生，当然也有人认为春秋时期道家创始人"老聃"和纵横家"鬼谷子"是我国历史上出现比较早的别号。

"号"由"口"和"丂"（kāo）构成。"口"容易理解；"丂"表示气流将要舒出；合起来的意思是呼号、大喊。后来再进一步发展就有了"号令"和"称呼、名号"等意思。虽然这个字在古代也像现在一样有第二声和第四声两种读音，但是按照成书于东汉的《说文解字》和成书于宋朝的《广韵》，当这个字的"反切"读音都标为"胡到切"的时候，《说文解字》解释为"痛声"，也就是喊叫；而《广韵》的解释则是"名号"。因此，我们似乎有理由相信，"号"在古代表示"号叫"和"名号"这两种意思时，读音方面的差别可能并不像现在那么明晰，也就是说，它的两种读音和若干种意思或许存在交叉和相通的情况。

"别"也是个多音字，而且两种读音的来源和最初所对应的字形也不一样：读第二声的时候对应的是"𠛰"，就是"分别"的"别"；而读第四声的时候对应的则是"彆"，即"别扭"的"别"。"𠛰"由表示残骨的"冎"（guǎ）和表示刀的"刂"构成，最初意思是"分解"。后来逐渐也有了"区别"等含义，而把事物分开并加以区分，这就隐含了"另外的、其他的"等意思。因此，"别号"指的就是人的名字之外的其他称号，例如冰心《庄鸿的姊姊》："庄鸿是我的一个好朋友，他别号叫做秋鸿。"

"称"依然是个多音字：读 chèn 的时候表示"符合、相当"等；chèng 是古代读音，现在这种读音对应的字形已经固定为"秤"；读 chēng 就是我们这里讨论的"别称"的"称"了。当然，"称"这个字形最初的意思并不是"名称"。

"称"以前的字形是"稱"，由"禾"和"爯"（chēng）构成。"禾"

bié

别

chēng

称

表示庄稼，而在古代，庄稼的高度可以测日影计时间；其籽实上的刺芒集腋成裘，可以成为丈量长度的基本单位；而籽实本身的集合还可以当作权衡重量的单位。

"禹"由"爪"和"冓"（gòu）的一部分构成，"冓"的甲骨文字形为，描摹的是对称的框架形状，所以也意味着"双、偶"等。因此，"禹"的基本意思就是一手抓起两件东西，表示"并举"。

那么，表示"并举"的"禹"和具有计量及计量单位意思的"禾"结合到一起，它的基本意思仍然是计量、称量、权衡等。实际上"禹"本身就是"称"在古代的一种字形。

此外，"称"所对应的古代字形还有一种是"偁"，由"亻"和"禹"构成。"禹"刚刚说过，表示"并举"的意思；"亻"指的就是人；合到一起之后，直接意思就是把人举起来，实际意味着"称赞、赞扬"等，就像《说文解字》所说的那样："扬也。"

因此，称呼也好，别称也罢，看上去只是简简单单一个人的区别性符号问题，里面实际上却潜藏着对他人的尊重、称颂等诸多意味。

古时候，给自己取号的人很多，而且古人取号有一些比较明显的特点，总结起来主要有以下一些情况。

先说给自己取"名号"这一方面。对于大多数文人志士来说，抒发性情、表达志趣大概是最常见的"取号"取向了。例如民主革命先行者孙中山先生青年时代就曾以"日新"为号，其寓意取自儒家经典"四书"之一《大学》"苟日新，日日新，又日新"，旗帜鲜明地表达了在半封建半殖民地的旧中国立志弃旧图新的伟大理想。

而像西晋的陶渊明和宋代的苏东坡两位文学巨匠，则在他们的"别号"中体现了淡泊功名、纵情田园的雅趣。"东坡"之号反映的就是苏轼蒙冤入狱又被贬之后，率家人在任职所在地东部的一处山坡上开垦荒地并躬耕陇亩、沉浸稼穑之事的典故。

与曾经官至吏部、兵部和礼部尚书的苏东坡相比，只做过参军、县令这类芝麻小官的陶渊明显然只能是"小巫"了。这位不为"五斗

五柳先生

米折腰"的老先生，由于住所周围有五株柳树，所以自号"五柳先生"。

五柳先生一生纵情山水，于诗、于酒、于花多有心得，后世文人骚客大都尊其为养菊、赏菊、咏菊的宗主。

除了性情、志趣，古人"取号"也常常表示某种纪念或敬仰之情，比如李白取号"青莲居士"、杜甫自号"杜陵布衣"都是为了纪念曾经生活的地方；而郑板桥自号"青藤门下牛马走"，则是为了表达对明代一位具有多种才干的大儒徐渭（号"青藤道士"）的敬仰。与此类似的还有明末清初文学家张岱由于极其仰慕陶渊明，所以自号"陶庵"。

在其他人赠予"称号"这方面，内涵和形式的确都比较丰富。简单一些的直接用官衔、籍贯等，例如杜甫曾任校检工部员外郎，所以人送称号"杜工部"；康有为祖籍广东南海县，因此人称"康南海"。其他的例子还有因写出"一川烟柳，梅子黄时雨"这种名句的宋代词人贺铸，人称"贺梅子"；飘逸不羁、诗风仙韵的李太白，人送称号"谪仙人"等等。

不夸张地说，他人赠送称号真可以说包罗万象、异彩纷呈，以致这种风尚一直影响到当今社会。现代人虽然自己"取号"或者接收他人"赠号"的情形已经颇为少见，但是一些文学艺术品的作者，还是习惯上会有笔名、艺名等等，比如我们大家都非常熟悉的鲁迅和茅盾两位先生，其实这都是笔名，而对于他们的本名周树人、沈雁冰我们反而要更生疏一些。

由此可见，人的名、字、号的确是内涵丰富、大有讲究。那么，就让我们一起走进大家的"名字"世界一探究竟吧。

第八章 时代潮流中的名字

在这部分你将了解到下面这些字：

丘	聃	邦	国	彻	霸	勇	玄	彦	仁
德	孝	彬	尧	禹	舜	纪	统	续	敷
衍	思	晦	熙	熹	乾	昕			

一 质朴无华的起名风尚

人的名字总会受所处时代和社会环境的影响，一般会随着时代的发展变化而变化，有的名字源自重大历史事件，有的名字则反映了人们在那个时代的理想抱负，当然也有些名字只是表示了对后代子孙寄予的厚望，或者是展示自身特有的风格和特征。

当今社会，年轻父母们在为自己孩子取名字还出现了一些新的特点，比如许多父母为让孩子记住母爱，会把母亲的姓氏也容纳在子女的名字里，从而产生了一种类似复姓的"联姓"现象，比如"张李芳华、陈王新宇"等。另外，有些父母可能基于不同民族或种族交流融合的考虑，给孩子起了具有异域特征的名字，比如"方安妮、李安娜"等。

可见，人的名字能够折射出时代、历史、文化以及人的个性等特征，其中所蕴藏的丰富内涵就好像一个五彩缤纷的万花筒。

中国在周朝之前对姓名的记载主要来自甲骨文，但是，也有学者认为这些资料中记载的所谓"人名"，一般指的是族名、姓氏或官职，也有可能是神的名字。

秦始皇统一六国之前，人们起的名字一般比较朴素，可谓天然去雕饰，因此常常出现表示身体特征的名字。例如大思想家、教育家孔子，虽然有关其名字的来历存在着若干种说法，但是有一种说法就是他的名字反映了他身体的某种特征。

根据《史记》记载："纥与颜氏女野合而生孔子，祷于尼丘得孔子。鲁襄公二十二年而孔子生。生而首上圩顶，故因名曰丘云。"

这段话的大意是：叔梁纥娶颜姓少女而生孔子，而且这是他们在尼丘山祈求神明之后才得到的孩子。孔子于鲁襄公二十二年出生，出生时头顶是凹下去的，所以取名叫"丘"。

"丘"字前面曾经谈到过，它的一种意思是指四面高、中间低的地貌，这正好符合孔夫子头顶凹陷的特征。

孔子像

qiū
丘

当然，有关孔子名字的由来还存在着另一种更常见的说法。根据《史记》记载，孔子父母"祷于尼丘得孔子"。"尼丘"指的是现在位于山东省曲阜市的尼丘山，孔子由此而得"丘"之名。而且，孔子的字"仲尼"据说也是由于这种原因才用了"尼"。至于"仲"，那是因为它本来的意思是兄弟之中排行第二，而孔夫子在家中行二。

除了孔圣人，以身体特征起名的还有堂堂一国之君晋成公。据《国语》记载："宣子使赵穿逆公子黑臀于周而立之"，意思是说，晋国权臣赵盾派堂弟赵穿到帝京去迎接晋国公子黑臀，并且将他立为国君。这里的"黑臀"就是晋文公重耳之子晋成公的名字。有关这个名字的由来，根据《国语》记载："且吾闻成公之生也，其母梦神规其臀以墨，曰：'使有晋国，三而畀欢之孙。'故名之曰'黑臀'，于今再矣。"大意是，我听说晋成公出生时，他的母亲梦见神在他的屁股上画了个黑痣，并且说"让他成为晋君，三代之后把国君之位传给欢的曾孙"，所以给他取名为"黑臀"，成公后来往下传了两代君位。

此外，道家创始人老子的名字也有同样的特点。按照《史记》记载："老子者，楚苦县厉乡曲仁里人也，姓李氏，名耳，字聃，周守藏室之史也。"老子本名叫李耳，字聃。"耳"是指耳朵。"聃"在《说文解字》中的解释是："聃，耳曼也"，而"曼"的意思是"长"。根据传说，老子双耳垂肩。因此，老子的名字极有可能也来自其身体的这种特征。

dān

聃

可见，在数千年前的古代，人们起名字远比现在简单，就连圣人、国君起名字也没那么复杂，国君的"黑屁股"对百姓都毫无秘密可言，的确算得上是一桩趣闻轶事。

此外，根据史书记载，南北朝时期北朝诸国的少数民族进入中原之后，由于向往华夏文明，所以也会取类似汉族人的名字，但是他们起名时往往比较随性率真，比如见诸史料的"杨大眼、闾大肥、卢丑"等，名字显然谈不上什么文采、寓意，然而却流露出人世生活的另一番情趣。

二 展现抱负的起名风尚

汉代的时候，在经历了春秋战国的战乱纷争和秦朝的短暂统一之后，正处于国力上升时期，老百姓普遍渴望建功立业、报效国家。在这一时期，人们起名字常常会用到诸如"邦、彻、国、汉、武、胜、霸"等字眼，比如汉高祖刘邦，他出身平民，名字中的"邦"就很能反映那个时代的某些特征。

bāng

邦

"邦"的甲骨文字形是 ，像田地上栽种树苗的样子。而围绕着疆界栽种树苗，表示的就是界线以内即为"邦国"。可见，"邦"本来的意思就是指古代分封的诸侯国。《说文解字》对"邦"的解释也正是"国也"。

根据史书记载，刘邦在家里排行老三，所以本名是"刘季"，之所以改作"刘邦"，完全是因为此公对江山社稷的渴望和对拥有天下的踌躇满志。

guó

国

说到这儿，还要再提一下"国"。"国"的甲骨文字形是 ，左下的"口"代表一定的疆域，右边的"戈"代表武器，有拿起武器保卫国家的意思。《说文解字》对这个字的解释是："国，邦也。"可见在秦汉以及更遥远的古代，"邦"与"国"意思基本一致。而且据说《诗经》中的"国风"原本就称作"邦风"，后来正是为了避讳汉高祖刘邦的名讳，才改成了"国风"。

在那个时期，人们常常会取"安国、充国、定国"这样的名字，表达的都是人们在经历长期战乱之后，希望国家安定、富强的美好愿望。

另一位在中国历史上同样堪称雄才大略的汉武帝刘彻，他的名字也别具一格。

chè

彻

"彻"的甲骨文字形是 ，左边的"鬲"（lì）是古代的一种炊具；右边是"手"；合在一起表示吃饭之后撤去食具。它最初就是"撤"的意思，后来进一步发展变化，由"撤掉东西"而产生了"通达、通畅"等含义，例如《说文解字》："彻，通也。"也许，汉武帝希望自己处理所有事务都能够达到"通达"的境界。

不仅帝王取名用字有讲究，一般官吏和普通老百姓取名也会展现自己报国称雄的意念。有人崇尚以武报国，所以起名叫"武、雄"等，比如春秋战国时期《孙子兵法》的著者"孙武"、汉朝出使匈奴尽忠守节的"苏武"、东汉末年董卓麾下大将"华雄"等。

也有人更倾向于自然之道，因为老子《道德经》里有："人法地、地法天、天法道，道法自然"，所以这些人取跟天地万物有关的名字，大概意在遵循自然之道，处置人世之事，比如魏晋时期"竹林七贤"中的一位"山"姓贤人，取名"涛"，字"巨源"，表示波浪的"涛"跟表示水源、源头的"源"在意思上相呼应。而另一位"向"姓贤人，则取名"秀"，字"子期"，因为"秀"最初的意思是植物不经过开花而直接吐穗，"子期"则可以看作是"一切植物的籽实均有约期"。

还有人也许希望子孙后代勇猛，能够成为英雄豪杰，所以给子孙取名字的时候会用"霸、勇"等字眼。

"霸"的右下边是"月"。《说文解字》："霸，月始生霸然也"，意思是指农历每月初二或初三之前的月亮。表示这个意思的时候，它读作pò，意思与"魄"相同。它的另外一个读音bà，意思则与"伯"相同，指的是古代部落、诸侯或者某种联盟的首领，如"春秋五霸、霸主"等。古代起这个名字的著名人物有唐太宗李世民的胞弟"李玄霸"，而此人正是《隋唐演义》等文学作品中挥动一对铁锤、打遍天下无敌手的隋唐第一好汉李元霸的原型。

bà
霸

到了现代社会，"霸"这个字逐渐产生出一些新的意蕴，比如一段时期以来很流行的"学霸、麦霸、戏霸"等。

"勇"一直是人们起名时比较青睐的字。它的金文字形是 ，左边的"用"表示整个字的读音，同时也兼有表示意义的作用；右边的"戈"表示武器；合在一起表示能用武器，意味着勇敢。古往今来，一生戎马的军事将领中，名字叫"勇"的确实不在少数，例如大家比较熟悉的平型关大捷的抗日名将杨勇，他的本名其实叫"杨世峻"。另外，距今已逾千年的隋唐时期，曾官居大将军的隋文帝杨坚的长子，名字也叫"杨勇"。

yǒng
勇

魏晋时期，人们崇尚老、庄思想，于是老庄哲学中的"道、玄、真"等字俨然成为那个时期的取名风尚，例如三国时曹魏的大臣王浑，字"玄冲"；西晋时期则有文学家"傅玄"。

"玄"在金文中的字形是 ⑧，像一束丝的样子。《说文解字》："黑而有赤色者为玄"，意思是说，黑中带红的颜色就是"玄"。例如《诗经》："载玄载黄，我朱孔阳"，说的是浸染黑色或黄色丝织物，而"我"染的朱红最鲜亮。

"玄"本身含有"暗"的意思，例如建安七子之一刘桢的《公讌诗》："遗思在玄夜，相与复翱翔"，其中的"玄夜"指的就是漆黑的夜晚。由于"暗"隐含着不清晰，而距离遥远则又往往意味着模糊不清，因此，"玄"后来也就有了"深远、深奥"等寓意，像"内藏玄机、故弄玄虚"等词语就包含了这样的意思。

由此可见，人们取名、冠字的心思与习惯，往往是特定时代社会风尚的一种缩影。

三　着眼品行的起名风尚

南北朝的时候，居住在北方的许多士族南迁，尽管当时的士族政治已经渐趋没落，但是一些士族依然掌握着南朝历代政权的经济和政治命脉，因此，他们的一些喜好和价值观念等，就成为那个时代的一种风尚。当时一些知识阶层的文人雅士因为仰慕士族豪门的富贵荣耀，所以取的名字也非常具有文学色彩，目的是迎合士族阶层着意舞文弄墨的自我标榜，希望得到士族阶层的青睐。

"彦"就是一个非常有文采和寓意的汉字。《说文解字》："彦，美士有文，人所言也。从彣，厂声。""厂"在这里读作yǎn，表示整个字的读音；"彣"则表示"纹饰、文采"等。"彦"的意思是，有才德的人也都具有非常好的文采。后来，也就有了"才华出众的杰出人物"这样的意思。例如冯梦龙《东周列国志》："担囊仗剑何纷纷？英雄尽是山西彦"，其中的"彦"指的就是有才能的人。

南北朝时期，名字中包含"彦"的著名人物有后梁都指挥使"杨彦洪"、南汉大将"伍彦寿"等。唐朝还有一位宰相名叫"徐彦章"。

唐朝是儒、释、道等多元文化鼎盛的时期。盛唐时，国泰民安，中外文化交流、融合成为一种历史趋势，当时涌现出了诸如颜师古、孔颖达、陆德明等许多著名经学家，也出现了玄奘这样研修、翻译佛经的大师。并且在这股大潮中，产生于中国本土的儒家思想渐渐成为庙堂之上乃至鄙里间巷崇奉的信条。因此，体现儒家观念的一些字眼，如"仁、义、忠、礼、德"等就成为当时起名的一种风尚。

"仁"本来的意思是表示人与人相亲相爱，《说文解字》："仁，亲也。"孔夫子就把"仁"看作是人世间的最高道德标准，而且这种观念已经深入人心。例如《韩非子》："仁者，谓其中心欣然爱人也"；再如《论语》："夫仁者，己欲立而立人，己欲达而达人。"后一个例子中的"仁"指的就是"完美的道德"，整句话的大致意思是，自己想要做到的事情、达到的境界，也要让他人做到和达到。

"德"的金文字形是 ，左边是"彳"，表示与行动有关；右上边是"直"，表示视线的方向；右下边是心。这个字最初的意思是"登高"。它的含义有两层：第一层是看定目标往高处攀登，自己内心会有所收获；第二层是把自己的收获施予他人，让他人有所得的同时，自己内心其实同样会有收获。所以，"德"本身就含有品行和道德修养方面的寓意。例如《荀子》："不知则问，不能则学，虽能必让，然后为德。"意思是说，一个人要做到不知道的就问，不会做的就学，虽然有本领也要谦让，这样才算是有德行。

除了前面提到的经学家"陆德明"，唐朝皇室李氏家族中，唐太祖李渊的堂兄弟中就有叫"李德良"的，而他的堂侄一辈则有取名"仁裕、仁敬、仁方、仁鉴"的。

"德、仁"之中，其实还包含着中国传统文化中非常重视的"孝道"，例如清代王永彬《围炉夜话》："常存仁孝心，则天下凡不可为者，皆不忍为，所以孝居百行之先。"

rén
仁

dé
德

xiào

孝

　　"孝"的金文字形是 ，上边是一位长发老者形象，下边是一个小孩子，非常形象地表达出晚辈扶持老人即为"孝"。《说文解字》："孝，善事父母者"，意思就是善待父母才能称为孝。从古至今，"老莱娱亲、黄香温席"等宣扬孝心孝行的故事可以说不胜枚举。

　　还以唐朝皇室为例，李渊的堂侄一辈有不少人的名字中包含"孝"字，比如"李孝同、李孝慈、李孝义"等。而且在历朝历代，一直到今天，许多人的名字中都出现过"孝"这个字，以致有些家族还把这个字当成了辈序用字。

　　宋朝由于经历了五代十国的乱世，所以从宋太祖赵匡胤到一班文臣武将，再到平民百姓，人心思安，因此，崇文抑武便成为一种举国风潮。在这种风潮影响下，就连一些当朝的著名战将，取名的时候也往往摒弃耀武兴兵的含义，转而彰显崇尚文治的理念，例如宋代著名将领就有"杨文广、潘美、曹彬、虞允文、折彦文"等。

bīn

彬

　　"彬"这个字由"林"和"彡"（shān）构成。左边的"林"是"焚"的省略，表示整个字的读音；右边的"彡"表示某种纹饰；合在一起的意思是文质兼备的样子。其实在更早的时候，表示这种意思的汉字是"份"，而且民间还有一种写法是"斌"。例如《论语》："文质份份，然后君子"；还有唐代李延寿编撰《南史·庾杲之刘怀珍等传论》："怀珍宗族文质斌斌。"但是，现在"文质彬彬"只能是这一种写法了，而"份"不再表示这样的意思，"斌"则大都用在人的名字里面。

四　尊崇祖先的起名风尚

敬奉祖先应当是人的品行中非常重要的部分。这种对祖先的虔敬之心会从崇尚杰出人物、立志继承传统等诸多方面体现出来。

汉代的时候，一些人的名字里开始出现"尧、舜、禹"这样的字眼，比如根据《汉书》记载，两汉官吏中就有"赵尧、夏侯尧、邓禹"这样的名字；而西汉初年开创"文景之治"的汉景帝刘启，他的十四子取名"刘舜"。

"尧"的甲骨文字形是 𡙲，上边是表示土堆高大的"垚"（yáo）；下边的"兀"表示人体最高部位——头顶；上下合在一起仍然是"高大"的意思。由于"尧"是古代传说中十分贤明的君主，于是，后来人们就经常用"尧天、尧年"来比喻理想中的太平盛世，例如南北朝沈约《四时白纻歌》："佩服瑶草驻容色，舞日尧年欢无极"，描述的就是太平盛世佩戴珍稀香草保持容颜，一派笙歌夜舞的娱乐场景。

yáo
尧

"禹"在金文中的字形是 禹，纵向带箭头的曲线表示蛇的形状；横向线条表示带枝杈的木棍。这个字最初可能是通过用木棍打蛇来表示"勇敢、勇猛"等含义，但是这种意思目前还没有找到用例。不过，从现在家喻户晓的古代治水英雄"大禹"的名号看，或许这样的意思已经暗含在他的称呼里面了。因为大禹能力超强，他奉舜帝之命治理洪水，修建沟渠堤坝，引水灌溉农田，数过家门而不入，在中国历史上书写了浓墨重彩的一笔。

yǔ
禹

大　禹

"舜"原本指的是一种蔓生植物。这个字的古文字形中，上半部分表示花、叶蔓生相连的形状；下边的"舛"既表示整个字的读音，也表示花叶相向、相背的情况，因为"舛"本身是两只脚脚尖向外分开的形状，表示"相背"含义。"舜"字由于与"俊"读音相近，所以后来也常常被用来代替"俊"，比如《山海经》里面多次出现的"帝俊"指的就是"帝舜"。

到了南北朝时期，当时的士族阶层非常讲究血统和门第，每一个大家族都十分注重延续家族血统和传承家族传统。因此，"统、续、衍、敷、纪"这一类字眼就出现在一些大家族子孙后代的名字中，例如据说血脉源自黄帝，家族名人中包括西汉名相萧何的兰陵萧氏，南北朝时他们建立了梁朝，而梁朝的皇室之中就有名叫"萧统、萧续、萧衍、萧敷、萧纪"的人物。

"纪、统、续"三个字，左边都是绞丝旁，表明这些字的意思都与"丝"有关。"纪"最初的意思是理出丝线的头绪；"统"的意思则是所有丝线都理出了头绪；而"续"指的则是连接等。例如南北朝刘勰《文心雕龙》："若统绪失宗，辞味必乱"；以及宋代司马光《太子太保庞公墓志铭》："愿陛下深思祖宗统绪之重，历选宗室宜为嗣者。"前一个例子中的"统绪"表示系统、头绪；后一个例子中的"统绪"则表示宗族世系。从这些意思不难看出，"纪、统、续"这几个字都包含着理清源头、不断延续的寓意。这也恰好体现了一个家族继承祖先香火、世世代代相继的意图。

"敷"的基本意思是铺开、流布，例如《尚书》："禹敷土，随山刊木"；《诗经》："敷政优优，百禄是遒。"前者说的是大禹治水过程中铺土为堤岸；后者指的是施行好的政令和措施。

"衍"的最初意思是河流归海，后来发展出"宽广、散布、扩大"等含义。例如《后汉书》："千乘方毂，万骑骈罗，衍陈于岐、梁"，从描述中足见阵势之浩大。

由此可见，"敷、衍"都含有"扩展、流传"等意思，这恰好顺应了家族不断发展壮大的基本目标。不过，遗憾的是，"敷衍"这个

shùn 舜

jì 纪

tǒng 统

xù 续

fū 敷

yǎn 衍

词虽然原本也表示"扩展、扩大"等意思，但是后来却产生出一种虚与应付的消极含义，例如《官场现形记》："诸位老兄在官场上历练久了，敷衍的本事是第一等。"

五　修学好古的起名风尚

唐朝的时候，人们非常善于从古代经典中取名，比如女皇武则天的本家侄子，在武周王朝被封为梁王并官至宰相的武三思，他的名字就来自《论语》："季文子三思而后行。"还有"贞观之治"时期的谋臣杜如晦，其名取自《诗经》："风雨如晦，鸡鸣不已。既见君子，云胡不喜。"

"思"的古文字形由"囟"和"心"构成，后来由于字形演变，上面才变成了"田"。"囟"和"心"合在一起，表示大脑和心脏贯通连接，然后达到睿智和通达的状态，意思就是"思考、思虑"等。这种观念反映了古人在特定历史条件下对人体器官及其功能的一些认识。"三"由于表示数之小成，进而有"较大"的含义。那么，"三思"显然就是指反复思考和认真揣摩了。把这种说法用在名字里，大概意在提醒自己做任何事情都要周密思考，避免草率。

sī
思

与"三思"用于名字相比，"如晦"用在人名里则多少会令人有些费解。

因为"晦"最初指的是农历每个月的最后一天，基本含义是"没有一丝月光"，也就是昏暗不明。那么，"如晦"显然就意味着那种暗淡、昏昧的状态。这种意思也太消极了吧。但是，《诗经》中的《风雨》篇，其主旨却是：在昏暗的状态下即将有贤人出现。很显然，这种寓意立刻一扫"如晦"的消极味道，转而显示出"乱世圣贤出"的"高、大、上"。

huì
晦

元代是北方蒙古族入主中原的王朝，根据元朝建立者元世祖忽必烈的诏书，这个王朝的命名取自华夏经典《周易》。元代在很多方面仍然继承并接续着中华数千年的传统和文明。就拿元代一些见诸文献的人物来说，元曲四大家里面就有"郑光祖"；崇尚并醉心于"朱熹"之学的学者"安熙"。

"光祖"之名似乎不用细说，显然具有光大祖宗的含义。"熙"和"熹"这两个字倒是有些隐在后面的意思。从字面看，这两个字有同有异，下面的"灬"表明它们的意思都与"火"有关；而且这两个字的读音现在完全相同。

"熙"的基本意思是晒太阳，同时也有"光明"的意思；"熹"最初意思是炙烤，后来也有"炙热、光明"等意思。显然，这两个字

xī

熙

xī

熹

表示"光明"的意义是一致的。例如曹植《七启》："绿叶朱荣，熙天曜日"；以及陶渊明《归去来辞》："问征夫以前路，恨晨光之熹微。"两个例句中的"熙"和"熹"都是"明亮"的意思。而且按照《玉篇》《说文解字注》等古代文献，它们之间确实存在着通用的现象。

那么，"安熙"是否由于崇尚先贤"朱熹"而取了与其名字意义相近的字做自己的名字，这个问题确实还没有发现明确的文献记载。不过，从所崇拜的著名人物名字中取字命名是我国乃至世界的一种传统，推测安熙的得名与朱熹有关，这应当也是合乎情理的。

当然，暂且不论取名问题，就说古往今来一批有志于研修传统典籍，可谓皓首穷经的文人雅士，他们确实为沟通今古架设了坚实的桥梁。然而，令人感叹的是，有些经学研究者或许是由于情势所迫，

不得已而埋首故纸堆，却不料柳暗花明又一村。这方面比较典型的例子出自清代。

　　清朝的时候，由于一些奸佞小人的无耻和朝廷对各种言论的禁忌，官府曾数次大兴"文字狱"，范围之大、程度之深，远远超过以前历朝历代。这种状况对文人来说可谓晴天霹雳，以致赋诗写文几乎成了洪水猛兽，人人谈虎色变。在这种情况下，为避免祸从口出，许多文人纷纷远离经世致用之学，而热衷于典籍的整理和考释。当然，应当说这股风潮也在客观上推进了清代的经学研究，并且还催生了对后世影响极大的"乾嘉学派"。

　　在当时一些考据之学大师中，有些人的名字恰好反映了他们埋首经书、两耳不闻窗外事的取向与情形，例如明末清初鸿儒顾炎武的外甥徐乾学、"乾嘉学派"代表人物钱大昕等。

　　先看"乾"这个字。"乾"由"倝"（gàn）和"乙"构成，"倝"表示整个字的读音；"乙"表示植物发芽后冒出地面的嫩枝蜿蜒而生的样子；合在一起就是"向上长出"的意思。由于这种意思含有"上"和"在阳光下"等意味，或许就成为表示"乾坤、乾卦"这类意思的基础。例如清代朱骏声《说文通训定声》："达于上者谓之乾。凡上达者莫若气，天为积气，故乾为天"；以及《周易》："乾，阳物也。"

qián
乾

　　而另一方面，向上长出地表意味着"干"；与之相对的则是向下注入意味着"湿"。因此，"乾"也就有了"干"的意思，而且后来表示这种意思时就把字形简化成"干"。依照段玉裁《说文解字注》，"乾"无论表示哪种意思，其实最初只有一种读音，只是后来大概由于民间出现了一些通俗读法，所以才形成了两种读音。

　　再来看"昕"字。"昕"最初的意思是太阳即将升起的黎明，后来也可以表示"明亮"。表示"黎明"这种意思的时候，"昕"与"晞"相通，而"晞"本身则有"晒干、干燥"等意思。因此，无论从"太阳、阳光"意思看，还是从"晒干、干燥"意思看，这些意义都同"乾"有关联，那么，也就间接地说明"昕"与"乾"存在着某种深

xīn
昕

层次联系。这或许正是"钱大昕"名字背后所隐含的一些寓意。

当然，在任何时代，社会文化以及人们的价值观念等，从总体上看都是多元的，特别是当今时代，不同地区以及不同民族之间的交往与融合越来越广泛、深入。因此，取名作为一种文化现象，它的发展趋势必然也是越来越多元，人名的形式与寓意也必将更加充分地反映出个性化、多元化的倾向。

第九章　名字也有男女之分

在这个部分你将了解到下面这些字：

娲	好	娥	娘	嫖	丁	汉	轲	夫	男
侠	粤	须	茁	蒨	荃	蒉	倩	淑	凤

一　展示轻柔之美的名字

在我国，由于受到某些传统文化的影响，性别差异已经演化为复杂的社会差别，这些差别又折射到社会生活的方方面面。就说人的名字吧，在大多数情况下，我们看到人的名字大致就能够猜出主人的性别。这是因为我们给新生婴儿起名字的时候，大都认为男孩名字应该体现男子气概，如勇敢、刚强等等；而女孩名字则要体现女性特质，如温婉、美丽等等。

在我国历史上，男性和女性的名字从最初就存在着某些差别。毋庸讳言，在我国几千年奴隶制社会和封建时代，女性恪守的是"在家从父，出嫁从夫，夫死从子"等所谓"三从四德"信条。因此，很早的时候，女性往往只有姓氏，而没有自己的名字。例如宋代词人叶梦得《石林燕语》中就有"古者妇人无名，以姓为名"的说法。而女子的姓氏则来自父姓和夫姓。那么，在崇尚男权的古代社会，女性名字有哪些奥秘呢？

首先，古代文献对女性名字的记载非常少。其次，古代女性往往只有小名而无大名。也就是说，她们虽然有"闺名"，但只是家庭内部的称呼，并没有对外的功能。这恰恰也反映了当时男主外、女主内，女性从属于男性的社会现实。

　　但是，如果说古代女性完全没有名字，也有失偏颇。因为，历史文献中虽然很少记载，但也还是存在着一些例证，例如神话传说中的创世女神"女娲"，以及汉高祖刘邦的原配夫人吕雉，而且"吕雉"还有表字"娥姁（xǔ）"。

　　当然，对于"女娲"到底是名字还是姓氏，目前尚未形成统一看法。据唐代司马贞补史记《三皇本纪》："女娲氏亦风姓。蛇身人首。有神圣之德。"这就是说，女娲本来姓"风"。这个姓和燧人氏、伏羲氏是同一支脉。根据古代"姓""氏"分开的历史，"女娲"或"娲"很可能属于"氏"的名称。因此，"女娲"也有"风娲"这种称呼，例如《镜花缘》："功媲风娲之炼石"，意思是说，功绩

女娲

可以同炼五彩石补苍天的女娲媲美。

wā

娲

　　"娲"这个字最初意思是"神圣而化万物者"。显然它具有"神圣"的含义，而且读音上又与"化"相近。而"化"在我国传统文化中是一个非常宏大、广博的概念，寓意"流布、改变、新生、包容、融合"等等。结合原本表示女性的"母"，后来也指包蕴天地万物的"本源"这种情况，可以推断"娲"也暗含着"母"性包容、孕育天地万物的唯美之意。

　　跟"女娲"相比，较早载于史料的"妇好"则基本上可以肯定是一位女性的名字。"妇好"是商朝第23位君王武丁的妻子，也是中国历史上有据可查的第一位女性军事统帅，同时还是一位杰出的女政

治家。在殷墟出土的逾万片甲骨卜辞中，她的名字出现了两百多次。

据史料记载，商王武丁在数十位妻妾中先后封过三位帝后，"妇好"正是其中之一，而且是最受商王重视的一位。这一点从"妇好"在武丁王朝所承担的重任以及其墓葬规模就可以推断出来。而且，据甲骨卜辞记载，武丁在"妇好"死后还多次为其举办"冥婚"仪式，先后三次将其"许配"商朝"大甲、成汤、祖乙"三位先王，意在托祖先在阴间照料"妇好"。

此外，根据史料记载，武丁还有一位堪比"妇好"，也是身兼军事统帅的妻妾，名叫"妇荆（xíng）"。由此，或许可以推断"妇"是当时对有身份地位的女性的一种通用称呼。那么，"妇好"本人的名字显然就应当是"好"了。

"好"的甲骨文字形为 𡥫，左边是"子"；右边是"女"；最初意思是"貌美"，后来也表示一切事物的美好。例如段玉裁《说文解字注》："好本谓女子。引申为凡美之称。"

hǎo
好

而且按照段玉裁的解释，这里的"美"应当是"媄"，而"媄"最基本的意思是"色好"，所谓"色"实际上最初指的就是"脸色、容颜"。因此，"好"显然可以肯定是"容貌俊美"的意思。例如《战国策》："鬼侯有子而好"，意思就是鬼侯有个女儿长得很美。

由此可见，就算是武艺超群、领军治国之才不让须眉的"妇好"，她的名字也流露出女性对姣好容颜的追求。

从"妇好"这个名字着眼，我们还可以发现很多含有"女"字旁的汉字也常常出现在女性名字中，比如尧帝的女儿"娥皇"的"娥"；农耕文明始祖后稷的母亲"姜嫄"的"嫄"，以及"姬、嫖、娘"等字眼。

"娥"最初意思就是"好"，而且据说是古代秦地，也就是现在陕西一带的地区性说法。而秦地显然是中华文化的摇篮，所以这种说法肯定具备了流通的条件，因此后来才会出现"娥眉、娥妆、娥翠"等词语。例如宋代晏几道《蝶恋花》："碧草池塘春又晚。小叶风娇，

é
娥

尚学娥妆浅"，其中"娥妆"指的是女子的漂亮妆容。

由于"娥"本身具有"美丽"的含义，所以它就成了女性起名时常常会选用的一个字，比如月亮中的神仙姐姐"嫦娥"，据说她原来是射日英雄后羿的妻子，本名叫"姮娥"；还有元曲大师关汉卿剧中人物，被歹人栽赃蒙冤而死、引致六月飞雪的民女"窦娥"等。

niáng

娘

"娘"这个字在古代有"年轻女子"的意思，在《广韵》《集韵》《韵会》等文献中都说是"少女之号"。现在这种意思则用"姑娘"来表示了。

显然，"年轻"就意味着容颜姣美，例如明代汤显祖《紫钗记》："青袍粉面，侬家少年得娘怜"，这里的"娘"指的就是年轻貌美的女子。古时候，许多青年女子都以"娘"为名，例如唐代诗人杜牧曾做《杜秋娘诗》，写的是金陵女子"杜秋娘"；明代小说家冯梦龙则在《警世通言》中讲述了怒沉百宝箱的"杜十娘"的故事。

现在，"娘"的常用意思虽然和古代并不完全相同，但是这个字也没有什么消极含义。然而，令我们感到诧异的是，"嫖"在现代人眼里可不是什么好字眼，但是在古代却有人把它当成自己的名字。这是什么原因呢？

piáo

嫖

原来，"嫖"这个字最初是"轻捷"的意思，与"僄"（piào）的意思相同。例如清代吴伟业在《宣宗御用戗金蟋蟀盆歌》中描写"蟋蟀"："应机变化若有神，僄突仿佛常开平。"因此，"嫖"用在女性身上，其最初寓意多半是显示女子体态轻盈等。

古代起名为"嫖"的有堂堂汉武帝刘彻的姑母馆陶公主，其名"刘嫖"。另据《史记》记载，西汉名将霍去病，因战功卓著受封"嫖姚"校尉，后世遂称"霍嫖姚"。而且"嫖姚"之后也用来指守边立功的武将。

可见，"嫖"在最初所传递出的乃是一种轻灵的美感，绝非现代的轻薄之意。至于"轻浮、轻薄"等含义，那是由"轻"的含义进一步发展而来的。

女性名字中包含"女"的字还有很多，从古至今，诸如"媛、娟、婷、婉、嫣"等向来颇受女性青睐，这些字无疑体现了女性对美丽的向往与追求。

二 体现刚毅之美的名字

其实，爱美之心人皆有之，男性除了欣赏异性的柔美，他们自身也有对美的追求，只不过他们所要展现的美，大都是与阴柔之美相得益彰的阳刚之美。

在我国古代，男性往往是家庭和社会的主要体力劳动者，因此，家庭和社会赋予男性这种角色的言外之意是：男性一般应当健壮、有力，远离羸弱、娇小。对于国家来说，赋税徭役也必然以男性为主，比如两晋时期实行的"占田制、户调制"等。据唐代房玄龄等编撰的《晋书》记载："丁男课田五十亩，丁女二十亩，次丁男半之，女则不课。男女年十六已上至六十为正丁，十五已下至十三、六十一已上至六十五为次丁，十二已下六十六已上为老小，不事。"很显然，青壮年男性的赋税相对而言是最重的。

跟"丁男"相关，我们从文献资料中还能看到"男丁、壮丁、田丁"以至"矿丁、渔丁、山丁"等说法，例如梁启超《论民族竞争之大势》："惟有鬻身入苙（lì），充某制造厂之工匠……某矿务公司之矿丁。""入苙"是"陷入牢笼"的意思。从这些词语以及例句中看，"丁"显然与男性有关，那么，这个字最初也是指男性吗？

"丁"的甲骨文字形是▢，像是从上往下看的钉子头形状。它最初的意思就是"钉子"，是"钉"的古字。钉子一般由金属制成，质地坚硬，所以"丁"就隐含了"硬实、强健"等意思。后来它也确实可以表示"强壮"，例如东汉王充《论衡》："齿落复生，身气丁

dīng

丁

强"；以及《史记》："丁者，言万物之丁壮也。"

另外，《尔雅》还有一种说法："鱼枕谓之丁。"鱼枕就是鱼的头骨，在古代可用来做器具和窗饰。而根据《黄帝内经》："头者，精明之府"，"骨者，髓之府"，意思是说，"头"是旺盛精力的聚集场所，骨是身体精华之所在。那么，"鱼枕"自然就是鱼体之中最旺盛、最具活力的部位。因此，用"丁"来喻指万物生长与壮盛显然也是水到渠成的事，例如段玉裁《说文解字注》："夏时万物皆丁实。"此外，按照传统"易学"文化，《汉书》里有"出甲于甲，奋轧于乙，明炳于丙，大盛于丁"等说法。大致意思是，以植物生长为例，初时破甲壳而萌芽，继而嫩枝像"乙"字蜿蜒蔓生，然后在明亮的阳光下显露出雏形，再进一步则长势强劲如成年男丁。

由此可见，"丁"的意思多半同"强壮、旺盛"等联系在一起，所以，连商朝帝王似乎也都对它情有独钟。根据史料记载，商朝有多达七位帝王的帝号选择了"丁"，例如"太丁、沃丁、仲丁、祖丁、武丁、庚丁、文丁"等。当然，商朝帝王选用"丁"作帝号应当与天干有关，但是其中或许也暗含着借用"丁"字本身的寓意这种意图。

在道教文化中，"丁卯、丁巳、丁未、丁酉、丁亥、丁丑"等"六丁"还是道教所崇奉并为天帝所役使的阴神；而"五丁"则是神话传说中的五位大力士，据称力能移山、开路。

在表示"人"这种意义上，"丁"有时也不仅仅指男性，例如"添丁入口、人丁兴旺"显然也包括女性在内。但是，就其本质意义来看，就像现在虽然也有"女汉子"一说，然而"汉"终究还是多指男性一样，"丁"由于其力量含义，所以基本上还是多用于表示体魄强壮的男性。

那么，"汉"又是怎么与男子联系在一起的呢？根据陆游《老学庵笔记》："今人谓贱丈夫曰汉子。""贱丈夫"是指地位低下的男子，可见"汉"似乎表示身份低微的男子。不过，这个字最初的意思可是非常美的。

《说文解字》："汉，漾也。东为沧浪水。"说明"汉"的意思等于"漾"。而"漾"的意思我们都知道，它指的是水或者其他物体波动、晃荡，比如"荡漾"等。那么，也就是说"汉"的意思也是指水的晃动了。不过很遗憾，这样的推断看似合理，实际上却会产生一些问题。因为"漾"表示水波晃荡的意思本身没有疑问，但是它同时也是古代一条河流的名称。比如《说文解字》对它的解释就是："水，出陇西相道，东至武都为汉。"看了这个解释，我们完全能够了解，"漾"和"汉"指的是同一条河流，只不过"漾"指的是上游，"汉"指的是中游，而下游则是"沧浪"了，因为《说文解字》已有解释，"东为沧浪水"。

原来，"汉"指的是这么美的一条河。因为它的上游叫"漾"，下游称"沧浪"，这是多么富有画面感的一条河啊！难怪宋代词人姜夔在一首词的序中也曾说："沧浪之烟雨，鹦鹉之草树……无一日不在心目间。"而且历朝历代吟咏"沧浪"的文人与诗篇不胜枚举，比如《孟子》《史记》等文献均有记载的"沧浪之水清兮，可以濯我缨。沧浪之水浊兮，可以濯我足"等。以致汉代还于江南始建"沧浪亭"，并有宋代大文豪欧阳修创作长诗《沧浪亭》。

而且"汉"还指天上的银河，例如曹操《观沧海》："日月之行，若出其中。星汉灿烂，若出其里。"另外，1969年甘肃省武威雷台汉墓出土了一件东汉年间的青铜作品"马踏飞燕"，这件作品恰好印证了东汉张衡《南都赋》中写到的"天马半汉"。

"马踏飞燕"又名"马超龙雀、铜奔马"等。它最具有创造性的是奔马本身没有借助任何身外之力。因为它没有翅膀，所以并不需要借助风，只是凭着一己之力，就天马行空，独来独往。

马踏飞燕

而飞行的燕子，则是一种辅助的意象，衬托出天马在浩瀚宇宙间翱翔的雄姿。

由此可见，意指银河之"汉"，其意蕴是多么宏大、浩瀚。因此，"霄汉、云汉、河汉"才会带给人们无比广袤的想象空间。至于前面提到陆游作品中的"汉子"，其说法其实在宋代陶岳所著《五代史补》中已经有过用例，"汉子"指的是赶驴车、赶牛车的车夫。而且根据陆游的《老学庵笔记》，"汉子"指男性这种意思和用法应当来自"汉人"，最初是五代十国时期北齐文宣帝对一位汉人大臣的称呼。而"汉人"这种说法显然与汉朝有关，"汉朝"则来源于刘邦曾经被封在汉水源头汉中做汉王。所以，转了一大圈，"汉"指男性最终还是来源于我国一条著名的河流和历史上比较兴盛的一个朝代。

这么说起来，"汉"的积极意义还是非常明显的，因此，从古至今用"汉"起名字的男性一直不少，比如元曲大家"关汉卿"、辛亥革命先烈"马宗汉"等。

实际上，体现男性刚毅之美的也并不仅仅局限于具有"强壮"含义的汉字，有时候，男性的强健还在于敢于并能够直面人生的坎坷。比如中国历史上有两位家喻户晓的大人物，一位是被尊为"亚圣"的"孟轲"，另一位是"风萧萧兮易水寒"的舍命壮士"荆轲"。这两位的名字都用了"轲"这个字。难道这个字有什么讲究吗？

kē
轲

"轲"由"车"和"可"构成，"可"表示读音，"车"是意义所在。这个字最初的意思是用两根木头接在一起充当车轴的车。

我们都知道车轴对于车的作用，它不仅是车辆运动时的传动装置，而且本身还承担着负重功能。而用两根木头接起来充当车轴，其坚固性、耐久性将大打折扣，因此就会留下隐患，可能导致车辆抛锚甚至引发事故。由于这种原因，"轲"就隐含了不安定、不稳定的因素，于是也就产生了"轗（kǎn）轲、憾轲"这一类说法，它们的意思就是现在我们常用的"坎坷"。

荆轲刺秦王的故事无需多言，至今人们还在为这位舍生取义的壮士扼腕，他的命运的确是坎坷的。而孟子的一生其实与其先师孔夫子也颇多相似之处，他同样怀揣理想，亲率弟子周游列国，意在传播自己的治世理念，但是时人多认为其主张"迂远而阔于事情"，意思就是迂腐、空泛而不切实际。因此，虽然其学问、修养或许尚能为世人称道，但是其治世主张显然不适合当时历史条件下的主流价值观。生不逢时这种说法或许是孟子一生比较切合实际的写照。那么，设若孟子、荆轲两位对他们自己一生坎坷的际遇早有预感，并且还能坦然面对，这种境界也是需要强大的心理意念来支撑的，体现了他们敢于直面人生的气魄。

当然，用名字体现刚毅、勇敢等等意念，应该只是一部分男性的追求。与此同时，也存在着另外一部分男性，他们所向往并意图彰显的可能是对阴柔之美的追求。而且与之相对的是，也有一部分女性，她们所追求的反倒是刚毅之美。

三　追求异性之美的名字

根据史料记载，从两汉开始，文献中出现女性名字的现象开始多起来了。而且有趣的是，许多女性的名字似乎有些"男性化"，这倒是符合古代社会崇尚男权的理念。

历史学家张孟伦先生在《汉魏人名考》中关注并讨论了女子命名男性化的倾向，比如汉高祖的宠姬"赵子儿"、卫皇后"卫子夫"等。此外，《后汉书》里也记载了东汉章帝的长女武德公主"刘男"、顺帝女儿冠军长公主"刘成男"等。

"子"和"夫"在古代都有"成年男子"的意思，而且进入父系社会之后，男子基本上是主要劳动力。因此，"夫"常常指从事体力劳动的人，如"车夫、渔夫、农夫"等。在古代，"夫"也用来指某

fū
夫

一行业起领头作用的人，例如《礼记》："夫也者，以知帅人者也。"这里的"帅"同"率"意义相同，表示"率领"之义。整句话的大致意思是，作为师傅，必然要以智慧带领其他人。

古代成年男子需要服劳役和兵役，因此，这些人也被称作"夫"，例如李白《送张遥之寿阳幕府》："战夫若熊虎，破敌有余闲。"而且早在西汉贾谊的《论积贮疏》中就有"一夫不耕，或受之饥"的说法。

此外，"夫"还具有"大丈夫"的含义，这显然是表示伟岸男子的美称。例如柳亚子《诸将六首》："西川刘禅本非夫。"可见在诗人眼中，昏庸的"阿斗"虽然有其父刘备托孤，也有如诸葛亮一班贤臣辅政，但是其"乐不思蜀"等种种行为，还是让人难以将其看作是有责任心且具有担当能力的男子汉。而"卫皇后"以女儿之身，却用"夫"取名，足见其具有向往好男儿志在四方、勇于担当的情怀。

nán

男

"男"的甲骨文字形是 ，左边是田地；右边是耒一类的耕田农具。《说文解字》里的解释是："丈夫也。从田从力。言男用力于田也。"意思是说，耕田这类劳动主要由男人承担，所以用这种字形来表示男性。

犁 地

再如西汉戴德《大戴礼记》："男者，任也；子者，孳也；男子者，言任天地之道，如长万物之义也。故谓之'丈夫'。"说的是男子是有担当的人，应当担负行天地之道而滋长万物的大义，这才能够称之为"丈夫"。这里的"丈夫"并非指女性的配偶，而是指有作为、有担当的男子。例如鲁迅《答客诮》："无情未必真豪杰，怜子如何不丈夫"，用的就是这个意思。

东汉的两位皇室公主，贵为千金之躯，却以"男"和"成男"为名，如果不是其父母有无后之虞而给女儿取男性之名，那么，或许就是意在表示公主也要追求男性的力量与才能。

古代女性取具有刚毅含义的名字并不是个别现象，其他还有"侠"甚至"须"等体现男子气质和男性特征的字也曾经被用在女性名字中。

"侠"的左边是"人"，右边是"夹"。"夹"既表示整个字的读音，也表示"夹持"。所以"侠"最初指的是受意念或尊者驱使、辅佐主人扶弱抑强或见义勇为的人。

xiá

侠

pīng

俜

段玉裁《说文解字注》："俜（pīng），侠也。三辅谓轻财者为俜。""俜"与"傅"读音和意思都一样。"三辅"是指西汉时治理京畿地区的三位官员：京兆尹、左冯翊、右扶风，后来也指三位官员所管辖的地区。《史记》则将"游侠"定义为："言必信，其行必果，已诺必诚，不爱其躯，赴士之厄困。"

可见，"侠"是有言必行、信守承诺、一切行动必有结果的人；是看淡生命、救人于危难、行侠仗义、追求仁义和正义的人。这种人在普通人眼里简直就是神人和救星，没有比他们更"高、大、全"的了。

历史上以"侠"取名的女性，有汉元帝皇后王政君的姐姐"王君侠"，还有晚清年间自号"鉴湖女侠"的秋瑾等。"王君侠"史料记载不多。秋瑾却是大名鼎鼎，她在反抗封建统治、倡导民主革命大潮中的言行无疑不输任何须眉，年仅32岁时就献出了宝贵的生命。秋瑾女士还曾自号"竞雄"，显而易见，她的两个自号都散发出浓烈的阳刚之美，其短暂的一生灿如烟霞，其人其事足以成为后世的楷模。

"须"的甲骨文字形为 𝕏，表示长在下巴上的毛发，也就是胡须。胡须自然是男性的标志，因此才有"巾帼不让须眉"一说。然而，就是这样一种表示男性生理特征的字眼，也有女性把它用作自己的名字。例如汉宣帝刘询的母亲名叫"王翁须"，名字中同时用了两个代表男性特征的字，真是堪称一绝。不知道这位太后是否真的具有阳刚之美，还是仅仅表示自己对于这种美的追求。

与女性追求阳刚之美相映成趣的是，从古至今，也有许多男性追求阴柔、温婉或者轻盈之美。

从名字来看，春秋战国时期声名卓著的秦穆公本名"任好"。"好"这个字前面已经谈到过，最初就是表示容颜俊美。因此，让人颇费思量的是，莫非秦穆公在处理秦国内政外交事务的同时，也期冀自己貌美如花吗？

当然，秦穆公的名字或许与美貌含义并不相干，而是另有用意。然而南北朝时期南朝的陈国有一位国君，就是陈文帝"陈茜"。此公姓名中的"茜"字，的的确确很少出现在男性名字里。

"茜"有两种读音：读 xī 的时候一般用于翻译外来语词，例如奥匈帝国皇后，也被世人称为"世界上最美丽皇后"的"茜茜公主"；读 qiàn 的时候，它指的是一种能够用作绛红色染料的植物，也就是"茜草"，古代也称"茅蒐"。

"茜"由于指的是这样一种草，所以含"茜"的词语多与红色或鲜艳有关。例如清代董俞《山花子》："脉脉柔情怯晓风，茜裙双带绾芙蓉"，其中的"茜裙"指的就是红色的衣裙；南唐李中《溪边吟》："茜裙二八采莲去，笑冲微雨上兰舟"，里面的"茜裙"指的就是身着茜裙的美丽女子了。

可见，"茜"的含义大都与女性相关，因此，女子以此为名并不稀奇。而七尺男儿取名如此，多多少少会让人觉得有些匪夷所思。据

须 xū

茜 qiàn

史料记载，历史上的陈文帝"陈蒨"有"断背"倾向，与其宠臣韩子高长期维持"同志"之爱。当然，他的名字是否和这些相关，还不能断然下结论。不过他的另外两个名字"昙蒨、荃菺"，也同样和花花草草有关。

"蒨"这个字在古代与"茜"音义皆通，另外也有"草木茂盛"的意思，例如晋代左思《吴都赋》："夏晔冬蒨"，指的就是草木夏日鲜艳，冬季也很茂盛。

"荃"在古代指的是一种香草，例如南北朝沈约《早发定山》："忘归属兰杜，怀禄寄芳荃。"诗人显然认为兰花、杜若这类奇花异草可以令人流连忘返，而有心于仕途之人同样也会寄情芳草。

"菺"（jiān）这个字现在很少用了，它在古代指的是一种植物，这种植物现在被称作"蜀葵"，又称"戎葵、大蜀季、一丈红"等。例如宋代韩元吉《南柯子》："野杏抟枝熟，戎葵抱叶开。"

总之，陈文帝的名字与其叔叔，陈朝开国君主陈武帝"陈霸先"的名字相比，两者判若云泥，彼此间的差异一看便知。

当然，名字纯属个人喜好，而且有些名字看似有性别之分，但是如果究其最初字义，或者从更宽泛的意义上理解也不尽然。例如"美"这个字，乍一想更倾向于女性取名用字，可是在不少男性名字里也出现过它的身影，比如大家或许并不陌生的"潘美"，这个人物是历史小说中宋朝初年陷害杨家将的奸臣"潘仁美"的原型。实际上"美"这个字最初的意思是"味道鲜美"，后来也指一切美好，而并不仅仅是"美丽"。

qiàn
蒨

quán
荃

jiān
菺

四　阴错阳差的美丽误会

有句俗话叫"爱美之心人皆有之"。可见就算追求容貌美丽，也不见得就一定是女性的权利。而且从另一个角度看，"美"这个字最初的意思也并不像现在常用的那样是指容颜姣好。这种情况其实在中国人起名的历史上还不能说是个例。

比如"倩"这个字在现代女性名字中经常见到，可是谁又能想到，它在古代是用于男性的一种美称。比如段玉裁《说文解字注》："人美字也"，而且他还引隋末唐初著名经学家、语言文字学家颜师古的考释"倩，士之美称也"。可见，"倩"最初就是用于男性的。

历史上名字里含"倩"的男性有西汉丞相萧何的六世孙萧望之，此人字"长倩"，汉宣帝时曾任太傅；还有西汉辞赋家东方朔，他本姓张，字"曼倩"。

另外，从西汉扬雄《方言》"东齐之间，壻谓之倩"可以得知，周朝时齐国一带曾把女婿称作"倩"。这里的"壻"就是"婿"，而且这个字的左偏旁是"士"，而不是"土"，本来意思也是对男子的一种美称。之所以后来表示"女儿配偶"，那是因为岳父母及其家人自然希望女儿能够嫁给良人，而且使用美称本身也充分体现了岳父家对女婿的一种尊重。因此，在古代"妹婿、侄婿"也可以称作"妹倩、侄倩"，例如清代龚炜《巢林笔谈续编》："今春，妹倩李天柱母周夫人六十寿诞。"

至于"倩"后来表示美貌，而且大多用于女性，或许是因为从《诗经》"巧笑倩兮，美目盼兮"开始，这个字逐渐用来表示女子的仪态更多一些，所以由于某种"美丽"的误会，而使我们对古代男性取这个字起名产生了疑惑。而实际上，就算是《诗经》的"巧笑倩兮"，本来描写的也是一位高大丰满、体型修长的女子，而不是娇小玲珑、柔媚温婉的佳人。

与"倩"比较类似的还有"淑"字，这个字现在也几乎成了女性起名的"专利"。但是在古代，有不少男性曾经都以此为"名"，例如王充《论衡》中记载的东汉光武皇帝刘秀手下大臣"范淑"，还有南北朝时期沈约《宋书》里记载的南朝"宋"的御史中丞"袁淑"。

而且从史料记载看，历史上与这二位同名的也还有其他人。

"淑"这个字最初的意思是清澈。例如春秋战国荀况《荀子》："桀纣以乱，汤武以贤。涽涽（hūn）淑淑，皇皇穆穆。"意思是说，夏桀和商纣统治时期世道混乱，而成汤和周武王则是比较清明圣贤的君王。"涽"与"淑"相对，一浊一清，反差鲜明。

"淑"后来表示贤良，特别是表示女性的贤惠、温婉等意思，一方面是从它本身表示"清澈"的意思发展而来的；另一方面也是由于它与"俶"读音相近，意义相通，而"俶"最初的意思是"善、美好"。例如明代杨慎《伊兰赋》："开以景风之俶辰兮"，大致意思是说，吹拂着祥瑞和暖微风的美好时光。

古代以"俶"为名的男性也并不是个例，例如五代十国时期吴越国的最后一位君主就叫"钱俶"；而唐代宗李豫，继位之前原名是"李俶"，所以史料上也常称其为"广平王俶"，只是继位之后才改成了"李豫"。

当"淑"代替"俶"表示"美好"的意思之后，"俶"就不再具有这种意思了，它后来多表示"开始"等含义，例如"俶装"就是"收拾行装"的意思。这个字现在已经不太常用了，只是杭州西湖边的宝石山上还有名为"保俶"的古塔。

"淑"后来的意思确实大都与女性相关，例如脍炙人口的《诗经》名句"窈窕淑女，君子好逑"，其他还有东汉末年和亲大使蔡文姬父亲蔡邕所作《检逸赋》"余心悦于淑丽"等。

"凤"这个字大家一定也不陌生，它的甲骨文字形是 ，据称是一种神鸟的形象。比如《说文解字》对它的解释是："凤，神鸟也"，而且说它集诸多动物特征于一身，例如"蛇颈鱼尾、龙文虎背"等等。尤其是它被认为是祥瑞之鸟，只要它出现，就意味着天下太平，即所谓的"见则天下大安宁"。

根据古人的说法，这种鸟雄的叫"凤"，雌的叫"凰"，也合称"凤凰"，是百鸟之王。因此，"凤"常常表示与男性有关的事物，例

shū
淑

fèng
凤

凤 凰

如："凤邸"用来称古代帝王登基前所居住的府邸；"凤纸"是帝王诏敕用的纸；"凤诏"则指天子的诏书；等等。

在这种情况下，古代一些男性取名时，自然而然也就选择了"凤"字。比如清朝时曾历道光、咸丰、同治三朝，担任过户部、刑部、兵部、工部、吏部等五部尚书的"朱凤标"；并且根据史料记载，明代有一位监察御史名叫"唐凤仪"。

可见，古代男子取名为"凤"是一种十分正常的情况，只是由于后来常常出现"龙"和"凤"相对照的情况，而"龙"无疑一直是男性的代表，所以"凤"渐渐就成了女性的标志，比如"龙凤胎"。也正是由于这个原因，"凤"后来就成为女性名字中的一位"常客"了。

其实，由于从古至今语言文字的发展变化，人们不仅在取名字时会产生上述误会，就连现在一些比较常用的词语，如"佳人""千金"等，它们最初的意思和现在最常用的意思之间往往也并不一致。

"佳人"在古代是一个比较中性的说法，年轻貌美的男子同样可以这样称呼。东汉初年，在朝廷中担任尚书令的陆闳，品学兼优，且"美姿容"，皇帝刘秀初次见他时，就失声赞扬道："南方多佳人。"

古时男子也可以称作"千金"，据《南史·谢朏（fěi）传》记载：谢朏年幼聪慧，能诗文，人称之为"神童"。其父曾当着客人的面夸奖曰："真吾家千金也。"

第十章　名字中的好字眼

在这个部分你将了解到下面这些字：

富	贵	福	侯	鑫	年	寿	永	龟	鹤
松	玉	圭	璧	瑗	环	璋	瑕	马	驹
骏	骐	骥							

一　以富贵为名

衣食住行是人最基本的生活内容，也是人们精神生活的物质基础。因此，追求富足、安逸的物质生活，是一种无可厚非的正常心态，甚至还是社会发展的动力所在。孔夫子在《论语》中就曾说："富与贵，是人之所欲也，不以其道得之，不处也。"他认为人都有谋求富贵的欲望，但是要通过正当途径获得，否则就不应该享受。

从古至今，以"富""贵"为"名"的人不在少数，例如《汉书》记载的西汉宗室红侯"刘富"，《唐书》记载的唐初名将"张士贵"等。

"富"的甲骨文字形是 ，外边是"宀"（mián），表示房屋；里边是"畐"（fú），有人认为是一种容器，也有人认为表示腹中饱胀；合在一起表示"齐备、充裕、富足"等意思。例如《国语》："无夺民时，则百姓富"，意思是说，如果政令等不出现干扰农时的情况，那么老百姓就会按部就班从事农耕，并通过劳动达到生活富足。

fù

富

然而，《论语》中有一句"百官之富"常常引起误解。这里要特别注意，千万不能把这句话理解为"很多官员的富有"。因为这里的"官"实际上和"馆"相通，表示馆舍一类的建筑物。整句话是用建筑形容孔夫子的学问和修养，说他知识的深厚和渊博就像高墙之内的宗庙馆舍一般充盈和富丽。

另外，《庄子》里也有："有万不同之谓富"，意思是，道家始祖老子认为心里包容千差万别的事物，才能称之为"富"。可见，古人同样认为具有博大的胸怀乃是精神的"富有"。因此，古人取名为"富"很可能是既追求物质丰富，同时也追求精神富有，而不仅仅局限于贪图物质享受那种狭隘的思想境界。

"贵"由"臾"和"贝"两部分构成，上边的"臾"由于字形演变才变成了现在的样子。"臾"是"蒉"（kuì）最初的字形，指一种草编的容器，作为"贵"字的一部分，表示整个字的读音。"贝"显然与财物等有关，因此，由"臾"和"贝"合在一起的"贵"最初就表示价值或价格高。例如《汉书》："以谷贱时增其贾而籴，以利农，谷贵时减贾而粜，名曰常平仓。"这段话的主要意思是，国家应建立调节粮价的机制，粮食价格太低的时候应当调高一点价格收购，以保障农民利益和农业发展；而当粮食价格太高的时候，则应当减少国库存粮，调低市场粮价，从而使国库存粮保持在一种比较均衡的状态。

gui
贵

由价值或价格高的含义再往后发展，"贵"也逐渐具有了"尊贵、高贵"等意思。例如《史记》中借陈胜之口说出的名言"苟富贵，无相忘"，他感慨的是：种田为伴的穷兄弟们，设若有哪位他日飞黄腾达，不要忘记彼此。

当然，以"富""贵"为名，这是一种比较直白的取名方式，其实还有一些用在名字里的汉字，其含义同样也是"富贵"，只不过没有这么直接罢了。例如"福、侯、鑫"这些常常出现在人名里的汉字，究其实质，其实都与"富贵"相关。

"福"的甲骨文字形是，左边是"示"，表示祭祀；右边是双手捧着器皿的样子；合起来是双手捧着器皿祭祀，以求神灵和祖先保佑、赐福。

东汉刘熙《释名》："福，富也。"可见"福"与"富"音义相通，有福即富贵。的确，按照中国传统观念，有神明护佑，生活富足就是一种福气，这是尘世凡人的朴素愿望。因此，不论古今，取名"福"的人实在是多如牛毛，例如《汉书》记载有西汉宗室海常侯"刘福"；清代刘墉和纪晓岚等人奉皇命编撰、校订的《续通志》，则记载了明太祖朱元璋赐"国姓"的一段历史，其中就有都督"朱福"。

"侯"的甲骨文字形是，外面是"厂"（hàn），表示展开、铺开的意思；里面是表示箭的"矢"；合在一起表示射箭的靶子。

"射"在西周时代是"礼、乐、射、御、书、数"等所谓"六艺"之一，是学子的必修课程。此外，它还是一种重要的田猎活动，而且在古代，田猎活动的礼制繁复、规矩甚多。比如按照规定，诸侯能射的动物与天子不同，与卿大夫也不同。因此，后来"侯"就产生了"诸侯、王侯"等含义，而"马上封侯"谁都清楚意味着什么，这是飞黄腾达和尊享富贵的象征。

古人以"侯"为名字的有东汉时期历经三朝、位居三公的张酺（pú），表字"孟侯"；还有《包公案》中描写的一位名叫"秦侯"的清明知县等。

"鑫"由三个"金"字构成，多用在人名、商铺字号中，意思就是"多金"，也就是财源茂盛、财源滚滚这一类意思。

名字中包含"鑫"字的人不在少数，例如京剧界老生泰斗"谭鑫培"。此外，根据明朝末年张自烈编撰的《正字通》里面"宋子虚名友，五子以鑫森淼焱垚（yáo）立名"，可以看出有一位名叫"宋

侯

友"，表字"子虚"的人，为其五个儿子分别取名"鑫、森、淼、焱、垚"。

像这样用若干相同汉字叠加构成的新字取名，也是一种比较有意思的现象，很多人的名字都有这种情况，例如大名鼎鼎的国学大师章太炎，他就曾为四位千金分别取名"㸚（lǐ）、叕（zhuó）、㻸（zhǎn）、喼（jí）"。没想到却给几位女儿的婚事带来了意外麻烦，因为几乎没有人认识这些字，读都读不出来，更别说理解其含义了，因此，青年才俊虽多，也只能是望"字"却步了。

二　以长寿为名

功名富贵的确是我辈凡夫俗子难以割舍的追求，但是与生命相比，相信绝大多数人都会义无反顾地选择活着，哪怕一生平庸，也是活着就好。

相传，汉高祖刘邦登基之后曾在酒宴上推心置腹地对几位辅佐他得天下的重臣说：人生如白驹过隙。而秦始皇为求长生不老，遣方士徐福出海寻找"长命果"一事，更是尽人皆知。

因此，古人才会在名字中体现祈盼长生、长寿的愿望。这样一来，"年、寿、永"这样一些字眼就成了人们取名时的"香饽饽"，例如：北宋音韵学家，奉诏修订《切韵》，也就是《大宋重修广韵》的编者"陈彭年"；《三国志》作者"陈寿"；北宋词人"柳永"等。

"年"的甲骨文字形是 𠂒，上边是"禾"；下边是"人"；表示人背负农作物，意思是庄稼成熟。根据两晋时期郭璞和北宋邢昺（bǐng）先后注释的《尔雅注疏》："年者，禾熟之名。每岁一熟，故以为岁名"，意思就是，由于庄稼一般都是每年成熟一次，所以"年"也就用来表示一种时间上的周期了，这也就是通常意义上的

"周年"。

"年"由于具有了时间方面的含义，所以它也就同人的寿命产生了关联，因此才会有"延年益寿"等说法。"延年"就是延续时间，换句话说，也就是延长寿命，因此，以"延年"为名的人古今都不算少。至于"彭年"，想必是意在追随传说中的长寿之星、养生鼻祖"彭祖"。据说彭祖活了800年，因此古代也有许多人直接以"彭祖"为名，如汉景帝的第八个儿子就叫"刘彭祖"。

"寿"的金文字形是 ，上边是"老"的省略，表示年长；下边是表示范围、区域的"畴"字最初的字形，表示整个字的读音；合在一起，意思就是长久、长寿。

shòu

寿

据研究，两汉时期依文献记载，名字中带"寿"的约有40人，其中有些人单名"寿"，也有些人则叫"延寿、长寿、增寿、益寿"等。

"永"的甲骨文字形是 ，像水流蜿蜒曲折的样子，意思就是"水流长"，例如《诗经》："江之永矣。"

yǒng

永

由"水流长"的意思再发展，"永"后来也表示一切事物的"长"或者"远"，那么用在时间方面，显然就是"长久"了，我们现在使用的"永远、青春永驻"都是来源于此。

其实，除了字面上的"寿"啊"永"啊，在我国传统文化里，还存在着许多"长寿"的意象和标志，比如龟、鹤、松、柏等等。

"龟"的甲骨文字形是 ，不用说这就是一只龟的形象。

guī

龟

"龟"之所以和长寿挂上了钩，一般认为是由于这种动物的平均寿命比较长，而且它也是古人意念中的神异之兽，因此才会出现曹操的《龟虽寿》。与此同时，也有一种说法是"龟"在古时候有一种读音近似"旧"，所以就有"故旧、久远"的含义，而这种意思显然已经非常接近"长久"的意思了。

古代以"龟"取名的有东汉时期京兆尹"陈龟"，还有唐朝出任过广州刺史等官职的"刘崇龟"以及晚唐农学家和文学家"陆龟蒙"等。

"鹤"由"隺"（hú / hè）和"鸟"两部分构成，左边的"隺"既表示整个字的读音，同时它本身"极其高"或者"鸟往高处飞"的意思也同"鹤"相关；右边的"鸟"显然表示"鹤"属于鸟类的一种。

"鹤"与长寿相关，其原因有多种：一是它脖颈长、喉咙大，便于吐故纳新，因而新陈代谢能力超常，故此被认为有益于寿命；二是它浑身雪白，酷似老年人的须发，而色如瑞雪的须发则意味着高寿；三是它本身亦是古人心目中的神鸟，据说千岁时羽毛变苍青色，而两千岁时则变成暗黑色。因此，"松鹤延年、鹤发童颜"等均意味着高寿。

以"鹤"为名的古人有明末清初著有《春秋集说》《诗经通义》等作品的儒生"朱鹤龄"，以及金太祖完颜阿骨打的重孙"完颜永升"，此人本名"斜不出"，又名"鹤寿"。

与象征长寿的仙鹤经常联袂而出的非青松莫属。"松"字左边的"木"表示它的种类；右边的"公"既表示读音，也由于"松"被认为是百木之长，所以就暗含着"公"所表示的"率众"等意思。

"松"虽然与"鹤"如影随形，但是它与长寿产生关联却并非沾了"鹤"的光。它本身四季常青，所以意味着青春永驻。此外，琥珀这种物质也是松树的树脂埋藏地下数千万年的结晶。而且古人还认为存活上千年的松树，上面就会被菟丝子缠绕，根部则会生长茯苓。这一切都涉及"长久、经久"等意思，自然也就与"长寿"产生了关联。

名字中包含"松"的古人有《聊斋志异》的作者"蒲松龄"；还

松鹤延年

有明朝万历年间援朝抗倭名将，后官至辽东总兵的"李如松"等。

这些动物或植物的长寿意象已经成为中华传统文化的重要组成部分，许多祝寿的吉祥用语中都能见到它们的身影。而对于起名字来说，企盼长寿也只是表达意念的一个方面，像前面已经谈到的德行等，其实也都是"冠名取字"的重要方面。

三　以美玉为名

我国自古就有"君子于玉比德"的传统，也流传着《诗经》"言念君子，温其如玉"的名言。所以佩戴玉饰便成了君子品格高尚的象征。也因此，"玉"以及和"玉"有关的字就成了人们取名时的一种追求。从古至今，从王侯将相，到名人墨客，再到平民百姓，都不乏含"玉"的名字。如战国时期文学家宋玉、现当代画家"黄永玉"、评剧表演艺术家"白玉霜"等。《红楼梦》里名字含"玉"的人物更是妇孺皆知，像"贾宝玉、林黛玉、妙玉"等等。

"玉"的甲骨文字形是 丰，好像串接在一起的三片玉。《说文解字》对"玉"的解释是："石之美。有五德：润泽以温，仁之方也；䚡理自外，可以知中，义之方也；其声舒扬，专以远闻，智之方也；不桡而折，勇之方也；锐廉而不技，絜之方也。象三玉之连。"大意是说玉石有五种品德：温润有光泽代表"仁"；纹理清晰代表"义"；被敲击后发出悠远绵长的声音代表"智"；宁折不弯代表"勇"；有棱角却不会伤人代表"洁"。

yù
玉

此外，在《孔子家语》《礼记》等文献典籍中，也都有对"玉的品德"的表述。

我国传统文化之所以把玉托举到这样一种高度，一是来源于我国悠久的治玉历史，二是来源于玉在社会生活中的重要作用。根据目前考古发现，兴隆洼文化、红山文化遗址出土的玉器距今已有七八千年的历史，而且玉在古代是一种不可替代的重要礼器，西周时期就有祭天地四方的"六器"和等诸侯邦国的"六瑞"。

"六瑞"是周天子创制并颁给诸侯等人的一种"符信"，相当于表玥身份地位的一种标志，一共有六种。例如《周礼》："王执镇圭，公执桓圭，侯执信圭，伯执躬圭，缫皆三采三就，子执谷璧，男执蒲璧"，在朝聘、会盟等场合，各色人等都要携带符合自己身份等级的玉器。

"圭"的金文字形是 **圭**，像两个"土堆"叠在一起，并不像玉器的样子。东汉郑玄、唐代贾公彦所作《周礼注疏》云："圭锐，象春物初生"，《说文解字》则说："圭，瑞玉也"，并且说"圭"在更早的时候也写作"珪"。可见，"圭"是采用类比其他事物的方式表示某种符信类玉器，因为"瑞"最初就表示"玉制符信"的意思。

"圭"的制式多样，具体名称也因制式或用途的不同而有差异，比如"琬"是一种没有棱角的圭；"玠、珽（tǐng）"指的都是大圭；"瑒"（chàng）则是用于祭祀的一种圭。

以"圭"或"珪"起名的古人有五代十国时期南唐制墨名家"李廷圭"，宋末元初被称为"墙东先生"的著名隐士"陆文圭"，南北朝时期北魏开国皇帝"拓跋珪"，唐初四大名相之一"王珪"等。

"璧"是一种中间带孔的玉，《说文解字》："璧，瑞玉环也。"历史上最负盛名的当属春秋战国时期号称价值连城的"和氏璧"，与之相关的卞和"抱璞泣血"的故事充分展示了它的珍贵和得之不易，而"完璧归赵"的故事则成就了蔺相如的一世英名。

根据史书记载，明代有少时家贫，发奋苦读后科举登第的"杨璧"；清初则有杂剧作家"周如璧"；而据有人考证，《红楼梦》中林黛玉父亲林如海的原型乃是清朝官至湖南、安徽巡抚和礼部、兵部尚书的魏延珍，此公表字"君璧"。

根据《说文解字》，"璧"与"环"意思接近，再依照《尔雅》："肉倍好谓之璧，好倍肉谓之瑗，肉好若一谓之环。"由此可见，"璧、瑗、环"这三种玉器形制大同小异。所谓"肉"指的是玉器的器体，"好"则是指玉器的内孔。相对而言，"璧"的孔径最小，"环"的孔径尺寸居中，"瑗"的孔径则最大。

历史上以"环"为名的首推古代四大美女之一的"杨玉环"，此女子与唐玄宗李隆基和玄宗之子李瑁之间恩怨纠葛颇多，后世文人、坊间围绕三个人所演绎的故事亦层出不穷。以"瑗"取名的历史人物则有东汉著名书法家、文学家"崔瑗"，以及唐朝时直言进谏反对武则天的侍中"韩瑗"等。

西周时，与"苍璧、蒲璧"等"六瑞"并行的，还有祭天地四方的"六器"，例如《周礼》："以玉作六器，以礼天地四方：以苍璧礼天，以黄琮礼地，以青圭礼东方，以赤璋礼南方，以白琥礼西方，以玄璜礼北方。"

"璋"指的是一种没有尖锐顶端、形状像半个"圭"的玉器，多为扁平长条或柱形。这种玉器除了用于祭祀南方火神"祝融"，本身还是诞下男婴的一种象征。例如《诗经》："乃生男子，载寝之床，载衣之裳，载弄之璋"，大致意思是，生下男孩之后，便把他放在床上，给他穿上衣服，再给他一块玉璋把玩。

正是由于这种原因，后来就用"弄璋"或"弄璋之喜"表示某个家庭新添了男丁，而且也可以用这两种说法祝贺生男孩的人家，例如鲁迅《书信集》："对弄璋之喜，大为庆贺。"

yuàn
瑗

璧

huán
环

环

瑗

zhāng
璋

古人以"璋"为名的有东汉益州牧"刘璋"、唐末"黄巾军"领袖黄巢的谋士"赵璋"以及清末淮军将领"刘秉璋"等。

除了上面提到的这些以玉器为名的人物和表示玉器的汉字，其实还有大量与"玉"相关的汉字也常常出现在人的名字里，例如"瑾、瑜、琮、璜、琪"等等。三国时期东吴名将"周瑜"，表字"公瑾"，一人兼占"怀瑾握瑜"双重美意。

但是以"瑜"取名的鼻祖，根据史料记载应当是东周第九位帝王"姬瑜"。而且"姬瑜"的兄长，东周第八位君主名叫"姬班"，名字也与"玉"有关，因为"班"最初的意思是把玉分开。然而，令人不解的是西周第四任君王名叫"姬瑕"，因为"瑕"这个字的负面意思太浓了，像"瑕疵、瑕隙、白璧微瑕、瑕不掩瑜"等，其中的"瑕"统统都是消极含义。

xiá
瑕

当然，直觉上我们不太相信身为帝王的人会不了解"瑕"的负面含义。因此，其中一定另有原委。

原来，"瑕"在古代确实并不限于表示"瑕疵"的意思，它还可以指"红色的玉"。例如《昭明文选》中就有"赤瑕驳荦，杂臿其间"，东汉张衡的《七辨》里面也有"收明月之照曜，玩赤瑕之璘瑠"，这些句子里面的"瑕"表示的就是红色的玉。另外，传说中的"赤瑕宫"，既可以指玉皇大帝敕封的灵虚真人的府邸，同时也是《红楼梦》中贾宝玉和林黛玉前世定缘之处。

这样看来，我们总算可以理解西周这位帝王为什么甘冒被世人误解的风险，一心选择"瑕"这个字当名字了。

四　以骏马为名

显然，温润如玉的君子风范是历朝历代男性都会追求的境界。

而从另一方面看，所谓"静如处子，动如脱兔"，温文尔雅的同时，行动迅捷、反应敏锐也是绝大多数人向往的一种处事风格。

在中国传统文化中，潜能卓著、动力澎湃、行动迅速的现实生物大概要数与人关系紧密的骏马了。无论是伯乐眼中的"千里驹"，还是唐僧胯下的"白龙马"，这种动物都被蒙上了一层灵异的光晕。而周孝王时的秦非子的确是由于牧马有功，结果被封"秦地"，客观上成就了他的后人秦始皇完成统一六国霸业，成为中国历史上开创封建时代的千古一帝。

"马"的甲骨文字形是 ，描摹的就是一匹马的形象。《说文解字》："马，怒也。武也。象马头髦尾四足之形"，意思是说，"马"是一种气势威猛并且非常勇武的动物。

马是人类最早驯养并役使的畜力之一，它最主要的功能就是承担运输任务，当然运输的对象既包括物也包括人，就像明代乐韶凤、宋濂等人奉诏编纂的《洪武正韵》所说，"马"属于一种"乘畜"。而且这种能够供人骑乘或负重载物的畜力，本身也分三六九等，例如《周礼》："一曰戎马，二曰田马，三曰驽马。"显然最好的马匹是能够在箭矢如雨的沙场上依然四蹄如风的战马；稍逊一筹的马匹也应该能够承当背负主人狩猎逐兽的任务；而最次的马匹就要数没什么太大用处的驽马了。

如果把狩猎也看作是宽泛意义上的农业，那么，马在军事和农业方面的用途，恰好就体现了我国古代两项比较重要的国家事务。春秋时期，秦国变法革新代表人物商鞅就曾提出"国待农战而安，主待农战而尊"。他把农业和战争看作是使国家安定、令君王显赫的基础和条件。

马既然如此重要，如果按照传统的取名冠字观念，人的名字里一定会出现它的身影。但是，或许是以"马"起名太过直白，或许是另有其他原因，反正"马"字本身出现在人名里的情况并不多，取而代之的是"驹"和其他与"马"有关的字。

mǎ
马

jū

驹

"驹"本来指的是小马,《说文解字》等古代文献更进一步明确为"两岁马"。根据马的生理特征,一般情况下这种动物在三四岁的时候进入成年,所以两岁马正处于生命力非常旺盛的发育期。因此,以此时的"驹"取名,其寓意十分明显,就是希望像马驹一样生命如花、前景光明。

无论古人今人,以"驹"取名的人都比较多,例如南北朝时期北魏一位孝亲声名卓著、而且著有不少诗文的陆卬(áng / yǎng),他的表字就是"云驹";另外,据《册府元龟》等文献记载,南北朝、唐朝时期还分别有名叫"马龙驹、徐龙驹"的官宦,清朝时则有曾担任京师大学堂总监督的"李家驹"等。

jùn

骏

和"驹"暗含良马寓意的情况相比,取名为"骏"则能够更加鲜明地彰显出像骏马一样纵横驰骋、潜力无限的期望。

《说文解字》对"骏"的解释是:"马之良材者",意思就是能力超群的"良马"。《尔雅》和《说文解字注》则进一步解释,"骏"也可以表示一切事物的"大",所以"骏功、骏业"指的就是伟大或宏大的事业和功绩,例如明代方孝孺《送王文同序》:"自昔国家之兴,骏功溢宇内,盛气薄日月,天地为之磅礴,山岳为之动摇。"再往后,"骏"也用来指有才能的人,例如唐代罗隐《两同书》:"故得群才毕至,骏足攸归","骏足"指的就是贤能才俊。

另外,《战国策》还记载了一则春秋战国时燕昭王客卿郭隗(wěi)向燕王讲的故事。故事大意是这样的:

古时候有一位国君想用千金求购千里马,可是三年也没有买到。宫中有个近侍自告奋勇去买马。三个月后他终于找到了千里马,可是马已死,他仍然用五百金买了那匹马的马首向国君复命。国君非常生气,他认为自己花钱是为了买活马,买了马首回来有什么用。这位近侍却说"天下人皆知君王用五百金买马首,又何愁没有人送千里马呢?"结果不到一年时间,果然有三匹千里马就到了国君手中。马尚且如此,更何况贤才呢?

听完故事后，燕王依言善待郭隗，这便是"燕骏千金"的故事。而且从那以后，乐毅、邹衍、剧辛这些贤臣名将果然纷纷投奔燕国，从而使燕王成就了一番事业。

古代以"骏"取名的有南朝宋孝武帝"刘骏"、清朝文人画家"杭世骏"等。

马在中国历史上的故事确实非常丰富，其中一些流传至今依旧生命力不减。而且围绕马的文学艺术作品也在中国文学艺术史上占有重要一席，例如以周穆王游昆仑山时驾车的八匹良马为题材的"八骏图"，历代画家屡有珍品传世，其中不乏像郎世宁、徐悲鸿这类大师的巨作。

与传统文化褒扬骏马的风尚相呼应，除上面提到的一些与马有关的汉字，另外像"骐、骥、骅、骝"等，也都是人们起名时的一些选字取向。

骏 马

"骐"在《说文解字》中的解释是："马青骊，文如博棋也。"意思是说，"骐"是一种毛色青黑交错，纹如棋盘格子的马。但是按照段玉裁的《说文解字注》，他认为应当是"马青骊文如綦也"，意思是，这种马基色为白，青黑两种毛色如条状，而且像表示丝织物颜色的"綦"一样交错成纹。

反正不论哪种情况，这样的马应当都是马中的珍品。例如《诗经》："乘其四骐，四骐翼翼"，呈现的完全是一幅整齐昂扬的战马驾车图。而"骐骥"则更是明确表示"千里马"这样的含义。

的确，"骥"这个字本身就指千里马，而且正是"伯乐"相中的千里良驹。根据许慎、段玉裁两位大师考证，"骥"这个字右边的"冀"指的是东汉之前一些朝代设置的汉阳郡冀县，东汉时汉阳郡改成了天水郡，冀县也就划归天水郡管辖了。而冀县就是千里马的产

jí

骐

jì

骥

地，其遗址在今天甘肃省天水市甘谷县一带，所以就因为产地而将千里马命名为"骥"了。例如《吕氏春秋》："所为贵骥者，为其一日千里也。旬日取之，与驽骀同"，意思是说，人们看重千里马，是因为它能日行千里，如果需要十天才能行千里路，那么"驽骀"那样的劣马也都可以做到。

由于本身的"千里马"含义，"骥、骐骥"等后来都可以指杰出的人才，例如唐代房玄龄《晋书》："世不乏骥，求则可致"、"吾远求骐骥，不知近在东邻，何识子之晚也！"其中的"骥、骐骥"都是喻指出类拔萃的人才。

取名"骐、骥"的古人有很多，如明朝洪武年间状元"李骐"、明末诗人"吴骐"、东晋孝武帝时征南将军"杜骥"以及晚清书画家"冯誉骥"等。

另外，在大量历史文献中，像"骅、骝、骊、骖、驷"等与马有关的汉字，也常常出现在人的名字里，让我们在记住这些历史人物的同时，也能够深深感受到传统文化中"马"的卓然意象。但是，我们都懂得"水至清则无鱼"的道理，因此，马匹之中既有良驹，也必然存在着劣马。比如"驽、骀"之类，人们在取名的时候想必都会避开这些字眼，这就涉及取名时的一些禁忌了。

第十一章　取名字也有避讳

在这个部分你将了解到下面这些字：

禁	避	讳	顾	泰	太	序	引	圣	贤
去	弃	疾	过	改	忌	无			

一　皇权下的取名避讳

古往今来，好字眼确实是人们起名字时的上佳选择，而不好的字眼早已被打入了冷宫。但是，取名字也不见得就能把所有好字眼一概拿来任意选择，就像前面提到的"山川、官职"等名称不可以用作名字一样，起名字这件事也一直存在着一些禁忌。比如"桧"（guì）本身只是柏树的一种，可是自宋代之后，我们很少见到人的名字里用到这个字，其中的原因大家都心知肚明，是百姓眼中的奸臣"秦桧（huì）"让这个字蒙受了不白之冤，就像杭州西湖岳坟外因铸造秦桧像而无辜受到牵连的"白铁"。可见，起名字除了追求好字眼，也必须规避不好

的字眼。

起名字追求好字眼，这是上至君主、下至百姓都要做的事情，可是在皇权至上的封建时代，"只许州官放火，不许百姓点灯"，连起名字这种纯属个人事务的行为，也必须接受皇权的约束。其铁定规矩是：皇家名字只能供皇家享用，其他人不能染指。也就是说皇室成员乃至皇家外戚的名字里出现过的汉字，一律不许其他人再使用；如果在皇家使用之前就已经使用的，也必须更改。这就是起名字时需要注意的一种禁忌——为尊者讳。

大家都熟知《诗经》由"风、雅、颂"三部分构成，其中的"风"指的是"国风"。但是，"国风"其实最初并不叫"国风"，而是称作"邦风"，后来由于汉高祖刘邦的名字里用到了"邦"，所以就把"邦风"改称"国风"了。同样的例子甚至在《说文解字》这样的工具书里面也有反映，比如许慎在解释"秀"字的时候就语焉不详，仅仅说了"上讳。汉光武帝名也"。只是因为东汉帝王刘秀的名字用了这个字，所以连"秀"本来的意思都不能，也不敢解释了。

"禁"这个字上边的"林"表示字的读音，下边的"示"表示占卜祭祀。《说文解字》："禁，吉凶之忌也"，意思是，"禁"就像占卜祭祀问吉凶征兆一样，表示应当规避的禁忌。例如《礼记》："人竟（境）而问禁，入国而问俗，入门而问讳"，意思是说，到了哪个地方、哪个邦国、哪个人家都要问清楚这些地方或家庭的禁忌和习俗等情况。

jìn
禁

由表示"禁忌"这种意思，"禁"后来也表示"宫禁、门禁"等含义，意思就是门墙之内的区域属于禁区，只有获得准许才可以进入。而这种意义上的"禁"，恰恰就因为避讳某个人的名字而发生过一个故事：

西汉孝元皇帝刘奭（shì）的岳父，也是后来篡政建立"新朝"的王莽的祖父，名叫"王禁"。正是因为他的名字里面用了"禁"，为了规避他的名讳，原本称作"禁中"的皇家禁地只得改称"省中"。

"避"里面的"辟"表示字的读音；外面的"辶"表示某种行动；合在一起的意思就是"回避"。例如《史记》："已而相如出，望见廉颇，相如引车避匿。"这句话出自《廉颇蔺相如列传》，意思是蔺相如着眼大局，为了不与心有芥蒂的老将廉颇发生冲突而影响赵国大事，只要路遇廉颇就让车夫掉转车头，避开廉颇。

"讳"这个字的意思就是"忌讳"，《说文解字》本作"誋也"，但是段玉裁《说文解字注》修正为"忌也"。因为虽然古代"忌""誋"两个字在音义方面存在着相通情况，但是究其源头，"忌"表示"憎恶"，而"誋"则表示"告诫、警告"等。"讳"却并不是要表示"告诫"之义，而是表示由憎恶、不喜欢某些事物而发展出来的"回避、躲避"等意思。

成书于三国魏明帝年间，由张揖编撰的百科工具书《广雅》对"讳"的解释正是"避也"。而且有趣的是，《广雅》这部书本身也承载着避讳的故事。隋朝年间，学者曹宪为《广雅》作音释，因为要回避隋炀帝杨广的名讳，所以改称《博雅》。后来到唐代以后，《广雅》才终于又恢复原名。

看起来，古代帝王的名字具有压倒一切的尊崇地位，无论什么事物名称都要为其让路。那么，这种规矩是怎么产生的呢？

根据历史文献，《左传》有"周人以讳事神，名，终将讳之"，意思是周朝人用避讳敬奉神灵，对于人名，在人故去之后就要避讳。这是因为人在百年之后也会成为祭祀的对象，而祭台上的任何牌位对于古人而言都是神灵，所以古人祭祀天地四方和祭拜祖先的核心基本上是一致的。对于神灵，凡人自然不能直呼其名了。

关于规避名讳这种现象产生的时间，目前存在着几种看法：一种看法是夏商时期；另一种看法是西周时期；还有一种看法认为是春秋时期。

不论源自何时，名讳最初起源于对神灵的敬畏应当是肯定的，后来因为众所周知的原因，每一个登上王位的人总要把自己装扮成上

bì
避

huì
讳

天的使者，所以帝王的名字自然就要避讳了。

名字避讳由于其核心是其他人不能直接称呼某个人的名字，所以连带结果必然是其他人也不能起相同的名字，否则就成了冒犯。

根据《尚书》记载，西周时期，周公旦曾经为病重的周武王写过向祖先周太王古公亶父祈祷的祝祷辞，其中有一句："惟尔元孙某"，其中"某"就是用来代替周武王名字的。由此看来，那个时候已经出现了避讳君主名字的情况。

从那以后，避讳君王名字之风愈演愈烈，据说这种风气在秦朝、汉朝、唐朝和清朝等朝代尤甚。秦朝的时候，由于"正"与嬴政的"政"谐音，居然把农历正月都改成了端月。而且这种避让君主名讳的大潮甚至还冲击、动摇了避讳最初的基本规矩，也就是"逝者为大"。

例如两晋时，为了避晋文帝司马昭名讳，西汉时出塞和亲的王昭君只得改作"王明君"。而汉代皇室本身也曾经做过相同的事情，比如汉文帝刘恒，为了避他的名讳，不仅传说中的月亮姐姐"姮（héng）娥"被改成了"嫦娥"，而且春秋战国时齐国一位陈姓、田氏、名叫"恒"的权臣，在历史文献中也变成了"田常"。此"田常"在历史上也算小有名气，因为他当初为了拉拢人心，曾经用大斗放粮，然后用小斗收粮，最后果然位极人臣，将齐国大权揽于囊中。

北宋时期，为了避宋钦宗赵桓名讳，春秋战国时著名的霸主齐桓公也不得不让路，在文献中曾经变成"齐威公"。

不过，万幸的是，帝王们在限制百姓取名用字的同时，或许是偶尔良心发现，也或许是为了彰显自己的文化修养，因此，就两汉帝王名字看，除了大都取单名以缩小其他人起名字时的避讳范围，另外，许多帝王还常常以罕用字为名，例如汉元帝刘奭、汉平帝刘衎（kàn）、汉章帝刘炟（dá）等，这样就方便了其他人从比较常用的字里面选择名字了。

二　家族中的取名避讳

　　避讳皇家名字，这是因为皇帝乃万人之上，其他一切人均为臣民、子民，就像家长与子女的关系一样。因此，如果把这种理念放在家庭里面，父母长辈的名字也是子孙后辈必须避讳的。

　　家族中的名字避讳又称"家讳"，也就是所谓的"为亲者讳"，原本是限于亲属内部的避讳。但是，作为社交中的礼仪，一般在与其他人交往时，按照规矩也必须尊重别人的"家讳"，也就是要避免在交流过程中提到他人尊长的名字。而且这种避讳也像避"尊者讳"一样，有时候让人觉得有些"变态"，何况"如履薄冰"的时候，也难免发生"老虎打盹"的情况，比如曾经有过这样一个故事：

　　据传东晋时有一位名叫王忱的大臣，他有一次去拜访同朝为官的一名武将桓玄。桓玄命家人备酒菜款待王忱。由于王忱刚刚服药，忌饮凉酒，所以就问"可不可以把酒温一温？"谁知这么一问，却引得桓玄大放悲声，因为桓玄的父亲乃是大司马"桓温"，王忱的问话无疑冒犯了"桓"家的家讳。结果王忱不仅酒席没吃成，还落了个失礼的名声。

　　看起来，《礼记》的"入竟而问禁，入国而问俗，入门而问讳"并不是言过其实，更不是无稽之谈。

　　南北朝时期，南朝刘宋的著名文人史学家范晔曾作《后汉书》，由于其父名叫"范泰"，所以在《后汉书》中，东汉名人、被尊为"八顾"之一的"郭泰"就变成了"郭太"。

　　"顾"以前写作"顧"，左偏旁"雇"最初意思是"标志农时的候鸟"，在整个字中既表示读音，也提示意义；右偏旁"页"表示与头部有关；合在一起表示"回头看"。如果人在行进过程中回头看，有时候就意味着"招呼、引领"走在后面的人，所以"顾"后来也发

gù

顾

展出"引领"的意思。因此，所谓"八顾"，指的就是东汉时期在德行方面具有楷模作用的八位文人雅士，而郭泰正是其中一位。

tài

泰

"泰"由"大（古读 tài）、廾（gǒng）、水"三部分构成，其中"大"表示读音；"廾"是两只手的形状，跟"水"合在一起表示水从手中很快流下、落下；整个字的意思是"滑"。"滑"暗含着"通畅"，而要达到通畅的程度，则往往又意味着空间的"宽绰"或"宽裕"等。由这种意思再进一步，"泰"就有了"大"的含义。

另外，"宽裕"也常常意味着生活上的"安定"，所以后来才有"国泰民安"等说法。例如《论语》："君子泰而不骄，小人骄而不泰"，意思是君子安静而不傲慢，小人傲慢而不安静。其中"泰"的意思也正是"安定"意义的一种体现。

tài

太

"太"这个字产生时间比较晚。当表示程度方面的"大、高、深"等意思时，古代用的是"大"，比如"大极、大庙、大学"以及官职名称"大傅、大师"等，其中的"大"现在都应该写成"太"。

另一方面，"太"在古代也与"泰"音义相通，据清代朱骏声《说文通训定声》："泰，亦作汰。疑泰、太、汰三形实同字。"可见，古代一些文字学家也认为"泰"和"太"在最初可能来源于同一种字形，音义都相通。例如《史记》："皇帝奋威，德并诸侯，初一泰平"，还有鲁迅《彷徨》："未到黄昏时分，天下已经泰平"，这两个例子中的"泰平"与清代思想家魏源《默觚》中"不乱离，不知太平之难。不疾痛，不知无病之福"中的"太平"意思完全相同。

因此，当遇到"泰"字需要避讳的时候，用"太"替换自然成了首选。这也就是"郭泰"变成"郭太"的缘由了。只是这里千万不要将"太"理解成表示配偶的"太太"之义。

用读音相同、意义相近而字形不同的字代替需要避讳的字，这是避"名讳"时经常采用的方法。但是，正像前面提到的为了规避秦始皇嬴政的名讳，"正月"不得不改成"端月"一样，有些时候，为了避讳某字而选用的其他字，在读音上也不能和需要避讳的字相同。

例如大文豪苏轼，他祖父的名讳是"序"，因此，据说他在为一些作品作"序"时，常常就将"序"改为"叙"，后来又感觉不妥，所以又将"序"改作"引"。

"序"外面的"广"（yǎn）表示与房屋有关；里面的"予"表示读音；合起来最初意思是"居所庭堂左右两边的墙"。例如《仪礼》："宾升，立于序内，东方"，意思是说，前来参加宴会的嘉宾站在庭堂周边墙内东边的位置。

依照《尔雅注疏》的阐释："此谓室前堂上、东厢西厢之墙也。所以次序分别内外亲疏，故谓之序也。"也就是说，"序"这两道墙具有划分次第、区别亲疏的作用。因为我们都知道古代庭堂是一个家庭或家族的核心，什么人能够"登堂入室"是有严格礼制的，所以"序"后来也就产生了"等次、次序"等意思。例如屈原《离骚》："日月忽其不淹兮，春与秋其代序"，意思是日出日落，月亏月盈，岁月匆匆不留痕，春秋四季依次迭代、周而复始。

由表示"次序"的意思再往后发展，"序"就产生了排列在前面的"序言"的含义，例如《文心雕龙》："序以建言，首引情本。"而"序"的这种意思，恰好同"引"后来发展出来的某种意思非常接近，所以"序言""引言"才成为意思基本相同的词语。

另外，和"序言""引言"意思大致相同的还有"绪言"。"绪"最初表示丝线的头儿，例如东汉张衡《南都赋》："坐南歌兮起郑舞，白鹤飞兮茧曳绪。"后来"绪"就发展出了"开端、头绪"等意思，例如韩愈《进学解》："寻坠绪之茫茫，独旁搜而远绍。"正是由于"绪"的这种意义源流，于是"绪言"就表示置于论著开头说明全书主旨和内容的部分，例如瞿秋白《饿乡纪程》："然而哈尔滨一游，恰可当'游俄'的绪言，我且略记当时的感想。"

"引"的甲骨文字形是 ，左边是"弓"；右边是"手"拉弓弦的样子；形似箭在弦上蓄势待发。它本来的意思就是"开弓、引弓"，例如《淮南子》："引弓而射。"

将弓弦拉开、张开，其中自然包含着"拉长、延长"等意思，例如《诗经》："子子孙孙，勿替引之"，意思就是子孙延续；再进一步就有了"牵引、引导"等含义，像"引子、引言"等显然就是指可以起引导作用的文辞了。

　　正是由于这种原因，苏轼遇有"作序"情况时，为了规避其祖父的名讳"序"，同时又不想使用读音相同的"叙"，所以刚好可以选择"引"来替代了。

　　与苏轼这种情况有异曲同工之妙的，还有《史记》作者司马迁。司马迁父亲名叫"司马谈"，因此《史记》中没有出现过一次"谈"字，以至连西汉文帝时的一名宦官"赵谈"都被改名成了"赵同"。例如司马迁《报任安书》："同子参乘，袁丝变色"，其中"同"指的正是代替"赵谈"的"赵同"，而"丝"则是汉文帝时一位大臣袁盎的表字。这句话牵涉到赵谈与袁盎之间的恩怨，意思是看到汉文帝的宠臣赵谈与文帝同车，袁盎不禁作色变脸。

　　这种规避长辈名讳的风俗及其规矩，在我国古代影响巨大，就连诗圣杜甫也未能免俗。因为杜甫在海棠颇具盛名的四川居住多年，而且一生中写了大量田园诗，但却没有一句诗涉及海棠。对于这一点，苏轼在《与微之同赋梅花得香字三首》中就曾经说："少陵而尔牵诗兴，可是无心赋海棠"，"少陵"正是杜甫的别号。

　　后来，北宋李颀在《古今诗话》中道破了其中因由："杜子美母名海棠，子美讳之，故《杜集》中绝无海棠诗。"原来，杜甫母亲名"海棠"，所以为规避母亲名讳，诗圣终其一生也不触碰海棠题材。

　　当然，规避父母祖上名讳也是中华传统文化的重要组成部分，本身无可厚非。不过，时至今日，就起名而言，反而有些父母出于延续血脉、传承祖志的考虑，有时候在为子女取名时，常常在名字中缀入"小、子、慕、仰、继"等字样，然后再加上长辈名讳，比如先祖名"衡"，则后辈可能就会取名"小衡、继衡"等，其中的寓意一览无余。而且，这种取名方式有时候也会通过加入圣贤名讳来表示对先贤的尊重和追捧。

三　避免与圣贤同名

但是，如果把现今这种起名方式放在古代，恐怕用意虽好，却不见得能够行得通。因为，"为贤者讳"同样是古代起名字时必须遵循的一条规则。

在古代，人们起名字或者在平时的言谈中，不但要避讳君王和长辈的名字，而且对古代圣贤的名字也是要避讳的。

古圣贤中，至高者非孔夫子莫属。由于孔子名"丘"，所以，老夫子五十五世孙，元代人孔克齐曾在《静斋至正直记》中说："丘字，圣人讳也。子孙读经史，凡云孔某者，则读作某者，以丘字朱笔远圈之。凡有丘字，皆读作区。至如诗以丘为韵者，皆读作休，同义则如字。"

而且，尊孔几乎是历朝历代都已经制度化的一项举措。女真人建立金朝的时候，虽然交战一方是汉族统治的大宋王朝，然而金朝在崇儒尊孔方面依然延续了业已形成的传统惯例。例如《金史》："甲戌，谕有司，进士名有犯孔子讳者避之，仍著为令。"很显然，金朝统治者明确要求主管官员注意科举制度下进士科取士的人里面是否有犯孔子名讳的情况，一经发现则必须令其规避，这是一条应当严格执行的禁令。这样一来，金朝进士科累计取士的五六千人中，自然绝对不

会再有名字叫"丘"的了。

清朝的时候，避孔子名讳的政策更是异常严厉，孔孟之名必须回避，凡古书中有此字，必须重新改为缺笔字，比如把"丘"字故意少写一竖，或改作"𨙿（qiū）"。"𨙿"其实是"丘"的一种古字形，和"丘"的音义完全相同。不仅如此，当时甚至连孔子母亲"颜征在"的名字也在避讳之列，其中"征"当时使用的是繁体字形"徵"。

不过，尚未见到清代避讳孟子名讳的相关文献或资料，其他朝代的避讳情况也不甚明了，通过从一些文献搜索、查询得知，西晋有一位少年时代就对"易学"颇有心得的"杨轲"，隋朝则有隋炀帝皇后萧氏的舅父"张轲"，唐朝还有一位曾登进士第、著述被收入《新唐书·艺文志》的"刘轲"。这些情况表明，或许不同朝代对避圣人讳的要求并不像铁板一块似的严苛，但是，规避圣贤名讳的确是中国传统文化中一种十分独特的现象。

避讳"圣贤"名字这种现象，其深层内涵主要是传统观念对"圣贤"的认识。如果说历朝历代的君主是人中龙凤，那么，圣贤除了超乎芸芸众生的崇高地位，本身也存在着被神化的趋势，比如遍及全国各地的文庙、孔庙中，孔子已经成了瞻仰、祭拜的对象。

"圣"这个字有两种来源，现在这种字形本身由"又"和"土"构成，其中"又"表示"手"，整个字最初是在古代某些地区表示"致力于土地"的意思，读音大致是kù。

另一种来源在金文里写作𦔻，上面突出显示了人的耳朵和嘴，意味着善于聆听、善于言辞，也就是所谓的"通达事理"。《说文解字》等文献都把这种来源的"圣"解释为"通"，而且许多文献又进一步解释成"于事无不通"。可见，"圣"具有人世间"极清明者"的含义，明显被认为是超凡入圣的智者。例如韩愈《师说》："圣人之所以为圣，愚人之所以为愚，其皆出于此乎？"意思是，人之所以成为"圣"或者"愚"，其根源在于是否不耻下问。

"贤"上半部分以前写作"臤"（qiān），与"贤"读音相近，表

圣 shèng

示整个字的读音；下边是"贝"，表示与钱财有关；合在一起表示"财多"。而"财"与"才"读音相同，因此，"贤"后来也表示"多才、有才能"等意思。例如《史记》："相如既归，赵王以为贤大夫"，大致是说蔺相如"完璧归赵"后，赵王把他看作非常有才能的肱股之臣。

xián
贤

"贤"由表示"有才能"的意思，后来也指有才能的人，例如《三国志》："思贤如渴。"后来，"圣"和"贤"合在一起，仍然表示品德高尚、才智超凡的人，例如南北朝颜之推《颜氏家训》："夫圣贤之书，教人诚孝、慎言……"后来，"圣贤"也表示神仙、神灵等，例如王实甫《西厢记》："数了罗汉，参了菩萨，拜了圣贤。"

由此可见，"圣贤"由"人杰"逐渐也被神化为精神世界的"神灵"。因此，从这种意义上理解，我们也就明白为什么要规避"圣贤"的名讳了。因为神灵是不可亵渎、冒犯的。

诚如《颜氏家训》所言，人间"圣贤"著书立说，为的是启迪蒙昧、教化世人，让人增长知识、谨言慎行、修身养性。在中国数千年文明史上，诸子百家等等智者其实全都具备成为这类"圣贤"的资格，而且根据历史文献记载，有些朝代也的确出现过规避孔孟之外其他圣贤名讳的情况。例如宋代是道家学说相对繁荣的时期，因此，宋朝对道家鼻祖老子的名讳"耳、伯阳、聃"等，就曾经明确提出了规避的要求。

除了上面这些可以视作具有官方背景的避讳规定，在民间，由于个人理念、信仰、喜好以及价值取向等，不少人其实也有自己心目中的圣贤，而且对于这些先贤，他们同样也要通过规避名讳来表达自己的崇敬之心。

例如唐朝诗人元稹，他在被贬途中曾经途经当年陕西武关道上的阳城驿。而"阳城"刚好也是唐德宗时一位是非分明、恪尽职守、正直敢谏的官吏的姓名，而且这位"阳大人"为人宽和大度、厚德爱人，在邻里和民间名声极佳，元稹本人也非常仰慕这位先贤。因此，当元稹路过阳城驿时便有感而发，咏出一首长诗《阳城驿》。在这首诗的最后几句，诗人用"我愿避公讳，名为避贤邮"明确表示：愿意用避名讳的方式来表达自己对先贤的景仰。据说，后来元稹还将此诗抄录给白居易，白居易读后亦表示深有同感。

当然，对于此事也存在着不同意见，例如同为唐代诗人的杜牧就认为："驿名不合轻移改，留警朝天者惕然"，他的意图显然是为了用贤人"阳城"刚正不阿的例子警示后人，所以主张不要把"阳城驿"改作"避贤邮"。宋代诗人王禹的《不见阳城驿》恰好道出了元、杜二人的本意，"一以讳事神，名呼不忍为。一以名惊众，名在教可施。为善虽不同，同归化之基"。这几句诗可谓是对"阳城驿"是否更名这件事情的理想总结，也为这件逸事画上了一个完满的句号。

四　避除消极字眼

规避名讳这种情况，如果不论主观意愿，本质上无疑属于一种"不得不"的行为。而规避消极字眼，则是人们起名字时自觉自愿的一种主动行为。

在这个方面，众所周知有一些字眼是必须远远地抛在取名字范围之外的，例如表示一切动物新陈代谢排泄物的字词、一些低俗的骂人话，即所谓的"脏词""詈词"等。但是，有些规避负面含义或消极含义的名字，方法则十分巧妙有趣，基本采用的是否定、祛除不吉利字词的策略，例如"去病、无忌、改过"等。

西汉时，戎马倥偬的名将"霍去病"威名远播，不知他的父母当年面对襁褓中的他，是否已经预知他日后征战一生的坎坷和战场上难以避免的伤痛，所以用"去病"这个名字祈盼他一生安康。

"去"的甲骨文字形为 ，上面是人形；下面是"口"或者"凵"（kǎn）；表示人离开洞口或陷坑等。它最初意思就是指离开，例如南

qù
去

北朝颜延之《和谢灵运》："去国还故里，幽门树蓬藜。"诗人描写的是离开京城，回到阔别多年的故乡之后，看到故居门前满目荆棘丛生的景象。

离开某些人或事，有时是客观情势使然，如亲友相聚之后的暂别等。而远离有些人和事，则属于一种主观支配的行为，如避开灾难、强敌等等。因此，"去"所表示的"离开"既有被动成分，也包含主动因素。

此外，由于具有"离去"的意思，后来"去"也发展出用某种方式"驱离"其他事物的含义，也就是采取行动使其他事物离开，例如《后汉书》："去斥贪污，离远佞邪。"以"去病"为名，既可以理解成像躲避瘟疫那样远离疾病，也可以理解成用主动行为驱除疾患，就像服药"去火"一样。

与"去病"这种表达形式及其深层含义大体相同的，还有一个例子是"弃疾"。

"金戈铁马，气吞万里如虎"，这气势雄浑、豪迈的诗句，便出自南宋词人"辛弃疾"的笔下。以"弃疾"为名，显然表达了词人父母希望子女平安的心思，这一点从辛弃疾的字"幼安"中也可以得到佐证。至于词人年幼时是否体弱，这就给后人留下了猜想的空间。

金戈铁马，气吞万里如虎

"弃"的甲骨文字形是，上边是带着血水的新生婴儿形状，下边像一双手拿着簸箕的样子。这个字最初意思就是手拿簸箕把头朝上"逆生"的婴儿抛弃掉，因为"逆生"意味着不吉利。比如春秋时就曾经发生过著名的"庄公寤生"之事，结果导致郑庄公与其母亲武姜交恶多年。

和"去"有所不同的是，"弃"完全是一种主动行为，主观愿望

qì
弃

与客观行动高度统一。例如明代王守仁《传习录》："然寡欲则心自清，清心，非舍弃人事而独居求静之谓也。"大致意思是说，欲望少就能够达到内心清净的状态，内心清净并不是抛却世事纷繁、独处隐居。

疾 jí

"疾"由"疒"和"矢"构成，"疒"表示与疾病有关；"矢"表示像箭一般的速度；合在一起表示来去既无征兆又无影踪的疾患。如果细分起来，"疾"在古代指的是症状尚不严重的小毛病，或者指某些病症的初期，而"病"指的则是比较严重的或者已经到了中晚期的病症。当然，二者在本质上都是指疾病，它们之间意思上的细微差别常常也可以忽略不计。例如《韩非子》："君有疾在腠理，不治将恐深"，意思是说，君王您现在的病症尚在皮肤和皮下组织，如果不及时治疗，病毒可能会深入肌体，引致更严重的问题。

"弃疾"的寓意十分明了，就是要抛弃疾患，令身体健康。而且，健康的体魄也常常意味着精神的健康。那么，古人对于心理方面的隐疾又是如何通过名字来表达避忌的呢？

心理建设的方法与途径可能多种多样，其中有一条是如果出现了问题，特别是意识到问题之后，一定要及时纠正、改正，而我们从古代一些人的名字中恰好也看到了这样的情况。例如宋朝有一位词人，著有《龙洲集》，他姓"刘"名"过"，表字"改之"。显然，"过"本身的"过错"含义让人难以接受，因此，冠字"改之"就是表示要更正、纠正它。

过 guò

"过"以前写作"過"，里面的"咼"（guō）表示读音；外面的"辶"（chuò）表示与某种行为有关；合在一起表示经过、走过。这种意思与表示转送、传递的"邮"比较接近，而邮递方面的任何延误都属于一种"过失"。因此，这样发展演变的结果就是"过"有了"过错、过失"等意思，例如《战国策》："群臣吏民能面刺寡人之过者，受上赏。"

既然"过"的含义如此负面，取名如此的人就必然会想方设法消减这种影响，那么，方法之一就是利用"名"与"字"之间的关联表示抵消之意。

"改"由"己"和"攵"（pū）构成。"己"指的就是自己；"攵"的最初字形是手持戒尺一类东西的形状，含有督促之意；左右两部分合到一起，意思就是通过督促更改、更正。唐代文学家、书法家李阳冰曾经用"己有过，攵之则改"来解释这个字。这种解释恰好就是词人"刘过"的大"名"和表"字"的生动写照。

一旦发现问题，再行修改或更正，这或多或少会让人产生亡羊补牢的感觉。假设能找到一种方法，本身就可以规避各种问题，那岂不令人心动。

或许因为金庸先生的《笑傲江湖》影响面太广，所以作品主人公"张无忌"的知晓度一直居高不下。其实，历史上取名为"无忌"的真实人物也大有人在，例如春秋战国时魏国的政治家、军事家，"四君子"之一信陵君"魏无忌"；唐朝初年官至宰相的"长孙无忌"等。这些人的名字大致都有"百无禁忌"的含义，而"无忌"本身也确实表示"无所忌惮"，或者表示"没有忌讳"和"不猜忌"，这样的名字显然具有未雨绸缪的意蕴。

"忌"最初的意思是憎恶，而让人憎恶的东西，人们总是希望能够隔离它们，给它们设置禁区，所以"忌"后来就有了"禁忌、忌讳"等意思。例如《韩非子》："忌怒，则能害己"，意思是如果引起权臣的忌讳和恼怒，将有损于自身。

"无"字则有两种来源：一个是"無"，另一个是这种字形本身。

关于"無"最初的意思，目前学术界还没有形成统一意见，有人认为它表示人在持械舞蹈，有人认为它表示草木繁盛。其中原因大概与它本身字形多样不无关系。

比较有意思的反而是"无"这种字形。这个字最初有"空虚、没有"的意思，但是这种意思跟字形之间有什么关联，历史上许多人都莫衷一是。西晋时，一位少年发愤，曾经卖身赔偿主人家羔羊，后来果然成就一番事业的王育解释说"天屈西北为无",意思是"天倾西北,地不满东南",意指由于苍天向西北方向倾覆,所以东南方向的土地就出现了"虚无"的情况。

这种解释的妙处在于:

一是有理据。因为"无"可以拆分成"一"和"兀"(wāng),而"一"在汉字里常常代表"天",例如"雨、云"等;"兀"则又写作"介、尣",意思是脊椎等弯曲不直。因此,"一"和"兀"合在一起就意味着苍天倾覆不正。

二是有趣味。我国古代有一则"共工怒触不周山"的神话,说的是远古蛮荒时期水神"共工"和大禹的治水理念有矛盾,而且和火神"祝融"也是水火不相容,后来当他成为祝融的手下败将后,恼羞成怒,于是用神力将支撑西北天空的昆仑山,也就是不周山撞倒,令原本四平八稳的天空向西北倾覆,由此造成了西北地势高、东南地势低的局面。从此,由于东南需要大量土壤填充,就形成了江河由西北携泥沙俱下的现象。这种传说恰巧支撑了王育对"无"字的诠释。

"无忌"显然是祛除一切负面因素的极致状态,而且这种方式不会因为时代的发展变化而变化。但是,有些规避名讳的方式却表现出一定的时代性,例如西周时不以"山川"名称等取名的规则,到后来恐怕就有了新的变化,因为大千世界的秀美山川或许正是纵情山水间的文人雅士等起名字时的重要着眼点。

第十二章　名字中的大千世界

在这个部分你将了解到下面这些字：

秀	荣	才	楷	岱	海	每	浩	雄	虎
彪	豹	能	云	阳	申				

一　寄情花草树木的名字

大千世界物种纷繁，无论是花鸟鱼虫，还是草木山石，这些自然界的风物既是与人类共处的近邻，也是古往今来文人墨客吟诵写意的对象和创作灵感的源泉。"梅兰竹菊"四君子自古就是文学艺术作品当然的主角，宋代文学家林逋"梅妻鹤子"的称号与逸事更是中华传统文化史上的一段佳话。

就自然风物而言，由于古人对其敬仰有加，所以西周时还出现过"不以山川"起名字的禁忌。但是，一方面是时代发展必然给社会运行机制带来变化；另一方面人类对自然界万千事物的认识以及命

梅兰竹菊

名本身也会不断深化。因此，自然风物名称进入人的取名范围，这是一种必然的、水到渠成的现象。

汉武帝刘彻《秋风辞》："兰有秀兮菊有芳，携佳人兮不能忘"，宋代欧阳修《醉翁亭记》："野芳发而幽香，佳木秀而繁阴"，体现的都是人类对自然界花草树木的赞叹。这些唯美的诗文和意象，充分展示了"诗言志"的美妙。而以"名"言志，以"字"言志，也是大多数人自然而然的追求。

"秀"是中国人起名用字中出现频率比较高的一个字，而且男性女性都在使用，例如汉光武帝"刘秀"、太平天国领袖"洪秀全"、南北朝时期刘宋王朝亲王刘诞属下辅国将军"孟玉秀"和彭城王刘义康女儿"刘玉秀"等。

"秀"这个字本来意思是"谷物抽穗"。例如《尔雅》："不荣而实者谓之秀，荣而不实者谓之英"，意思是不经过绽蕾开花而直接吐穗结果即为"秀"；而仅仅开花但不结果的就称作"英"。但是东汉末年一位清廉正直的宦官李巡认为，《尔雅》的解释应当理解为"分别异名以晓人，故以英、秀对文，其实黍、稷皆先荣后实"。他的主张实际上在《诗经》中也能找到佐证，例如《小雅·出车》："昔我往矣，黍稷方华"，意思是说，我离开的时候，黍、稷刚刚扬花。现代植物学研究也证实，一些谷物确实有圆锥花序，可见古人对自然物观察之细致。

"秀"由于具有"吐穗扬花"等含义，而花朵与籽实都是植物的精华所在，也是植物生命体的集中呈现。因此，它后来就被用来形容人的秀美、出众，例如韩愈《送李愿归盘谷序》："曲眉丰颊，清声而便体，秀外而惠中。"

再如《礼记》："故人者，其天地之德，阴阳之交，鬼神之会，五行之秀气也"，意思是说，人是感于天地德行，由阴阳二气交汇、形体与神灵交合的结果，也是吸收五行精华的产物。这就充分表明"秀"用来形容人，本身也得到了传统观念与意识的支撑。

xiù
秀

和"秀"同样具有植物精华含义的还有许多字词，比如"荣、英、华、花、萼、蕊"等。根据《尔雅》："木谓之华，草谓之荣""不荣而实者谓之秀，荣而不实者谓之英"，可见"荣"最初表示"花"或者"开花"等意思。但是也有观点认为它指的是能够开花的梧桐树；还有一种意见说它是两头翘起的屋檐。

反正不论哪种意见，它们的共同之处在于认定"荣"字与草木相关，因为屋檐也要以树木为材料。

有趣的是，现在我们使用的"荣"字，最初它的上边并不是草字头，它在金文里的字形是 。有人说它像两朵花；也有人说像是两只火把。当然，从这个字的意思推断，认为是花朵的意见大概更合理一些。

认为像火把交相辉映这种意见，或许是因为"荣"后来有光耀门庭等含义。而实际上，"荣"能够表示"光荣"等意思，原因之一是它既然表示开花，那么，也就暗含着"繁盛、茂盛"等意思，如果能够使事物繁茂，这本身已经很接近"光荣"和"荣誉"所要表达的意思了。

另外，也有一种意见认为，"荣"表示"光荣、荣耀"等意义应当来自它表示"屋檐"的意思，因为屋檐两头翘起，所以就隐含了"扬起、举起"的意思，而"光荣、荣誉"等显然都意味着把事物举高，使其能够彰显出来。

总之，不论从哪种角度看，除了"虚荣"这种镜花水月，其他诸"荣"，或者是大自然的灿烂景观；或者是足以成为效法楷模的人世翘楚，都不能不让人心生叹服和敬仰之情。例如晋代陆机《园葵》："朝荣东北倾，夕颖西南晞"，描写的是向日葵在一日之中随着太阳转动；还有唐代柳宗元《代广南节度使谢出镇表》："臣幸以刍贱，累忝殊荣"，表达的则是一番自谦的意思。

历史上以"荣"取名的有明朝初年将领"朱荣"，清乾隆年间大臣"韩荣"等。现代人名字里包含"荣"的就更是不可胜数了。

就植物而言，无论是繁荣茂盛，还是群芳竞秀，它们最初都是由一粒种子萌芽而来。而汉字里面，的确存在着一个人名常用字"才"，它最初就是指草木萌芽。

"才"的甲骨文字形是 ✛，"一"表示地面，它的下面像植入泥土的根须，上面像草木的嫩芽刚刚钻出地表。《说文解字》："才，草木之初也。"《说文解字注》进一步解释说："草木之初而枝叶毕寓焉，生人之初而万善毕具焉，故人之能曰才，言人之所蕴也。"段玉裁这段话的大致意思是：草木萌芽已经蕴藏着必定会衍枝蔓叶，而人在出生之时也已经具备了万般天赋，因此，人所拥有的能力称为"才"，这是人类先天蕴含的禀赋。

这段话的意蕴太漂亮了，说出了参天大树、杰出人物本质上都来源于生命的起始阶段。因此，才会有难以计数的人起名字时对"才"情有独钟，例如南北朝至隋朝初年，《垂象志》等论著的作者"庾季才"；唐贞观年间著有《叙宅经》等的"吕才"等。

任何时代的杰出人物，几乎都是民众效法的楷模。"模"比较好理解，就是从"模子、模具"发展出来的"范式、标准"等意思。那么，"楷"最初又是什么意思呢？

按照植物学的解释，"楷"是一种树，也称黄连木，树干疏而不屈，刚直挺拔。现代工具书一般把这种意思的"楷"标注为 jiē。但是依照古代文献，"楷"的两种读音并不区别意义。

《说文解字》对它的解释是："木也。孔子冢盖树之者。"这个解释告诉我们，"楷"是植在孔夫子陵墓的一种树。

根据三国魏文帝时刘劭等人奉敕所撰的《皇览》记载："冢茔中树以百数。皆异种。传言弟子各持其方树来种之。"这段话说的是，孔子陵墓的树木有上百种，都是其弟子从自己家乡带来的树苗，楷树正是其中的一种。

另外，据明朝万历年间进士、官至广西右布政使的谢肇淛所著《五杂俎》等文献记载，孔子陵墓前的楷树也有一些很有趣的传说。

相传，孔子去世后，其弟子子贡手拄两根哀杖悼念先师，悲恸之中哀杖深深插入泥土。后来，插入土中的哀杖竟然生根发芽，终成大树。这种树既像柳树又像槐树，世上罕见。子贡联想到先贤周公旦陵前的"模"树，于是就给这种树取名"楷树"。因此，后世人们就把"楷"和"模"合称为"楷模"，用来表示那些为人师表、可供后人效法的榜样人物。

　　古代以"楷"为名的有东汉时军阀公孙瓒部下"田楷"，还有西晋时官员、名士"裴楷"和明代画家"袁楷"等。

　　从以上陈述可以得知，选用与植物有关的字词起名字，既可能是借用植物本身的特性喻义，如"秀、英、华、松、桢"等；同时也可能蕴含着更深层次的文化内涵，如"楷"以及喻指兄弟的"棠、棣"等。那么，涉及其他自然物的字词在历史上又有哪些有趣的事情呢？

二　志在高山大川的名字

　　一花一木，的确常常令人产生小桥流水式的田园情怀，而崇山峻岭、百川归海则往往使人胸臆激荡，平添几许壮志豪情。

　　孔夫子曰："知（智）者乐水，仁者乐山。"很显然，在中国传统文化中，"山、水"是极具代表性的标志性符号。类似"横看成岭侧成峰，远近高低各不同""大江东去，浪淘尽，千古风流人物"这样脍炙人口的佳作不胜枚举；与此同时，中国画技法中，泼墨山水也占据着相当显赫的地位。因此，如果不考虑禁忌方面的限制，与山川有关的字词进入人名是最自然不过的事情。

　　中国地形、地貌多样，山地资源丰富，大大小小的山岭、山脉矗立在神州大地的四面八方。在群山竞秀之中，"五岳"由于其独特的地理位置与地貌特征，从古至今一直是华夏山岳的突出代表。

泰山素有"五岳之首"的称号，根据神话传说，它是由开天辟地的盘古仙逝之后的头颅幻化而成。因此，中华民族自古崇拜泰山，有"泰山安，四海皆安"等说法。

前面曾经谈到，"泰"本来表示"滑"的意思，后来又发展出"宽裕、安定、大"等含义。因此，"泰山"的得名想必与"安定、大"这样的意思不无关系。

另外，许多帝王所举行的"封禅"（shàn）仪式也常常把地点定在泰山，历朝历代文人雅士来此游历留下的诗文佳作更是俯拾皆是。

古人名字中包含"泰"的除了前面提到的"郭泰"，还有南北朝时期刘宋朝廷的大臣、著有《古今善言》等作品的"范泰"等。

泰山也称"岱山、岱岳"等。"岱"字上面的"代"表示读音；下面的"山"表示与山有关。《说文解字》："岱，太山也。"古代"太"和"泰"音义相通，所以，"岱"就是泰山的另外一种称呼。而按照东汉班固整理的《白虎通》，"岱"之所以表示东岳，是表明万物迭代更替于东方。因此，"代"在"岱"里面也具有表示意义的作用。

根据东汉泰山太守应劭《风俗通义》："泰山，山之尊者。一曰岱宗。岱者，始也。宗者，长也。万物之始，阴阳交代，云触石而出，肤寸而合，不崇朝而遍雨天下，其惟泰山乎。故为五岳之长。"可见，泰山在人们心目中具有神一样的作用，能够呼风唤雨、蕴衍万物，是万物更迭、交替的开始。

古代以"岱"取名的人物有东汉末年兖州刺史、汉室宗亲"刘岱"以及与他重名的曹操属下的一位部将，还有三国时期东吴重臣、大将军"吕岱"等。

如果说这些以"岱"为名的人确实着意泰山蕴衍万物的美意，那么，天地间滋育万物的流水、雨水等等，其实更是一切生命的根基。而与水有关的字词，的确也是人名中频频出现的主角。

江河湖海，占据地球表面积的大部。涓滴成流，百川归海，这

dài

岱

也是一切生命的赞歌。

"海"这个字由"氵"和"每"构成。按照一般的解释，"每"表示读音，和"氵"合在一起表示接纳百川的大海。而根据东汉刘熙的《释名》，"海"包含着"晦"的意思，因为江河携泥沙入海，使海水变黑、变暗。其实，海水的深湛，实际上应当是水深所致，因为水愈深，吸收的光线愈多，反射的也就越少，因此直接导致亮度变暗、颜色变深。

另外，根据段玉裁"凡地大物博者，皆得谓之海"一句，再加上"海"原本就具有的接纳百川含义，实际上这个字的"包蕴"意味十分明显。而"每"在甲骨文中的字形与"母"极其相似，因此，依照母体包蕴生命的本质，可以猜想"每"在"海"字里面，可能不仅仅是表示读音那么简单。

再仔细咀嚼许慎、段玉裁等人对"每"的解释，虽然他们根据"每"的小篆字形一致认为"每"原本是"草茂盛"之义，后来则可以表示一切事物的丰盛。而"盛"这个字的"茂盛"等意义，恰恰源自它的读音 chéng 以及表示"容纳东西"的意思。因此，"每"实际上也应当具有"容纳"的意思，例如包括《诗经》等古代文献中出现的"每怀"，段玉裁等人就认为是"包藏私心"的意思，其中"怀"指的就是由"思念"意义发展而来的"私心"等。

这样看起来，"海"的"包容"含义显然应当同"每"最根本的意义有密切关系。而且正是由于这种意思，"海"后来才会产生"容量大"等一系列更加广泛的意义，例如"海涵、海量、海碗、夸海口"等等。

太平天国时，忠王李秀成麾下就有一员大将，为规避"洪秀全"名讳，改姓为"童"的"洪容海"；清代则有书法和金石学造诣俱佳的"冯晏海"。

有出海航行经验的人想必都对海天一色、横无际涯的景致记忆犹新，宋代大文豪范仲淹《岳阳楼记》中的"衔远山，吞长江，浩浩汤汤（shāng），横无际涯"更是脍炙人口。水天一色，浪涛激荡，的确令人心旷神怡、豪气顿生。

hào 浩

"浩"这个字最初意思就是水势盛大，后来也指一切事物的盛大、广远和丰盈等，例如元代辛文房《唐才子传》："山木幽閟（bì），云烟浩渺"；清代钱大昕《十驾斋养新录》："天下古今事物，散载诸书，篇帙浩穰，不易检阅。"

拥有如湖海一般广远、博大的襟怀，想必这一定是许多人的共同追求吧。见诸史料记载，取名"浩"的历史人物有东汉末年曹魏政权将领、屯田制发起人"韩浩"，东晋时期将领"殷浩"等。

胸襟的广博往往意味着能力的卓绝，那么，取名时又如何彰显对超强能力的追求呢？

三　向往孔武健壮的名字

在古人眼里，"英雄"都是能力超强的神人，治水的大禹、射日的后羿和移山的愚公等，在世人眼中他们就是神一般的存在。

xióng 雄

"雄"这个字左边是"厷"，也就是表示人体上肢大臂的"肱"最初的字形；右边是"隹"，表示短尾类飞禽；合在一起的意思是雄性禽鸟。后来也指一切动物中的雄性。例如李白《蜀道难》："但见悲鸟号古木，雄飞雌从绕林间"；以及《木兰诗》："双兔傍地走，安能辨我是雄雌。"

只要提到动物中的雄性，我们眼前常常就会闪现出威风凛凛的狮子王，它体形强健，雄踞山头，俯视着脚下神圣不可侵犯的领地。

狮子

对于绝大多数男性而言，这种护妇幼及领地于羽翼之下，凛然不可侵犯的情怀是毕生的追求。因此，历史上有许多男性均以"雄"为名，例如西汉编著《方言》的"扬雄"，清朝嘉庆年间武将"王文雄"等。

雄狮是草原、森林霸主，"虎"可是山中大王，它的甲骨文字形是 ，描摹的就是一只活灵活现的老虎形象。

hǔ
虎

"虎"是一种极具阳刚之气的动物，被认为能够驱除一切邪恶，古代战争中，虎头就被绘制在将士盾牌上阻吓敌人；婴儿的虎头帽、虎头鞋等则被用来祛除一切邪魅的东西。

虎还是权力、威望的象征。一些啸聚山林的"山大王"往往用虎皮铺垫自己的宝座，比如《林海雪原》中的"座山雕"。"虎符"则是一种虎形的符信，由玉、木头等制成，是古代帝王授予臣下兵权和调动军队的信物。战国时期著名的"如姬窃符救赵"，记述的就是与"虎符"有关的故事。

在我国民间，和老虎有关的习语、谚语等也十分丰富，如"虎踞龙盘、狐假虎威、老虎的屁股摸不得、伴君如伴虎"等。

"彪"这个字也与"虎"有关。从字形上来看，它的右边多了三撇。实际上"彡"（shān）这个字就是花纹的意思，在"彪"字里表示老虎身上的花纹。所以，"彪"原本就是指老虎身上的斑纹。

biāo
彪

由于与老虎有关，所以后来人们就经常用"彪"形容身材魁梧的人或用来表示强悍，例如"彪悍、彪形大汉"等等。

古代取名为"虎、彪"的有春秋时遭到孔子蔑视的鲁国大臣"阳虎"，也就是《论语》中提到的"阳货"；还有清代书画家"史嗣彪"。后者充分体现出文人也有勇士一样的情怀。

豹子虽然不像老虎那样声名卓著，但是这种体态矫健、奔跑迅速的猛兽，如果和老虎"关公战秦琼"的话，鹿死谁手尚未可知。

"豹"的甲骨文字形是 。和"虎"的甲骨文字形相比，可以看出它的身上是斑点而不是花纹。《说文解字》："豹，似虎，圈

（yuán）文"。

豹子最令人称奇且自以为傲的能力，应当首推它的奔跑速度。据研究，猎豹的奔跑时速可达110公里。这种速度在陆地动物中足以傲视群雄。因此，"豹"就被赋予了"迅捷、迅猛"等含义。例如《周易》："君子豹变，小人革面"，意思是君子的改变像豹子一般迅速彻底，而小人的改变只是表面上的一些细微变化。

古代以"豹"取名的著名人物有战国时期破除"河伯娶妻"旧俗的魏国政治家"西门豹"，还有著有《唐书经籍志》的"袁豹"等。

bào
豹

事实上，虎的彪悍、豹的矫捷，乃至雄性动物的刚猛，其中都潜藏着强大的能力，而"能"这个字也与动物相关。

"能"的金文字形是，突出显示的是大大的嘴巴和脚掌。《说文解字》："熊属。足似鹿。"显然，它指的是体型比较庞大的一种陆地动物"熊"。《说文解字》进一步解释说："能兽坚中，故称贤能。而强壮，称能杰也"，意思就是这种动物身体内部强健，潜藏巨大能量。这里的"贤"在古文字形中也作"臤"（qiān），就是"坚"的意思。

néng
能

由于能量巨大、体魄强健，所以"能"后来就发展出表示一切能力的含义，而它原本表示动物的意思则用另外一个新的字形"熊"来表示。而且它这种衍生出来的"潜能"含义，又在其他汉字里面得到了更加充分的体现。

例如"态"这个字以前写作"態"，它的意思是：内心蕴藏什么样的能量，表面就会反映出什么样的状态和情态。其实想一想，人的态度又何尝不是如此呢？具有一定能力支撑的态度才能称得上真正意义上的态度，否则的话，就只能是空中楼阁、镜花水月了。

能量与强健自然是人人都希望拥有的特质。历史上以"能"取名的有唐朝时少年励志苦学、后来官至岭南节度使的"崔能"，还有明朝初年骁勇善战、后来受封成国公的"朱能"，以及明代官至礼部左侍郎并且擅长书画鉴赏的"韩世能"等。

海阔凭鱼跃，天高任鸟飞。能力卓绝的人，宇宙天地都是他们展露才华的舞台，所以想象中上天入地、呼风唤雨、无所不能的灵异动物"龙"也是人们起名字时非常趋同的一种选择。而驰骋宇宙天地，大概也是许多胸怀远大抱负、身怀济世才能人士理想中的状态。

四　骋怀宇宙苍穹的名字

浩渺的宇宙，曾经是古人想象中的神话世界。玉帝、王母、吴刚、嫦娥以及天兵天将，这是一个精彩纷呈、令人神往的世界。而随着科学技术的进步，这些梦想中的幻境，如今正在一步一步成为现实。"神州"几番遨游太空，我们中华民族也终于能够让自己的子孙漫步星空，去和那些曾经遥不可及的星体近距离亲密接触。而且越来越多的华夏儿女现在也已经成为飞行一族，为工作、为生活频繁在云层之上往来穿梭。

"云"的甲骨文字形是　　，两横代表天空，也是"上"的古文字形；下面像云气盘旋升腾的样子。后来这个字又加了"雨字头"，变成了"雲"，表示"云"和"雨"是有关联的，但是字本身的意义并没有变化。《说文解字》："云，山川气也"，表明"云"是由山川的水汽上升后凝结而成。

由于"云"飘浮于天空，而且形态、颜色变化万端，因此，被蒙上了一层神秘的色彩，以致古人认为它可以预示收成和吉凶祸福。例如《周礼》："以五云之物，辨吉凶、水旱，降丰荒之祲（jìn）象"，意思是说，通过观察不同形态的云，辨别吉凶、旱涝以及预示年景的好坏等。其中"祲"指的是太阳旁边的云气。

另外，"云"由于远离地面，所以也常常成为"高"的代名词。于是，高高挺拔的树木和竹子就被称作"云木、云竹"；古代攻城和

yún

云

现代救援的高大梯子亦称作"云梯"；等等。

"云"所蕴含的"高远、祥瑞"等意思，也使它成为人起名字时的一种选择。例如三国时东吴丞相陆逊的孙子——西晋文学家"陆云"，《清史稿》列传中提到的驻防福建的武将"马步云、邓青云"等。

"云"能够进入人的名字，一定是由于蓝天白云等令人愉悦的意境，绝不是阴云密布、日月无光那种令人压抑的氛围。这是因为，飘浮的云气只能是天空的陪衬，对于人来说，太阳和月亮才是天空永恒的、绝对的主角。

yáng
阳

"阳"这个字以前写作"陽"，左边的"阝"是表示土山的"阜"；右边的"昜"（yáng）正是"陽"更古老的字形。"阜"本身具有"高大"的含义，而字形中的"日"指的则是太阳，所以"阳"最初的意思就是"高而明亮"。而且由于"阜"原本表示"土山"，所以也暗指"阳"具有"山南为阳"这样的意思。

由于最初借助日光表示"高而明亮"的意思，所以"阳"后来也就有了表示"太阳"的意思，例如辛弃疾《永遇乐·京口北固亭怀古》："斜阳草树，人道寄奴曾住。""寄奴"是南朝宋武帝刘裕的乳名。

实际上，"阳"最早的字形"昜"本身就有"阳光、太阳"等意思。这个字的甲骨文字形是 ，上边明显是"日"，下边的部分是"丁"。"日"比较好理解，就是太阳。而"丁"一方面是"下"在古代的另一种字形；另一方面，如果参照"示"在甲骨文中的一种字形 ，它与 的下边几乎完全一样。因此，根据这些情况，或许可以推测"昜"最初就是表示阳光向下洒向地面，或者是太阳向人间"垂象"，也就是"昭示"的意思。

这样看起来，第一，"阳"最古老的字形"昜"本身已经具有了"阳光、明亮、太阳"等含义，后来在左边加上"阝"，一是为了更强调"高"，二是为了体现"山南为阳"；第二，后来许慎等对"阳"的小篆字形所进行的分析，称"昜"由"日、一、勿"构成，并据此探究字的形义关系，那是由于历史条件所限，不必太多苛求。

太阳对地球、对人类的作用，恐怕怎么强调都不为过，虽然历史上也曾经流传过多个太阳煎熬人间的神话，但是"羲和、东君、金乌"等数十个太阳别称的存在，已经充分表明古人对于太阳的推崇和膜拜。因此，取"阳"为名大概也是许多人的意愿。

向日葵

历史上以"阳"入名的最著名人物大概非黄帝与嫘（léi）祖的儿子少昊莫属了，他的别号就是"青阳"。此外，东周时郑国还有一位上卿，名叫郑子阳，此公曾接受他人建议，命属下送粮接济挨饿的列子，当然最终被品行超凡的列子谢绝了。

取名为"阳"的人，很可能天性阳光，他们会把自己的快乐、温暖像阳光一样洒向周围的人群。而像阳光一样具有伸开、延展特性的天象，还有我们大家都十分熟悉的闪电。在古文字中，"申"就是一个表示闪电的字。

"申"的甲骨文字形为 ，描摹的就是闪电的样子。由于闪电本身具有延展和显现等特征，所以，"申"后来也就具有了"展开、舒展"和"表明、表达"等意思。例如汉代班超《北征赋》："行止屈申，与时息兮"，意思就是审时度势并顺应时势，可行即行，可止即止，该收缩就收缩，该伸展就伸展。再如杜甫《兵车行》："长者虽有问，役夫敢申恨？"大致意思是说，尽管官长有疑问，但是服徭役的人心有忌惮，怎么敢申诉怨恨呢。

舒展身心也好，伸张正义也罢，这些寓意显然都具有十分积极的含义，所以一些古人也选用了这个原本表示闪电的字来起名。例如唐朝有一名纨绔子弟名叫"窦申"，品行虽然不怎么样，但却并不妨

shēn
申

碍他在起名字方面有所追求。另外，唐朝还有一位与柳宗元、韩愈等人交往甚密的文学家"独孤申叔"。

亲友交往乃是人之常情，而在人际交往过程中，作为个人标志的"名字"就是供其他人用来称呼的。但是，在现实生活中，很多时候，我们称呼其他人，尤其是关系比较亲近的人，常常是不叫名字的。取而代之的是用彼此间的关系互相称呼，比如"叔叔、阿姨、大姐、老弟"等等。那么，这些涉及彼此关系，特别是亲缘关系的称呼，它们本身又有那些讲究呢？

第三部分

表示亲疏长幼关系的汉字

第十三章　纷繁的亲属称谓

在这个部分你将了解到下面这些字：

族	亲	戚	属	眷	直	旁	系	血	嫡
庶	姻	家	舍	内	外	堂	表		

一　什么是"九族"

姓氏，是家族的重要标签，所以，我们才常常听到初次见面的人在互相请教对方贵姓之后会说一句话"咱们五百年前是一家"。而且，这五百年前的一家人，有时候在得知对方大名之后，还会更加热烈地讨论起他们之间的辈分问题。看起来，人的名字真是暗藏玄机呀。

中国人自古重视亲缘关系，这是不争的事实。无论是正史野史的文献记载，还是广为流传的习语格言，涉及这种传统的内容俯拾皆是，例如："打仗亲兄弟，上阵父子兵""光宗耀祖""一人得道，鸡犬升天""株连九族"，等等。

"九族"一说，充分显示出中国人亲缘关系的广度，而且它也是个让人既爱又恨的观念。朝中有人好办事的时候，叔姨姑舅可能都跟着沾光；而碰上树倒猢狲散的境况，各色亲戚则惟恐避之不及。

先说"九"，这是个且实且虚的数字。说它实，是因为它在个位数字中是最大的一个；说它虚，是因为它常常表示不确定的较大数量，甚至只是极言程度之深，例如"九牛二虎之力、九死一生"等。

再说"族"。这个字的甲骨文字形是 ，表示旗帜下面箭矢集聚，最初的意思就是"箭头"，也就是"镞"。后来由聚集含义逐渐发展出聚集成一群或一类的人或事物，例如"家族、民族、月光族、碳族元素"等。再如清代吴广成《西夏书事》："修复寝庙，抚绥宗党，举族而安。"意思就是，修复宗庙，安抚宗亲，于是族人安定。

关于"九族"的具体所指，历史上存在着若干种说法。其中一种说法是由自身上溯四辈至高祖，再下延四代至玄孙，合起来一共是九代；另一种说法是父族四、母族三、妻族二，合起来也正好是九族，具体指的是：自己一族，出嫁的姑母及其儿子，出嫁的姐妹及外甥，出嫁的女儿及外孙，外祖父一家，外祖母的娘家，姨母及其儿子，岳父的一家和岳母的娘家。

可见，按照第一种说法，基本上是男权至上，宗族关系完全取决于男性的长幼序列和脉络；而按照第二种说法，亲族关系的范围则更大，当然它所带来的影响也是"一荣俱荣，一损俱损"，就像《红楼梦》里贾、王、史、薛四大家族："这四家皆连络有亲，一损皆损，一荣皆荣，扶持遮饰，俱有照应的。"

当然，无论是哪一种意义上的"九族"，其核心都是由于某种血脉关联，从而使许多人形成了一个具有亲戚关系的群体。

zú
族

二 "亲戚"是怎么来的

"亲"这个字以前写作"親",最初意思是抵达、接近,后来也表示"非常接近"的一种状态。这个字右边的"见"表示显现,而且在这个意义上也读作xiàn,例如大家都非常熟悉的《敕勒歌》:"风吹草低见牛羊。"它在整个字里面的作用是隐含着任何事物只有非常接近了才会出现"显现"的情形,如果距离远了,自然就不可能显露,所以"親"这个字才有了"非常接近"的意思。

人与人之间,如果彼此十分接近,那显然就是亲近、亲密了,因此,作为我们每个人一生的至爱、至亲——父母,只有他们才当得起"亲"这样的称呼。而且,如若他们彼此相伴,我们就会幸福地拥有"双亲";若是他们由于种种原因劳燕分飞或者天人永隔,我们至少还能幸运地拥有"单亲"。当然,最令为人子女者唏嘘不已的,毫无疑问就是"子欲养而亲不待"。因此,就算现代社会已经让我们鲜有条件做到冬温夏清(qìng,意思是凉或者使人感到凉)、晨昏定省,我们也应该尽一切可能趁着父母双亲健在的时候,努力做到时时探望、经常问安。

按照古人的说法,"亲"之所以能够表示父母"双亲",另外一种原因是:父母对子女的情意无疑是达到极致的,也就是一种达到最高境界、近乎尽善尽美的"至"的状态。而这种情况恰好符合"亲"这个字表示"无限接近"的含义,因此,"亲"就被特别赋予了"父母"

qīn

亲

这样的意思。

正是由于"亲"可以用来表示与我们关系最紧密的亲人，所以这个字后来也就有了指一切亲人的意思。因此，不论关系远近，不论是血脉关联，还是以社会礼法为基础的其他关联，我们每个人，在社会上都处在"亲"的网络之中。我们会有沾亲带故的远亲，也会有基于婚姻关系的姻亲。当然，在现代社会，风靡网络的流行语"亲"，那完全是一种拉近彼此关系、表达热情的一种用语，它跟实实在在的亲缘关系完全是两码事。

现在，经常和"亲"一起使用，而且已经成为表示亲缘关系的最常用词语有：亲戚、亲属、亲眷。那么，"戚、属、眷"这几个字最初又是什么意思呢？

"戚"的金文字形为 ，左偏下的"未"读作shú，表示整个字的读音；右偏上的部分表示斧钺一类的兵器；左右两部分合在一起，最初就是"兵器"的意思。例如《山海经》："刑天舞干戚"，意思就是一位名叫刑天的神话巨人挥舞着盾牌和利斧。

提到兵器，我们都知道它对于人类来说意味着什么，冷冰冰的外形和寒凛凛的光芒无不给人带来嗜血、死亡的压迫感。因此，"戚"的这种逼近、压迫之义，后来就慢慢淡化成一般意义上的接近、趋近等意思，而这种"接近"含义恰好暗合了"亲"表示接近、亲近的意思。所以，"亲戚"也就合在一起表示亲缘关系了。

当然，对于"戚"表示亲缘关系这种意思，历史上还存在着另外一种解释。这种解释认为"戚"也表示"忧愁"的意思，而"忧思"与"体恤、怜恤"等情绪或行为往往存在着非常紧密的联系，那么，对于任何亲缘关系，彼此之间都应当是互相怜恤的。而且在古代，"戚"还存在着另外一种字形"慼"，例如《隶释·汉小黄门谯敏碑》："寮朋亲慼，莫不失声，泣涕双流。"这里的"慼"由于包含了"心"字底，"怜恤"的意味也就更加明显了。因此，"戚"就由这种表示怜恤之义，后来逐渐产生了表示亲缘关系的含义。

三 "家属""家眷"意思一样吗

表示亲缘关系的词语，除了"亲戚"，还有"亲属、亲眷"等，那么，后面这两个词语，它们的意思完全相同吗？

"属"这个字由"尾"和"蜀"两部分构成，小篆里就写作𡱂。"蜀"表示这个字的读音；"尾"则通过动物尾巴与身体相连的情况，赋予整个字"相连"的意思。因此，"属"最基本的意思就是"连、相连、连接"等。例如《史记》："冠盖相属"；再比如《后汉书》："衡少善属文"，意思就是，张衡年少的时候就善于连缀词句写成文章。

当然，"属"表示"相连"意思的时候，现在一般都读作zhǔ，但是在古代，两种读音的意思完全是相通的。

"属"由"相连"之义，逐渐发展出"不同个体由于某种关联而具备了共同特征"这种含义，因此就形成了"类别、种类"等意思。例如陶渊明《桃花源记》："土地平旷，屋舍俨然，有良田美池桑竹之属"，意思就是，土地平整宽广，房舍整齐有致，还有肥沃的农田、美丽的池塘和桑竹一类的植物。

很显然，正是由于相连、种类等意义，"属"后来也就产生出表示亲缘关系的意思，"亲属、家属"等词语就是来源于此。例如苏轼《天石砚铭跋》："元丰二年秋七月，予得罪下狱，家属流离，书籍散乱。"

"眷"这个字由"关"和"目"两部分构成，上边的"关"读作juǎn，表示这个字的读音；下边的"目"表示这个字的意思跟眼睛有关；上下两个部分合在一起，最初意思是"回头看"。

我们可以想象一下，如果一件事情值得人回过头去看，那么，其中除了以史为鉴的意味，恐怕多半是由于这件事情使人挂念于心、难以忘怀，这就透出"眷念、眷恋"的丝丝意蕴来了。而如果有哪些

shǔ

属

juàn

眷

事情或人物令人心生眷念之情，那么，这样的人或事也就必然与人存在着千丝万缕的联系了。因此，"眷"的亲缘关系含义，正是由此一步一步发展而来的。

由此看来，"亲属"和"亲眷"都表示人与人之间的亲缘关系。但是，相对而言，由于"属"和"眷"各自都具有一定的附加含义，比如"属"更多的是描述一种客观的亲缘关系；而"眷"则显然带有比较浓厚的感情色彩，指的是让人产生眷念之情的亲缘关系。因此，如果把这两个字放到"家属"和"家眷"中，它们之间的细微差别就会体现得更清晰一些。

例如在医院，我们常常遇到需要就诊者家属签字等情况。这里的"家属"，指的就是客观上与就诊者具有比较近的亲缘关系的人；而我们平常所说的"家眷"，一般则专指男性的妻子儿女，也就是令其日日牵挂、着意呵护的亲人。例如元代词人王喆为向家人表明自己入道修行的意愿，就曾作《踏莎行·别家眷》："妻女休嗟，儿孙莫怨。我咱别有云朋愿……步步云深，湾湾水浅。香风随处喷头面。昆仑山上乐逍遥，烟霞洞里成修炼。"

由此可见，"家属"所指的亲缘关系范围更大，也更宽泛一些，除了配偶、儿女，也可以包括父母、兄弟姐妹甚至其他关系比较近的亲人；而"家眷"则基本上专门用来表示男性的妻子儿女。

另外，"眷"和"属"也常常合起来表示亲缘关系，例如鲁迅《书信集》："贱躯如常，眷属亦安健，可告慰。"但是，需要注意的是，"眷属"除了表示亲缘关系，同时还具有"眷顾、环顾"等意思，例如王安石《手诏令视事谢表》："恐上辜于眷属，诚窃幸于退藏。"大致意思是向大宋皇上表明心迹，表示自己深怕辜负皇上眷顾之恩，幸而窃喜的是自己已经退而不问政事。

对于这种情况，我们平时读书，特别是读古代经典的时候，一定要根据上下文准确理解和把握词语的意思。

当然，"眷属"最主要的意思还是表示亲缘关系。既然说到亲缘关系，我们都知道，亲戚也有远近、亲疏之分，那么，有哪些汉字能够表示出这种远近亲疏的差别呢？

四　亲缘关系的支支脉脉

在亲缘关系中，如果以某个人为基准或参照点，然后勾画与他有关的亲属关系图，我们往往会发现，在一般情况下，这张围绕着他的图常常会形成一种树状结构：有些亲属是处在主干之中的；而有些亲属则落在不同的枝杈上面。

按照主干还是枝杈这种两分法来审视亲缘关系，我们一般把主干上的亲属称作"直系血亲"，而把枝杈上的亲属称为"旁系血亲"。

顾名思义，"直系血亲"指的是和自己具有直接血缘关系的亲人。"直"这个字在《藏在身体里的汉字》一书中已经谈到，它的古文字形是通过描画眼睛和直线线段的方式，表示正视前方，意指"成直线的、不弯曲的"等意思。而"直系血亲"指的正是"彼此之间有直接血缘联系的亲属，包括己身所从出和从己身所出两部分血亲"，如父母、祖父母和外祖父母；子女、孙子女和外孙子女等。当然，按照现在的法律规定，养父母与养子女、养祖父母与养孙子女，有抚养关系的继父母与继子女等也都属于直系血亲。

与直系血亲相对的是旁系血亲。"旁系血亲"指的是"非直系血亲而在血缘上和自己同出一源的亲属"，如兄弟姐妹及其子女、父母

zhí

直

的兄弟姐妹、堂兄弟姐妹、表兄弟姐妹等。很显然，这类亲属与本人不存在直接或间接的生育与被生育关系，所以他们就被认为是"旁支"。

　　"旁"这个字的甲骨文字形是 🔲，上边是表示宽度的一种线段，下边的"方"表示这个字的读音；上下两部分合起来，最初意思是"宽广、宽大"。例如《尚书》："旁求俊彦"，意思就是广泛地罗致人才。这种"宽广"意义再往后发展，逐渐就有了"衍生"的含义，因为衍生也是导致拓展、扩大的一种重要途径；而树木的枝杈恰恰就是衍生的产物，所以"旁"就有了"旁枝"的意思；再往后则可以表示一切"位于或属于侧面的"意思。"旁系血亲"的说法正是来源于这里。

　　"系"这个字的甲骨文字形是 🔲，上边是"爪"，下边是"丝"，意思是指"丝从手中下垂"。因此，不论"直系"也好，"旁系"也罢，都表示人与人之间具有从某一点向下延续的亲缘关系。如果再考虑到"血亲"这种说法，那么，"亲缘关系"也可以说成是"血缘关系"了。

　　"血"这个字的甲骨文字形是 🔲，很形象地用血滴和器皿表示出血液的含义。因此，"血亲"指的就是具有血缘关系或法律规定的抚养与被抚养关系的亲属。按照《中华人民共和国婚姻法》第七条规定，直系血亲和三代以内的旁系血亲是禁止通婚的。这种规定的目的是确保人口质量，避免由于近亲繁殖导致的各种基因及生理问题。

　　现在有一个有趣的问题是：缘定前生的红楼人物宝哥哥和林妹妹，他们符合现代社会的通婚规定吗？

五 古代社会婚姻观及家庭成员地位观

　　贾宝玉和林黛玉的故事流传了数百年，也赚取了无数心存善意、愿天下有情人终成眷属的痴情男女的珍珠泪。然而，姑且不论按照现代社会相关法律规定他们二人是否可以通婚，就算在当时社会，恐怕他们情路坎坷、命运乖舛也是一种无奈的、必然的结局。

　　《红楼梦》中的贾母、贾政、王夫人等人，无疑是阻挠宝、黛成就美满姻缘的直接原因。这让人在为宝、黛二人唏嘘不已的同时，也不禁疑惑贾母等人的动机与意图。这就不得不牵扯到中国封建时代的婚姻观以及家庭成员的地位观了。

　　首先就婚姻观念来看，封建时代人们认为门当户对是最基本的条件。《红楼梦》中的贾家，虽然日渐没落，但依然是当时社会"四大家族"之一。反观林家，虽然也是官宦人家、书香门第，但远比不上贾家显赫。况且林黛玉母亲早故，幼弟夭折，林家在她这一辈尚无继承家业的子嗣。更关键的是，关于林黛玉的真实身份，《红楼梦》中也是语焉不详，明着说她是林家千金、贾母的亲外孙女，但是也多次暗示林黛玉并不是"正经主子"。如此背景的林黛玉，自然根本就不可能成为贾氏宗族为儿孙谈婚论嫁时的择偶人选。

　　再者，远自西周时期就已经开始通行的"嫡庶"制度，沿革到清朝的时候，虽然已不再是那么的至高无上，但是地位显赫的大户人家依然还是要讲究一些的，因为这是封建时代一夫多妻这种婚姻制度的核心。

　　所谓"嫡庶"，主要是指正妻所生子女为"嫡出、嫡子"；而姬妾所生子女则是"庶出、庶子"。与此同时，"嫡庶"本来也指正妻和姬妾。在一个家族里，"嫡""庶"的地位和权益大不相同，有时甚至是天壤之别。

dí

嫡

"嫡"这个字据古代一些文字学家考证，它本来的意思是"谨慎"，也就是"嫡"（zhú）这个字所表示的意思；后来表示"正妻"，是代替"適"（简化字作"适"）所致。因为"適"有"去、往"的含义，而凡是有去处的事情，常常意味着目的地必然是确定的。因此，封建时代才把女儿出嫁称作"適"，而"嫡"也由于与"適"相通而间接具有了"定"的意思。再往后发展，凡是能够"定"下来不更改的事物，往往又必然具有正统地位。所以，"嫡"就用来指正妻及其所生育的子女了。

在封建时代，正妻除了社会地位以及所享受的待遇基本与丈夫相当之外，她本人也是家族内政的最高权力者和管理者，其所生子女除了承袭家族社会地位，也必然继承本族最重要的和最主要的祖产。《红楼梦》中的林黛玉既有健康之忧，令人担忧其生育健康子嗣的能力；与此同时，她偏于内向、柔弱的个性，也难免让人怀疑其处理家族内政的能力。因此，基于这些因素考虑，在贾母等人眼中，她似乎也并不是贾宝玉的良人。

shù
庶

"庶"这个字的金文字形是 （图形），上半部分是"石"，下半部分则是"火"。以火烤石，多半与加工食物有关，因此，有学者认为这就是"煮"字最初的字形。

而《说文解字》的解释却是："屋下众也，从广、炗。炗，古文光字。"该字由"广"和"炗"两部分构成，表示"房屋里面人众多"。"广"在这里读作yǎn，指的是房屋；"炗"读作guāng，是"光"在古代的另一种字形。两个部分合到一起，意思是房屋里面光亮炽盛、充盈，间接表示"众多"。

据一些学者考证，其实在甲骨文里面，表示"众多"意思的字是在"庶"的下面还加了个"众"字，只不过那种字形并没有流传下来。因此，"庶"后来就被赋予了"众多"的意思，并且一直流传至今。

由于"庶"表示"众多"的意思，而任何东西只要多了就会显得普通和平庸，因为物以稀为贵是个颠扑不破的真理。那么，放在家族背景中，"庶"显然就会与唯一能够居于正统位置的"嫡"形成鲜明对照。相对而言，它是普通平常的，只能是众多同类中的一个。例如《汉书》："故圣王必慎妃后之际，别适长之位。礼之于内也。卑不逾尊，新不先故，所以统人情而理阴气也。其尊适而卑庶也，适子冠乎阼，礼之用醴，众子不得与列，所以贵正体而明嫌疑也。"这段话的意思很清楚，就是表明帝王要建立"嫡庶"规矩，以"嫡"为尊，以"庶"为卑。其中"适"就是后来的"嫡"。

当然，无论"嫡""庶"，都是两个当事人通婚和两个家庭联姻的结果，而这种结果对两个当事人及其家庭来说，又都会带来一门新的亲戚，这门亲戚就是"姻亲"。

"姻"这个字由"女"和"因"构成。"因"最初的意思是供人坐卧的席子一类物品，因为人可以坐卧在上面，所以它后来就有了"就近、挨近"等意思，再往后又发展出"依凭、倚仗"等含义。因此，"姻"的基本意思就是"女性所接近或者所依凭的事物"，那么，按照封建时代的观念，这也就意味着女性的婆家。所以，"姻亲"指的就是通过婚娶而形成的亲戚关系。

yīn

姻

实际上，在我国古代，通过婚姻形成的亲戚关系还可以细分为"婚"和"姻"两种。对于一个特定家庭来说，儿媳的父母可以称为"婚"，而女婿的父母则被称作"姻"。当然，到了现代社会，在一个家庭中，由于婚姻所带来的亲戚都一视同仁地称为"姻亲"。

那么，由于婚姻关系而产生的亲属，在我们汉语里面又会有哪些特别的说法呢？

一般说来，婚姻肯定是家庭的基石，所以，婚姻的一种直接结果就是会形成"家"这样一种实体以及观念。因此，直到今天，我们还常常把结婚称作"成家"。

jiā

家

"家"由宝盖头"宀"和"豕"两部分构成，上边的"宀"在古代也是一个独立的字，读作 mián，意思是房屋；"豕"读作 shǐ，意思是猪；上下两部分合到一起，最初意思就是饲养猪的猪圈、猪栏等。

至于"家"是怎么从"猪圈"意思发展到与人类的居所产生了联系，目前有几种意见：一种是说古代由于生产力低下等原因，养猪常常是在人居住的场所进行，所以"家"也就被用来表示人居住的地方了；另一种意见认为是由于猪生崽数量较多，而人也有生育繁衍问题，所以就把原本表示猪圈的"家"借来表示人居住的场所了。

反正不论是哪种意见，"家"在表示人的居所之后，其最初表示猪圈的意义也就随之停止使用了。从此，"家"与"人"便结下了不解之缘。

其实，对于"家"与"人"关系的紧密程度，从"人家、家人"这两个词语中也完全能够窥到一斑。古往今来，多少经典美文之中，它们的身影均随处可见。例如唐代诗人杜牧的《山行》："远上寒山石径斜，白云生处有人家"；《诗经》："桃之夭夭，其叶蓁（zhēn）蓁，之子于归，宜其家人。"想象一下：桃花娇艳，绿叶茂盛，美丽的姑娘就要过门，她将成为兴旺婆家的良人。这是一幅多么情景交融、寓意美好的画面！

不过，需要注意的一点是：在文言文，特别是秦汉之前的古代文献中，"家人"有时候是"人家、家"的意思，而不是指家庭成员，例如《墨子》："城下里中家人，各葆亓（qí）左右前后，如城上。"这里的"家人"指的就是"人家"；"葆"与"保"相同，意思就是保卫、保护；"亓"与"其"相同。整句话是说住在城墙下面街巷中的人家，各自保卫自家的前后左右，就像城墙上面的军事布防前后左右互相呼应那样。

"家"自从有了人类居所的意思，自然也就被用来表示人与人之间的某种亲缘关系了，例如巴金《秋》："家舅看过历书，说是下月初四日子正好。"其他还有"家父、家母、家兄、家姐、家翁"等。这些亲属都是与自己或者是自己的家庭关系十分密切的人，因此，"家"所表示的亲缘关系一般都比较近。

与"家"情况类似的还有一个"舍"字，例如杜甫就写过《月夜忆舍弟》。用"舍"表示亲属关系，其含义大致有两个：第一是表示这种亲属关系属于家庭内部；第二是由于"寒舍"是人们对自家居所的一种自谦说法，"舍"于是也就有了自谦的意味。与"舍弟"情况类似的还有"舍妹"等。

实际上，"舍"这个字最初与家庭以及家庭住所都没有关系，它原本是指街市、市集等场所供人租住的房屋，例如唐代诗人王维《送元二使安西》："渭城朝雨浥轻尘，客舍青青柳色新。"后来，这种指房舍的意思慢慢就扩大了，以致家居住所也可以用它来表示了。

shè

舍

如果以家庭或家族为基点，采用"二分法"审视亲缘关系，那么，按照远近、亲疏，大体上还有"内、外""堂、表"这两组说法。

七　小家周边的亲属

nèi
内

"内"这个字的甲骨文字形是 𠔿，外面的门（jiōng）表示覆盖；里面的"入"表示进到里面的事物；合起来表示从外面进入到里面。后来它也就用来表示"里面、内部"等意思了。

因为有"里面、内部"等意思，所以，我们现在还常常用"内人"指自己的妻子，用这种称呼表示亲缘关系的紧密性。与这种情况相似的，还有比较文气一些的"内子"说法，例如徐特立《致廖局新的信》："我家仅剩两老一小，在我是无所谓，但内子时刻不忘情儿女，也觉可怜。"

至于"内兄、内弟"等亲属称谓，那是由于"内人"关系带来的，它们本身并不表示亲缘关系有多么紧密。

wài
外

"外"这个字的金文字形是 𡖊，左边是月牙形状的"夕"，表示晚上；右边是占卜的"卜"。对这个字的解释主要有两种意见：一种意见认为表示夜间占卜，原因是边关可能有战事，于是为了应对紧急情况，就把本来是在白天进行的占卜仪式临时放在夜间进行了，"外"表示邦国的外围边塞；第二种意见认为是为了在外面过夜而占卜，因此"外"指的是"家以外的地方"。

无论哪种意见，认为"外"是相对于"内"而言，这是二者的共同之处。因此，对于一个家庭或家族而言，"外祖父、外孙、外甥"等亲属，指的都是不包括在本人家庭或家族之中的亲戚，也可以认为是处于家庭或家族外围的亲属。

与这种处于家庭或家族外围亲属相对的，是属于家庭或家族内部的亲戚。从古至今，表示家庭或家族内部的亲缘关系，一般都用"堂"来表示，例如"堂叔、堂弟、堂姐"等。

"堂"这个字的金文字形是 堂，描画的是一种高大的殿堂形状，最初意思就是指殿堂，后来也指一切房屋建筑的正厅。

按照中国古代传统建筑制式与格局，规模较大的家庭或家族，也就是所谓的大户人家，正厅一般都是内部议事或者接待贵客的正式场所。因此，除访客之外，只有本家或本族成员才有资格进入此处。

正是由于这种原因，所以"堂叔、堂兄、堂妹"等亲属才体现出一脉所出、同堂共处的意思。而且也正是如此，后来才产生了"登堂入室、肯构肯堂"这样的词语。前者表示很荣幸地进入到某种核心位置；后者表示继承祖上基业。

与"堂"相对的是"表"。"堂"的"正厅"意义带来了"内部"等意思，而"表"恰恰是表示"外部的、表面的"等意思。

"表"这个字最初由"毛"和"衣"两部分构成，是通过人穿裘皮衣服时一般都是皮毛在外这种情况，表示"外表"的意思。因此，所谓"表亲"其实意味着人们认为这种亲缘关系比较疏离，就像有些汉语方言中"一表三千里""一代亲，两代表，三代无了了"这类俗语所表达的那样。一些"八竿子都打不着"的亲戚，的确都能用"表"来称呼。

原来我们
还是表姐妹

总的看来，如果不论亲疏、远近，实际上一切亲属关系的源头，毫无疑问都来自婚姻。因为只有当一对夫妻形成婚姻关系并组建起一个家庭的时候，才会产生和带来其他家庭成员和亲属。因此，谈论亲属关系和亲属称谓，本质上都离不开产生这一切的某对夫妻。

第十四章　衍生一切亲属关系的夫妻称呼

在这个部分你将了解到下面这些字：

夫	妻	娶	嫁	归	婚	伉	俪	偶	配
结	发	妾	姬	嫔	妃	侧	偏	蓬	相
官	良	郎	君	先	生	爱	助	堂	客
细	梓	童	荆	钗	拙	贱	执	帚	浑

一　永结同心的夫妻

人类起源是一桩令人好奇，却又迷雾重重、让人猜不透的事情。伊甸园的亚当和夏娃也给我们带来无限遐想的空间。无论如何，人类的延续离不开夫妻关系。

"郎骑竹马来，绕床弄青梅"，这是一幅既清新又温馨的两小无猜、青梅竹马图景，在悠悠历史长河中，它曾经温暖了一代又一代少男少女的心田。当然，除了这种儿时定亲的传统，现时绝大多数夫妻都是两个素昧平生的有缘人，由于机缘凑巧、情投意合而永结同心。这实在是一件值得珍惜和回味的嘉美之事。

"夫"在金文中写作 **夫**，由"大"和"一"构成，"大"是站立的人形；"一"表示束发用的簪子；合起来的意思是成年男子。因为

fū
夫

按照中国古代礼制，男子二十岁是成年的标志，一般要举行"束发加冠"仪式，"夫"的字形刚好反映了这种礼制传统。

由于"夫"最初表示成年男子，而男子只有成年之后，才具备娶妻生子的必要条件，因此，这个字后来就有了"女性的正式配偶"这样的意思。

另外，女性的配偶又称"丈夫"。"丈"的字形是用手持"十"，表示10尺。根据古代文献"周制八寸为尺。十尺为丈。人长八尺，故曰丈夫"，可见"丈夫"最初指的也是成年男子，后来才有了配偶的含义。

"妻"的金文字形为 㛜，是一只手抓住女性头发的形状，比较形象地反映了远古时期的抢婚习俗。这个字最初意思就是"成年男子的正式配偶"。

当然，由于历史条件所限，古代一些文字学家由于从未见到过"妻"这个字的甲骨文或金文字形，所以他们根据小篆字形穷本溯源的结果虽然严谨，但是却只能说推测的成分居多。例如有意见说"妻"的小篆字形 㚾 里面包含的"屮"（chè）表示整个字的读音；同时也有人主张这个"屮"表示某种处理家务的器具，等等。

实际上，说"妻"反映古代抢婚习俗，完全可以从"娶"这个

qī

妻

字得到旁证。

"娶"由"取"和"女"构成，最初意思就是娶妻。这个字上边的"取"，一方面表示整个字的读音；另一方面也暗含着"抓取"的含义，意指通过抢夺形式使女子成为妻子。例如《周易》姤卦的爻辞："女壮，勿用取女"，其中的"取"就是"娶"，爻辞的大致意思是，女子强势，不适宜娶之为妻。

与这种基于男方的成亲理念及形式形成鲜明对照的是，从女性一方看，被"抢夺"而成为他人配偶，于她们而言则是"嫁"。

"嫁"这个字由"女"和"家"构成，本来意思就是女子嫁作他人妇。这个字右边的"家"既表示整个字的读音，同时也表示女子出嫁是"到家"。也就是说按照古时候的观念，夫家才是女子"身家"之所在，也是女子一生的归宿。因此，也才会有古代以男方为基点，把女子出嫁称为"归"的情况。

"归"的甲骨文字形是 ，左边是𠂤（duī），𠂤表示整个字的读音；右边是"妇"的繁体字，省去了女字旁。到了小篆，字的左下角又加上了"止"，变成 。这个字的意思就是女子离开娘家之后，出嫁的夫家就是自身的人生终点（即"止步"之处）。例如杜甫《新婚别》："生女有所归，鸡狗亦得将。"可见在传统婚姻观念中，女子的命运只能是"嫁鸡随鸡，嫁狗随狗"了。

无论哪种观念与说辞，成为夫妻的途径就是迎娶和往赴，这便是我们通常所说的结婚。

"婚"这个字，左边的"女"表示与女性有关；右边的"昏"表示日暮时分，最初意思是指已婚妇女的娘家。因为按照传统阴阳观念，女性为阴，而阴则意味着昏暗，所以女性的娘家就用"婚"来表示。另外，古代娶亲的时辰一般也是在日落时分，彼时已近黄昏，光线变暗，因此，婚娶之"婚"也就隐含了时间的意味，例如《白虎通》："昏时行礼，故谓之婚也。"

qǔ
娶

jià
嫁

guī
归

hūn
婚

二　举案齐眉的"夫妻"

夕阳西下，落日余晖，在绚烂烟霞的见证下，一对璧人携手步入神圣的婚礼殿堂。这是令人心潮涌动、一生铭记的瞬间，从此，男耕女织，共筑爱巢，相依相伴，白头偕老。

大概我们的祖先也不曾想到，他们于数千年前创造的黄昏时分的抢婚习俗，如今却变幻成这么一幅美到让人心醉的图画。

当然，无论婚礼的盛大与平淡，铅华散尽之后，山盟海誓的一对良人，从此便要一道承担起孝敬父母、养育子女、繁荣家庭的责任，这就是现实世界中的夫妻。

理想中的夫妻楷模，应当是相敬如宾、举案齐眉，所以，中国历史上一直存在着把夫妻称为"伉俪"的传统。

"伉"这个字由单人旁和"亢"构成，本来意思是"相当、匹敌"。例如《战国策》："天下莫之能伉"，说的是苏秦用"合纵"方略游说赵王，获得赵国君主赏识并采纳其建议之后，一时风头无二，其声望与地位无人堪与匹敌。

然而，对"伉"这个字，历来字书的解释大都语焉不详，连《说文解字》也只说它是人名用字，而且大都以为"亢"只是表示整个字的读音。而实际上，"伉"字里面的"亢"应当不仅仅是表示读音的，它本身的意义已经体现在"伉"的基本意思之中。

因为，"亢"的甲骨文字形突出的是人的颈项咽喉，本来就是指人的脖颈喉咙。而由于颈项具有"向上伸直"等功能，所以它后来就有了"高、举；抵挡"等含义。这种含义再进一步发展，就产生了"匹敌、相当"等意思。

当然，用"伉"表示夫妻，其本意并不是说夫妻二人争地位高下，或者是挑起家庭争斗，而是重在体现夫妻相配，也就是所谓的红

kàng

伉

花绿叶、相得益彰。

"俪"这个字由单人旁和"丽"构成，本来意思是指配偶。例如《左传》："鸟兽犹不失俪"，说的是飞鸟和走兽尚且不会丢弃配偶。

"俪"这个字之所以能够表示配偶，其实与它右边的"丽"是分不开的，因为"丽"本身就有"两、偶；成对"等意思，而且在古代，某些文献中使用"丽"的情况，到后来再表示相同意思时就写成"俪"了。例如刘勰《文心雕龙》："自扬马张蔡，崇盛丽辞"，意思是汉代四大辞赋家扬雄、司马相如、张衡、蔡邕等人十分崇尚骈体文的对偶文句形式。后来，"丽辞"就被写成"俪辞"并一直流传到今天。

"俪"表示夫妻的意思，还常常被用在一些表达尊重对方的客套话中，例如鲁迅《书信集·致萧军萧红》："匆复，并颂俪祉。"

当然，"伉"和"俪"各自独立使用的情况现在已经不多见了，一般情况下多用"伉俪"表示夫妻，比如"伉俪情深"等。

"伉俪"是一个书面色彩比较浓的词语，相对而言，"配偶"就不是那么文绉绉的了。

"偶"是"耦"后来出现的一种写法，其中含有"两个人"的意思。但是，这个字本身，最初意思却是指"木偶"。

"配"由"酉"和"己"构成。"酉"显然与酿造有关；而"己"应该是"妃"省去了女字旁，既表示"配"的读音，同时也把本身表示"匹配"的含义带到了整个字的意思里面。因此,"配"最初的意思是"调配酒的颜色"。

那么,"配"和"偶"合在一起,基本意思就是指能够协调、匹配的两个人。试问,天地之间,能谈得上心意相通、配合默契、刚柔相济的两个人,还有更甚于夫妻的吗?

相携相伴的配偶,他们之间的契合想必也源自情浓之初的"结发"。我们现在常常把首次步入婚姻殿堂的两个当事人称作"结发夫妻",这里面的"结发"其实是我国古代的一种传统习俗。

"结"由绞丝旁和"吉"构成,指的是用丝线等打成的结,其中的"吉"表示读音。"发"指的就是头发。

有关"结发"的习俗,有几种大同小异的说法。例如宋代孟元老《东京梦华录》:"凡娶妇,男女对拜毕,就床,男左女右,留少头发,二家出匹缎、钗子、木梳、头须之类,谓之合髻。"六朝诗人庾信亦曾有诗云:"交丝结龙凤,镂彩织云霞。一寸同心缕,千年长命花。"就连西汉时出使漠北的苏武也为今人留下了"结发为夫妻,恩爱两不疑"的佳句。

这些文献都呈现出中国古时初婚夫妇在新婚之夜各自剪下一绺头发,绾在一起以示夫妻相偕同心、恩爱不疑的动人场景。

另外,按照《礼记》的说法,"结发"是指女子许嫁时系缨束发,以及成婚当晚新郎亲手为新娘解开表示名花有主的缨带。

有关"结发夫妻",历史上还流传着一些令人动心、动容的故事。其中有一个故事是这样的:

很久以前,在巴蜀地区曾经有一位伏羲的后代名叫务相,他凭借出众的才干被推举为部落首领,并被尊称为"廪君"。他为谋求部族发展,曾率众北上,在湖北清江与盐水部落女神偶遇,二人一见倾心,共坠爱河。盐水女神就此请廪君及其部众留居清江,但是为了部族的前程,廪君婉拒了女神的挽留。女神于是化作荧荧飞虫并麇(qún)集万千同类,如云如阵,昏天蔽日,使廪君不辨东西,无法前

pèi
配

jié
结

fà
发

行。后来廪君差人将一缕青色丝线作为定情之物赠给女神，要她系在身上，表示两人永结同心。女神不知是计，欣然接受。不曾想，次日天亮，廪君却站在一块向阳坡石上，照着青丝一箭射去……据传，后来部族继续北上找到适宜的安居之地后，廪君只身一人返回清江守候盐水女神，最终化成江畔山岩上的一尊石像。

三　游离于正统婚姻之外的"夫妻"

温馨也好，凄美也罢，"结发"在喻示夫妻恩爱的同时，实际上也暗含着正统的观念，这就是古时候所谓的明媒正娶。

而以今天之观念审视，颇具讽刺意味的是，古时候的一众达官贵人、文人雅士，他们在正统婚姻之外，很多人都有纳妾以及宠幸婢女的传统。就说大名鼎鼎的大文豪苏轼吧，在当时历史条件下，虽然一方面吟出"十年生死两茫茫，不思量，自难忘。千里孤坟，无处话凄凉……料得年年断肠处，明月夜，短松冈"；但与此同时，也不妨碍他难以免俗地续娶结发妻子的陪嫁表妹，并宠幸正妻的陪侍丫头。而且，据说苏轼还曾将怀孕的两个婢女送与他人。

这些游离于正统婚姻之外的女性，就连世人对她们的称呼，也反映出世俗的鄙薄之意。

"妾"是对正统婚姻之外，却具有夫妻实质的女性的一种称呼。

qiè

妾

这个字的甲骨文字形是 ，上面是古代一种平头铲形状的刑具，写成现代汉字是"辛"或者"辛"（qiān）；下面是"女"；上下合在一起，表示有罪的女子。由于有罪，但是又罪不当诛，所以就成为服侍别人的女奴。例如《史记》："句践请为臣，妻为妾"，意思是越王勾践战败之后，为保存实力、东山再起，就恳求吴王夫差让自己做男奴，让妻子做女奴。现在有些人曲解这句话，唾弃勾践连自己的妻子也要送给夫差做小，这种理解是荒谬的。

由此可见，如果追根溯源，"妾"很可能是在服侍主人过程中被"宠幸"，所以后来就有了夫妻之实。例如《礼记》："聘则为妻，奔则为妾"，意思就是遵父母之命、媒妁之言而明媒正娶的是妻子，其他如私奔一类私订终身的只能成为"妾"。

与"妾"类似的，还有"姬、嫔、妃、婢、侧室、偏房、簉室"等说法。

"姬"这个字本来很"高大上"，因为它是上古黄帝之姓，传到西周、东周时则是周室皇姓。但是后来在字义演变过程中，由开始时指有身份地位的女子，逐渐衍生出另一个发展路向，出现了表示"姬妾"的含义。例如唐代司马贞撰写的《史记索隐》中，《齐太公世家》一篇："王姬、徐姬、蔡姬——众妾之总称。此名之不正者。"

jī

姬

"嫔"由"女"和"宾"构成，本来意思是帝王嫁女，也表示服侍人的人。这个字右边的"宾"其实不单单表示读音，因为它原本的意思也含有"君为主，臣为宾"，所以"嫔"也有与"主"相对的意思。这里的"主"应当是指帝王的正妻，因此，"嫔"指的就是帝王诸侯的姬妾了。例如《国语》："九妃、六嫔，陈妾数百，食必粱肉，衣必文绣"，可见在齐桓公眼中，其先王齐襄公生活的奢华程度。

pín

嫔

"妃"由"女"和"己"构成，本来意思是指天作之合的配偶，例如《左传》："嘉耦曰妃。怨耦曰仇，古之命也。"后来这个字逐渐发展成专门指帝王正妻之外的妻妾，或者指皇子、王侯的配偶，例如《新唐书》："唐制：皇后而下，有贵妃、淑妃、德妃、贤妃。"此外，我们现在还把一些君主制国家王子、王孙的配偶称作"妃"，如英国已经香消玉殒的戴安娜王妃，以及她大儿子威廉王子的妻子凯特王妃。

fēi

妃

"嫔"和"妃"这两个字也常常合在一起使用，意思就是帝王的姬妾，例如《封神演义》："牡丹亭嫔妃来往，芍叶院彩女闲游。"

与俨然已经成为皇家妻室专用的"嫔、妃"称呼不一样的是，一般大户人家的男性，如果在正妻之外再纳妾，基本上会称作"侧室、偏房、簉室"等。

"室"和"房"是表示房屋建筑和居住场所的，不必细说。

"侧"由单人旁和"则"构成，最初意思是"旁边"，也可以表示"倾斜"，例如唐代诗人刘禹锡的"沉舟侧畔千帆过"。不论这两种意思中的哪一种，"侧"都意味着不是居中、守正的位置，所以只能起配角和从旁辅助等作用。因此，"侧室"指的就是不能住在正中堂室的二夫人、三夫人等。例如南朝诗人何长瑜《寄宗人何勖（xù）书》："陆展染须发，欲以媚侧室"，意思是一位名叫陆展的人，大概由于年事已高、霜染鬓发，但是为了讨妾室的欢心，所以染黑了自己的须发。

"偏"由单人旁和"扁"构成，最初意思是头偏向侧面，后来也指一切偏向一侧的情况。例如谢灵运《山居赋》："势有偏侧，地阙周员"，描写的是邙山和洛水一带山势欹削、地形不周圆的形貌。"偏房"与"侧室"意思基本相同，例如据传为明代文人王世贞所作的《鸣凤记》："……娶一女……用作偏房，以图后胤"，明明白白道出了娶侧室是为了传宗接代。可见封建时代女性地位的卑微。

"簉"读作zào，最初意思是附属、辅助，所以，"簉室"也就是"侧室"，例如清代俞正燮《癸巳类稿》："小妻曰妾，曰嬬，曰姬，曰侧室，曰簉室。"可见，在古代，妾室还有一种称呼"嬬"（rú）。

当然，妾室在传统观念中虽然地位不及正室，但是也并不能否认的确存在着妾室与夫君情浓意浓的情况，例如流传几千年的英雄美人绝响"霸王别姬"。那么，从古至今，夫妻之间都有哪些称呼对方的说法呢？

cè
侧

piān
偏

zào
簉

四　需要仰视的"夫君"

在中国历史上，除了远古母系社会时期，基本上都是男权至上、男尊女卑的社会形态，吕后、武则天、慈禧只不过是凤毛麟角的个例而已。因此，反映在夫妻称呼中，一般情况都是妻子高抬丈夫，而丈夫则俯视妻子。

妻子对丈夫的称呼主要有：相公、官人、良人、郎、君、夫、外子、伯、先生，等等。

"相"这个字由"木"和"目"构成，最初意思是仔细观察。例如王充《论衡》："伯乐学相马，顾玩所见，无非马者。"显然，大名鼎鼎的伯乐，在初学查验鉴别马匹优劣这种技艺的时候，完全沉浸在了马的世界里。

由于"相"有目光与树木交接的含义，而彼此交接的事物常常意味着相互之间的扶持，因此，后来"相"就产生了"扶持、辅助"的意思，这也正是"相夫教子、丞相、宰相"等词语意义的来源之一。"相公"一词原本是对服务于帝王的、有官位或地位的男子的称呼，用在夫妻称呼当中，可见妻子对丈夫的尊重。

"官人"一说，更凸显了妻子高看丈夫的意味。"官"由古代表示房屋的"宀"（mián）和表示许多小土包的"𠂤"（duī）构成。用屋顶覆盖众多，意味着从事治理众人之事的含义，所以"官"最初就表示治事的官吏。可见，妻子一方面用"官人"表示对夫君的看重；另一方面可能也暗含了对丈夫能够走入仕途、光耀门庭的期许。

"良"这个字的甲骨文字形是 𠊊，中间表示炊具，上边是飘香的气味，最初意思是美好的气味，后来也指世间的一切美好和所有美好的事物。因此，"良人"指的就是近乎完美的、尤其是非常适合自己的人。这种说法本来是指配偶中的任意一方，但是后来渐渐多用于

xiàng
相

guān
官

liáng
良

指男性一方，例如白居易《对酒示行简》："昨日嫁娶毕，良人皆可依。"

lǎng
郎

与"良"关系非常密切的是"郎"。"郎"字里面不仅包含了"良"，而且表示与人相关的意思时，它本来就是"良"曾经借用的一种字形，只是后来借而不还，也就成为既成事实了。表示夫君意思的"郎"在古代比较常用，如"郎骑竹马来"等。

至于"郎"字本身，它右边的"阝"原本就是"邑"，所以它最初指的是位于现在山东省境内的一个古地名。

jūn
君

"君"由"尹"和"口"构成，甲骨文字形为🖊，上边的"尹"是一只手握笔的形状，表示处理事务；下边的"口"表示发布号令；上下合在一起，指的就是发号施令治理国事的君主。后来这个字也渐渐用来称呼一切有身份、地位或者学识的人。自然，妻子也用它来称呼自己的丈夫，例如杜甫《新婚别》："君行虽不远，守边赴河阳。"

另外，在古代，有时候"君"其实也是丈夫对妻子的一种称呼，例如李商隐《夜雨寄北》："君问归期未有期。"还有，"郎"和"君"也常常合在一起表示妻子对丈夫的称呼，例如《杜十娘怒沉百宝箱》："妾不负郎君，郎君自负妾耳。"

"外子"这种称呼体现了男主外、女主内的传统观念，是女子基于夫君主理外部事务而使用的一种称呼。"伯"则是妻子对丈夫的一种十分古老的称呼，例如《诗经》："自伯之东，首如飞蓬。岂无膏沐，谁适为容"，意思是说，自从夫君跟随帝王东征之后，妻子沉浸在思念亲人的情绪之中，整天不思妆容、蓬头垢面，因为悦己者不在身边，虽有养肤沐浴的膏露，可是颊添桃红、云鬓高挽又能给谁看呢？

"先生"是现在比较常用的一个词，意思很多，其中也有称呼丈夫

的含义。实际上这个词表示"丈夫"的意思很久以前就产生了，例如汉代刘向《列女传》："乱世多害，妾恐先生之不保命也。"

"先"这个字的甲骨文字形是 ，上边是表示脚的"止"，下边是人，意思就是"走在前面"。所以"先生"的表面意思就是别人先于自己出生，言外之意是把对方当作长辈，以此表示对他人的尊重。

至于现在很多女性称呼丈夫时常用的"老公"，那是一种表达亲密和爱意的称呼，基本上与字义关系不大，因为不论年龄大小，都可以用"老"，甚至男女朋友阶段也可以用"老公"戏称。

五　俯首而视呼"娘子"

与"老公"相对的是"老婆"，这是丈夫对妻子比较常用的一种称呼。这种意思的产生年代不晚于唐宋，例如宋朝吴自牧《梦粱录》："更有叫'时运来时，买庄田，取老婆'卖卦者。"与这种称呼同样比较常用的是"媳妇"。"媳妇"这种称呼的产生年代应当不晚于元朝，例如元代李寿卿《伍员吹箫》："刚一味胡支对，则向你媳妇根（跟）前受制。"

不过，"老、婆、媳、妇"这几个字在其他部分会讲到，这里先暂且搁置。

与上面两种称呼相比，"爱人"的适用范围更大，因为夫妻双方都可以称对方为"爱人"，这个词完全是20世纪初的产物。

"爱"这个字最初并不是现在的意思，它的小篆字形是 ，上面是旡，表示读音；下面是"夂"，像人两腿之间有所羁绊；上下合在一起表示缓慢行走的样子。实际上，"爱"表示情感方面的意思，最初字形却是旡，金文作 ，上面的部分表示读音，下面是"心"。只是后来由"爱"取而代之了，例如屈原《九章》："世溷（hùn）浊莫吾知，人心不可谓兮。知死不可让，愿勿爱兮。"诗人虽然承受放逐之苦，但是仍然向楚王表明：世间浑浊，没有人理解他，芸芸众生人心难测，虽然明知不免一死，但是情愿不爱惜这残生。

对于妻子，也有人称为"太太"，这种用法完全是现代社会的产物。而在古代，由于"太"与"大"意义相同，所以"太太"是对地位显赫女性的一种尊称，例如据清代大儒梁绍壬《两般秋雨盦（ān）随笔》，汉哀帝曾经尊祖母定陶恭王太后傅氏为帝太太后，后又尊为皇太太后。梁氏认为这是"妇人称太太之始"。

其实在古代，对妻子的称呼，更常用的是：娘子、内子、内人、内助、堂客、梓童、细君，等等。

"娘子"一说大家都不陌生，一些古代题材剧目中，戏词、戏文里随处可见。"内子、内人"等说法在古代文献中也不少见，例如唐代权德舆《七夕见与诸孙题乞巧文》："外孙争乞巧，内子共题文。"不过，"娘、内"等字其他地方会谈到，所以这里也暂且搁置。

"内助"一说似乎在当今社会十分流行，但是，这种说法却是地地道道的历史传承，例如《宋史》："宣仁太后语帝曰'得贤内助，非细事也'。"看起来，皇太后也认为能得到一位贤良的妻子不是小事，因为帝王择偶事关江山社稷。

"助"这个字由"且"和"力"构成，左边的"且"最初读zǔ，表示"助"的读音；右边的"力"表示"助"就是出力扶持、帮忙的意思。例如《孟子》："出入相友，守望相助，疾病相扶持，则百姓亲睦。"

"堂客"往往让人以为仅仅是一种地域性说法，而实际上，这种说法同样来自几百年前，例如《儒林外史》："到明日，拿四样首饰来，仍旧叫我家堂客送与他。"

"客"上面的"宀"表示房屋，所以它最初的意思是"寄居"，例如白居易《雨夜有念》："吾兄寄宿州，吾弟客东川。"由于寄居者一般都是客人，所以它后来也就有了宾客的意思。由此可见，妻子对

zhù

助

táng

堂

kè

客

丈夫和婆家来说始终是外来者，婆家人从骨子里认为她们是"客人"而不是"主人"。

"细君"和"梓童"都是颇为雅致的说法。

"细"是用丝的末端象征细小，右边原本是"囟"，表示整个字的读音。例如南朝吴均《与朱元思书》："水皆缥碧，千丈见底。游鱼细石，直视无碍。""细"表示"小"的意思现在仍然保留在一些汉语方言里，比如粤方言就用"细码"表示"小的尺码"。

"细君"显然是以大对小、有所参照的一种相对称呼。例如韩愈《岳阳楼别窦司直》："细君知蚕织，稚子已能饷"，可见诗人对娇妻幼子的爱怜之意。

xì
细

"梓童"一说与"细君"相仿。历史上有人认为"梓"因为谐音，所以就是"子"，于是"梓童"就相当于"小童"。不过，从另一个角度看，古代的"乔梓"一说应当也是"梓童"的来源。因为根据《尚书大传》，南山的阳坡有高大的乔树，而北坡则生长着矮小的梓木，"乔""梓"之间俯、仰而视，状若父子。因此，后来也就用"乔梓"来表示父子，例如《水浒后传》："我匹马逃生，幸遇贤乔梓得解此难。"

由此可见，"梓童"也是以大对小的一种称呼，只是这种称呼基本上被皇家专权，黎民百姓不得问津。

zǐ
梓
tóng
童

六　明贬实谦的配偶称呼

丈夫与妻子，称呼中的俯、仰关系既是彼此爱意的流露，同时也是社会观念、文化传统的某种体现，比如历史上对妻子的某些称呼，包括她们自己对自己的某些称呼，其实都反映了中国传统文化中的自谦习俗。

对于女权主义者而言，下面这些称呼他们肯定是不屑一顾，甚至是嗤之以鼻的。例如：荆钗、拙荆、荆人、荆室、荆妇、山荆、贱荆、执帚、浑家，等等。

从字面上看，这些称呼确实很刺眼，也的确在某种程度上反映了封建时代轻视女性的传统。但是，从另一方面看，中国人有一种处世哲学就是放低身段，高抬他人，比如明明住在深宅大院，甚至亭台楼阁都一应俱全，但是客人来了，还是要酸文假醋地拱手作揖"蓬荜生辉""光临寒舍"云云。

因此，"贱荆"等说法，往往不是真的认为妻子卑微、低贱，而是要在别人面前俯下身来显示对方的高大，这也是变相讨他人欢心，就像虽有金科及第的骄儿，但是依然会言必称"犬子"。

"荆"指的是能够长成荆条的一种灌木。因为这种植物十分普通平常，而且省力易得，因此就透出此乃平民所用的意味。

设想一位天生丽质、布衣素颜、质朴无雕琢的妙龄女子浣衣溪边，如瀑秀发用一枚"荆钗"束挽。你能煞风景地把如此佳人想象成卑微的仆人吗？

因此，所谓"荆钗"不过是在他人面前的一种自谦罢了。意思是我的妻室很普通，并非穿金戴银、大富大贵的富家太太。

"钗"这个字最初字形是"叉"，甲骨文写作 彐，用手指交错的形式表示交叉，后来也指叉子形状的物件。表示头饰的"钗"是后来

jīng
荆

chāi
钗

加上了金字旁，并且逐渐固定为一个专门表示这种意思的汉字。例如白居易《长恨歌》："惟将旧物表深情，钿合金钗寄将去。""钿（diàn）合"是指一种存放首饰的盒子。

实际上，比"钗"更早表示这种意思的汉字是"笄"，它的意思就是"簪子"。例如在中国古代，女孩长到十五六岁就要举行"及笄"礼，通过束发挽髻表明少女生活的结束，意味着从此刻开始就可以谈婚论嫁了。

"拙"的意思是不乖巧、笨拙。"贱"的意思是价值不高、廉价，后来也指一切鄙陋的情况。所以，"拙荆、贱荆"本质上与"荆钗"完全一样。同样属于这种情况的还有"荆人、荆室、荆妇、山荆"等等。

"执帚"的意思很直白，就是拿扫帚干家务活。"执"的甲骨文字形是 ，表示人伸手持物。"帚"的甲骨文字形是 ，就是扫帚的形状。把"妻子"称作"执帚"，非常清楚地表明了料理家务是女性的主要职责，家务劳动者也是她们的主要社会角色。例如清代王猷（yóu）定《汤琵琶传》："妾孀居十载，依于母，母亡，欲委身，无可适者，愿执箕帚为君妇"，其中"愿执箕帚"在古代的含义就是愿意嫁人为妇，所以后面的"为君妇"其实是重复了，或许不如改作"愿为君执箕帚"。

zhuō
拙

jiàn
贱

zhí
执

zhǒu
帚

　　"浑"最初的意思是较大的水流奔腾的声音，后来又有了水流汇合的意思，例如清代傅泽洪《行水金鉴》："盖其时济水改道，从蒲台东北，与河浑涛而入海也"，记载的是济水改道之后，与黄河汇合然后流入大海。由于"汇合"就意味着更多、更全，所以"浑"后来就有了"全"的意思，比如"浑身是汗"。因此，"浑家"就是"全家"的意思，意指妻子是全家的主妇，主理全部家务事，例如瞿秋白《文艺杂著·猪八戒》："他连忙推醒了他的浑家，可是他浑家一弯手捧着他的猪耳朵，又睡去了。"

　　主内的妻子，主外的丈夫，除了男耕女织、分工有致的其乐融融，他们还有一项重要使命，那就是传宗接代、缵续家族香火，因此，绝大多数夫妻有朝一日都会为人父、为人母。

第十五章　每个人生命中至亲的称呼

在这个部分你将了解到下面这些字：

父	母	妈	娘	爷	爸	爹	公	翁	媪
姬	乔	岳	丈	继	考	老	妣	严	慈
尊	椿	萱							

一　生我养我的父母

　　按照中国古代传统，"洞房花烛"是堪比"金榜题名"的人生大事和喜事，不论侯门巨贾，还是平民百姓，夫妻礼成，洞房中散落的红枣、花生、桂圆、莲子，已经表达了亲友们对一对新人的浓浓祝福，愿他们婚姻美满，延续家族香火。

洞房花烛

　　时光在不知不觉中流淌，新的生命也在母亲的身体里孕育生长。瓜熟蒂落时分，一声啼哭宣告了夫妻角色的新变化。从此，人世间又多了一对将要为子女遮风挡雨的母亲和父亲。

"父"这个字很有意思，它在甲骨文里的字形是 ，是一只手举着一根棍子一类的东西。从字源上看，这个字跟表示轻轻击打意思的"攴"（读 pū，有时也写作反文旁"攵"）应当是非常接近的。那么，一个手持小棍子的形象，它是手持戒尺表示督促，让人有所戒惕、有所作为吗？还是仅仅把小棍子当作某种号令的标志，意味着此人是率领众人的统帅？

其实，不论是挥鞭舞棒、作势督促也罢，还是身先士卒、树立榜样也罢，上面的古文字形都充分表明：这是一家之长的权威性标志。所以，"父"最初的意思就是表示一家之长的"父亲"。

"母"这个字的甲骨文字形是 。与"父"字相比，它少了家长的威严，却多了女性的博爱。一个跪坐并凸显哺乳器官的女性形象，生动地展现出母亲哺育下一代的伟大。这个字最初的意思就是指生育、养育子女的"母亲"。

对我们每个人而言，父母无疑是我们一生的至亲，是他们让我们与世界、与某个时代有了接触的机缘，因此，《史记》中也说："父母者，人之本也。"而且，正是因为父母对于生命的重要作用，所以"父母"后来也被用作衍生万物的本源，例如《尚书》："惟天地，万物父母。"确实，父母也是我们心中的天和地。

其实，"母"这个字本身也可以表示世间万物的本源，例如老子《道德经》："天下有始，以为天下母……复守其母，没身不殆。"这句话的基本意思是，天下万物始于"道"，这是万物的本源……如果能够守中持正，坚守这个本源，则终其一生都不会遇到危险。另外，我们平时经常说的"字母、酵母"等，其中的"母"指的也是事物的根本。

"父"由于表示父亲的意思，后来也就成为一种对尊者、长者或者创始人的称呼，如"师父、伯父、国父"等。

另外，"父"有时候也用来表示其他动物中的雄性，例如北魏贾思勰《齐民要术》："多有父马者，别作一坊，多置槽厩"，大致意思是，在公马多的情况下，就应当多准备马槽马厩，分别安置它们，以避免它们相互之间发生打斗。

"父"还是个多音字，读第三声的时候，既表示年纪比较大的男性，同时也是尊敬、美化男性的一种称呼。例如唐代王维《宿郑州》："田父草际归，村童雨中牧"，其中的"田父"指的就是"老农"。

实际上，我们在书信中偶尔见到的尊称对方的"台甫"，其中的"甫"跟"父"也是通用的，意思都是对男性的一种美称。类似的例子还有"众甫"等，例如宋代理学大儒朱熹与隐士刘韫的唱酬诗中就有"超摇谢众甫"一句，大致意思就是向远方的诸位贤人致谢。

"父母"虽然是生育我们、养育我们的至亲，但是我们平常称呼他们时，一般都不会直接呼"父"叫"母"的，那么，我们平时是怎么称呼双亲的呢？

二　我们如何称呼父亲和母亲

降生、满月、百日、抓周，经历了这几个阶段的婴儿，大概就到了咿呀学语的阶段。一般情况下，婴儿最先发出的有意义的语声，大多数都是"妈妈"。

每一个做母亲的女性，每每到了这人生第一次的奇妙时刻，难免都会万千滋味充盈肺腑胸腔。在她们的内心世界，大概既有十月怀胎的难忘记忆；也有初为人母，感觉到生命延续的欣喜；更有听到此生最心动称呼的感动……热泪盈眶、喜极而泣，想必都不足以形容此时此刻母亲们的真切心态。

在当代中国，儿女对母亲最普遍的称呼无疑是"妈妈"。之所以如此，据心理学等科学研究，认为其主要原因是"ma"这样的语音最容易发出来，因为这种语音只需要把双唇张开，对发音器官和发音

mā
妈

方法的要求并不复杂。而且，这种规律放之世界各地、各民族皆然，因为英语国家的儿童或者第一语言为英语的儿童，他们在呼唤自己的母亲时，也是叫"mom/mommy"（美式英语）或者"mum/mummy"（英式英语）。可见人类语言在本原方面的某些共性要素。

然而，就汉字来说，"妈"却并不是最早出现的记录呼唤母亲的汉字。根据考证，最早出现的呼唤母亲的汉字仍然是"母"，只不过呼唤母亲的"母"，其读音后来已经出现了分化，表示呼唤母亲这种意思时，当时已经读作"ma"了。而且据研究，记录这种意思的汉字，曾经使用过"妈、嬷、嬤、姥、姆"等若干个汉字。而"妈"字本身也可以指母马，所以它与"马"字在古代往往出现通用的情况，现在遗留下来的还有"妈祖/马祖"等。

与"妈"同样表示呼唤母亲、而且在历史上也一直比较常用的还有"娘"字。

niáng

娘

"娘"这个字最初指的是所有女性，特别是指年轻女性。例如古乐府《子夜歌》："见娘喜容媚，愿得结金兰"，写的是见到年轻女子心中喜悦，想要跟人家结交。后来到了魏晋南北朝时期，它也表示对母亲的称呼了，例如《木兰诗》"旦辞爷娘去"中的"娘"显然就是呼唤母亲了。

"娘"表示一般女性这种意思现在还保留在汉语里，比如"厨娘、红娘、老板娘"等。

另外，在我国历史上，"姐、姊、家、社"等汉字也曾经在一定时期、一定地域表示"母亲"，例如《说文解字》："蜀谓母曰姐，淮南谓之社。"

在《木兰诗》里面，关于"娘"的诗句表明，当时对父亲的称呼用的是"爷"。

"爷"这个字以前写作"爺"，最初意思就是指父亲，因此在一些古代文献，如《木兰诗》、杜甫《兵车行》的某些版本中，也使用过"耶"字，但是后来基本上就稳定下来了。例如白居易《新丰折臂翁》："村南村北哭声哀，儿别爷娘夫别妻。皆云前后征蛮者，千万人行无一回。"

再往后发展，"爷"由最初表示呼唤父亲的意思，逐渐抬高了辈分，专门用于称呼祖父以及和祖父同一辈分的男性了，而且这种意思一直延续到今天，例如"爷爷、李爷爷"等。

另外，"爷"这个字后来还可以用来称呼年长的或者地位显赫的男性，也可以用来称呼神佛等，以表示尊敬，例如"大爷、张爷、官爷、少爷、老天爷、土地爷"等。当然，在某种情况下，它也是自我标榜或者自我解嘲时的一种自称，例如老舍《骆驼祥子》："此处不留爷，自有留爷处。"

与"爷"相比，"爸"和"爹"这两种称呼一直只用于父亲这一辈人，而且现在也更常用。另外，这两个字不仅在意思上非常接近，而且它们的缘起也具有许多共同之处。据考证，这两种称呼都是来自古代汉族人居住的某些地区，或者来自少数民族语言。例如《康熙字典》就记录了"夷语称老者为八八，或巴巴，后人因加父作爸字。吴人呼父曰爸"，"荆土方言谓父为爹，故云。羌人呼父也"等。

上述情况表明，我们中华民族大家庭的共同语和中华文化是不同地域、不同民族共同创造的人类文明，是古往今来生活在神州大地的每一位华夏子孙的共同财富。当然，如果放眼整个神州大地，各民族其实都有对父母的特有称呼，而这显然不是本书所能容纳的。所以我们只能就汉字所记录的部分史料梳理有关父母称呼的源流与现状。

yé
爷

bà
爸

diē
爹

三　永远的父母

从我们的老祖宗开始，其实人们就已经意识到一个不以人的意志为转移的客观现实，那就是父母与我们共同生活的时间是有限的。因此，除了中华传统文化中的"孝道"，我们的祖先还创造了双亲在世的时候或者百年之后，我们对他们的一些特别称呼。

我们还是先看儿孙绕膝的天伦之乐场景吧：那位端坐太师椅、看似不苟言笑，实则内心充满喜悦的长者，就是我们的父亲。

对于父亲的称呼，除了前面已经谈到的，如果上溯至春秋战国时期，还有一种称呼是"公"。例如《战国策》："张仪欲穷陈轸（zhěn），令魏王召而相之，来将悟之。将行，其子陈应止其公之行"。这句话的基本意思是，张仪想要困住陈轸，所以就让魏王假意召其前来做宰相，实际却是要借机囚禁他，不曾想陈轸的儿子陈应在父亲就要动身的时候，阻止了自己的父亲。

"公"的甲骨文字形是 ，上边是"八"，下边是"厶"，最初意思是平均分配、公正无私。这个字的字形充分反映了古人造字的智慧。因为，"八"的最初意思是分开、背离；"厶"则是"私"最初的字形；上下两部分合在一起，意思就是背离私心和自私。这显然就是"公"的最基本含义了。

后来，由于有公平公正等意义，而公平公正又都是针对大众而言，所以"公"也就产生了"公众的、大家的"这样的意思，例如"公

gōng
公

款、公共事务"等。再往后，管辖、处理公众事务的人也就逐渐可以称为"公"了，如"公卿"等；而作为一家之主的父亲，从某种意义上说，他确实也是统辖、处置家庭事务的主角，这些事务恰好也是所有家庭成员的共同事务。因此，"公"后来产生表示"父亲"的意思，完全是合乎情理、顺理成章的。同样的道理，"公"还可以指女性丈夫的父亲，如"公婆"等。

字形中包含"公"的还有一个"翁"字，这个字曾经也可以用来表示父亲。例如《史记》中提到西楚霸王项羽与汉高祖刘邦的一桩公案时，说项羽曾经以属下兵士断炊为由，作势要杀掉刘邦父亲来要挟刘邦，却没料到刘邦回话说"吾与项羽俱北面受命怀王，曰'约为兄弟'，吾翁即若翁，必欲烹而翁，则幸分我一杯羹"。刘邦的意思就是明确告诉项羽，我们曾经互相约定做兄弟，所以我的父亲就是你的父亲，现在如果你要烹煮你的父亲，那么就分我一杯羹吧。这段话既显示了刘邦过人的胆识与智慧，但是也让人对这位乱世枭雄的言行实在有些无言以对。

wēng

翁

"翁"这个字虽然曾经指父亲，但是它最初的意思却是指禽鸟脖颈的羽毛。唐朝的玄应在《一切经音义》中还解释说："鸟头上毛曰翁。翁，一身之最上。"现在"白头翁、信天翁"等词语中还保留着这样的意思。

有一种意见认为，"翁"表示父亲是被"公"借用的结果。但是，如果仔细审视"翁"最初的意思，无论是鸟类脖颈羽毛与人类胡须的关系，还是鸟头所隐含的位置最高的意思，这个字本身的发展脉络或许都可以发展出表示"父亲"的意思。

与"翁"常常一起使用，并且表示母亲的有一个字——媪（ǎo），例如陆游《道上见村民聚饮》："家家了租税，春酒寿翁媪。"

ǎo

媪

"媪"这个字最初意思是老年妇女，后来也用来指年老的母亲。这个字右边的"昷"（wēn）以前写作"盈"，表示用器皿盛装食物给囚徒，意思是仁义。所以，"媪"也就意味着仁义的女性，这无疑是天下母亲最真实的写照了。

与"媪"意思接近，也可以表示母亲的还有一个"妪"（yù）字，例如根据《汉书》等文献记载，籍贯在东海的严氏五兄弟，由于母亲教子有方，兄弟五人进入仕途之后都做了俸禄达到两千石的官员，职位相当于副丞相或者大部门的主管，所以其母号称"万石严妪"。

"妪"这个字本身还有用体温为幼子取暖，或者孵化禽卵等含义，因此，它在表示母亲这种意思时，与"媪"有异曲同工之妙，同样表示了母亲的博爱与伟大。

母爱的博大确实令人感铭于心，而父爱又何尝不是如此呢。双亲之爱就算是他们离我们而去，我们必定也会常常记起。因为父母的形象和意象不仅已经驻扎在我们的心中，而且也已经植根于我们传统文化的沃土之中。

上一节谈到夫妻称呼时，曾提到"梓童"，也谈到了"乔梓"表示父子。"乔"在古代的确有"父亲"这种意象。

"乔"的金文字形是 ，表示高大，例如《诗经》："山有乔松。"因为这个字常常被用来形容树木高大，所以历史上也曾经被写成"桥"。但是按照清代段玉裁的意见，这类增加偏旁的事情都是"浅人"所为。"乔"由于生长在阳坡，树形高大，相比生长在阴坡、体形较小的"梓"，显然在子女心目中具有"父亲"的寓意。

与"乔"同样具有"高大"含义，而且也与父母有关的是"岳"，只不过这里的父母指的是妻子的父母。

"岳"的甲骨文字形是 ，表示高耸的山峰。关于这个字为什么用来指岳父母，民间还流传着一个故事。故事内容大致是这样的：

唐玄宗李隆基有一次到泰山"封禅"，命张项做"封禅使"，于是张某人便借机把女婿郑镒由九品提拔为五品。唐玄宗察觉此事之后，曾当面质问过郑镒，弄得郑镒面红耳赤，无言以对。当时在场的一些官员则含沙射影地讥笑道："此乃泰山之力也。"后来，人们就把妻子的父亲称作"泰山"了，而且因为泰山是五岳之首，所以还产生

yù
妪

qiáo
乔

yuè
岳

了"岳父"这样的说法，随之又连带出现了"岳母"这种称呼。

岳父一般也被称为"丈人"，这是由于"丈"与"年长"的"长"以及"拐杖"的"杖"读音相近，所以古时候"丈"也可以表示这两个字的意思。"长"不消说，"杖"一般也是年长者的象征，想必大家对佘老太君手中的龙头拐杖一定都不陌生吧。因此，"丈人"其实一开始只是出于对年长者尊重的一种说法，后来就用到岳父身上了，而且还连带造出了"丈母娘、老丈人"等说法。

岳父母完全是由于婚姻所致，而另一种也由于婚姻所致的"父母"则是"继父母"。

"继"的金文字形是 ，意思就是丝线相接续。那么，继父母显然就是继生身父母之后而来的父母了。继父母的出现肯定是由于各种原因，其中令人悲伤、哀痛的无疑是父母的驾鹤西归了。

对于和我们天人永隔的父母，让他们老人家入土为安的时候，绝大多数子孙后辈总要立墓碑以寄托哀思，其实这也是为了保留一处向父母倾诉衷肠的所在。

在许多墓碑上，我们常常能见到子女们铭刻的"考妣"字样。

"考"的甲骨文字形是 考，表示长发老者扶杖而行，最初意思就是"年纪大、年老"等，后来也用来表示去世的父亲。例如《离骚》："帝高阳之苗裔兮，朕皇考曰伯庸"，意思是屈原自述自己是黄帝孙子颛顼的后裔，自己的先父名叫伯庸。

与"考"无论字形还是意思都比较接近的是"老"。"老"的甲骨文字形是 老，也是老人扶杖形象，意思同样是"年纪大、年老"等。后来这个字也用来表示

先人墓碑

zhàng
丈

jì
继

kǎo
考

父母，当然它并不是专门指离世的父母。例如宋代张孝祥的《鹧鸪天·为老母寿》："同犬子，祝龟龄，天教二老鬓长青"，几句话流露出子女企盼父母永远年轻的浓浓真情。

然而令人纠结的是，虽然子女希望父母长寿，但是汉字里还是存在着表示"去世母亲"意思的字——妣。这个字最初的意思就是指故去的母亲，例如明代方孝孺《题桐庐二孙先生墓文后》："或恸哭荒江断垄间，如失考妣。"

四　刚柔相济说父母

失去父母，的确是痛彻心扉的人生创痛。痛到深处，如烟往事历历在目，只是我们再也抓不住那温暖我们一生的音容笑貌。

万籁俱寂时，一灯如豆，如若独坐几前，捧读文采、人品、骨气俱佳的文学大师朱自清的《背影》，想必任何为人子女者都会酸甜苦辣齐聚心头。那个为了给儿子买几个橘子，越过铁道"用两手攀着上面，两脚再向上缩；他肥胖的身子向左微倾，显出努力的样子"的背影，几乎就是天下父亲的缩影。父爱，如山！

但是，由于男性的刚毅和父爱的深沉，以致在古往今来的整个社会观念中，"严肃、严厉"已经成为千百年来父亲的固有形象。

"严"以前写作"嚴"，上边两个"口"构成的"吅"读作xuān，表示声音嘈杂、喧嚣；下边的厰是个多音字，读yín的时候表示山势险峻；上下合在一起表示由于情势紧迫而敦促。后来，情势紧迫的含义就逐渐发展出"严重、严厉、威严"等意思。因为父亲的形象一直同这些意思剪不断理还乱，就像《三字经》里所说的"子不教，父之过"，而"教"字右边的"攵"恰巧正是手持戒尺一类器具的形状，所以"严"后来也就用来表示父亲了，例如巴金《秋》："大表哥的意思很对。我原本也不大赞成家严的主张。"

与严父相对照的无疑是慈母形象，就像唐代诗人孟郊《游子吟》"慈母手中线，游子身上衣。临行密密缝，意恐迟迟归"所营造的意境那样，母亲，一直是慈祥、慈爱的象征。

"慈"上边是"兹"，意思是草木茂盛，同时隐含着滋养长大；下边是"心"；上下合在一起便意味着慈爱之心。于是，一生辛劳持家、善待尊长、尽心抚育儿女的母亲便当之无愧地被冠以"慈"的名号。例如宋代梅尧臣《寄滁州欧阳永叔》："此外有甘脆，可以奉亲慈"，意思就是用鲜美软嫩的肉食孝敬父母。

严父慈母，历来如乾坤相依，山水共处，彼此间刚柔相济，因此，"严慈"也常常联袂出现，例如《清史稿》："幼失严慈，抚育无人，形影伶仃，莫可言状"，寥寥数语，一个孤苦无依的孤儿形象便跃然纸上。

和"严、慈"类似，同样指父母的还有"尊、堂、椿、萱"等说法。

先来看一个例子。清代流传下来的一部长篇小说《说唐》，第八回说到好汉秦琼与姑父罗艺相见时，罗公曾有一句话："贤侄，老夫想你令尊，为国忘身，归天太早。"言辞中表达出对秦琼父亲秦彝大将军过早离世的哀悼、惋惜之情。

"尊"的甲骨文字形是𩵋，表示用双手托举器皿，最初指的是用于祭祀或款待贵宾的酒器。

这个字在古代还有一种字形是𨤲，下边的"廾"（gǒng）在甲骨文里写作𠬞，是两只手的形状。"尊"之所以下面也写作"寸"，大概有两层含义：第一是"寸"本来也与手部有关；第二是"寸"由于有计量单位含义，所以它本身也可以表示"法度"。

中国古代最重视礼法、规矩，祭祀或待客的酒器恰好是体现这些讲究的最适合的一种标志，只要看看我们古代有多少种酒器以及同这些酒器相对应的汉字，大家就会对那些繁复的礼制深有体会了。

既然与祭祀、待客的法度相关，所以"尊"也就暗含了"尊重、尊贵"等意思，后来也就用来表示受人尊敬的人或神，例如古代常常用"九五之尊"指帝王，用"道德天尊"指太上老君。而父亲肯定是每个人心中最敬重的人，所以用"尊"表示"父亲"自然也是非常贴切的。

"堂"在前面已经谈到，是一个家庭或家族居所的正厅，对一个家庭或家族来说具有标志性含义。所以，用"堂"表示处理家务内政的母亲，这是再适合不过的说法。例如洪深《少奶奶的扇子》："尊大人在日，也曾说起令堂么？"

chūn

椿

"椿"是古代传说中的长寿之树，按《庄子》里面的说法，它"以八千岁为春，八千岁为秋"，可见这种树的寿命之长。因此，后来用"椿"表示父亲，充分表达了子女对父亲的祝福。

与这种说法关系十分密切的，还有"椿庭"一说，意思同样指父亲。其中的"庭"是"趋庭"的省略，而"趋庭"则与孔老夫子有关了。根据《论语》记载，孔夫子的儿子孔鲤，曾经数次在父亲独处庭堂的时候从旁经过，而且每一次都受到父亲的教诲，所以后来就用"趋庭"表示子女接受父亲教诲的意思。例如唐代王勃《滕王阁序》："他日趋庭，叨陪鲤对"，表明自己也希望有朝一日能够像孔鲤那样接受父亲的教诲。因此，"庭"后来也就间接与父亲产生了关联。

与"椿"高大长寿形象相对照的，是"萱"的温婉与滋养。

xuān

萱

"萱"本来是指忘忧草，古代还有佩戴此草有助于生子的说法。所以，从这种意义上说，"萱"也与母亲结下了不解之缘。

从另一层意思看，"萱"在古代还有一种字形"蘐"，其中的"谖"正有"遗忘"的意思，例如《诗经》："有匪君子，终不可谖兮"，意思是说，如此有文采的君子，的确令人难以忘怀。句子里面的"匪"与"斐"相通，指的都是"文采"。

《诗经》里面还有一篇《伯兮》，其中有一句"焉得谖草，言树之背"，大致意思是，怎么才能找到一株忘忧草啊，以便把它种在庭院的北面。因为这首诗是妻子思念从军远征的夫君，所以字里行间充满了浓浓的相思之痛，痛到深处就幻想着能够借物"忘忧"。

诗句中的"谖草"就是"萱草"。"背"则指的是"北"，因为"北"的甲骨文字形为 ，形状就是两个相背而站的人，最初意思也正是"背离"。后来"北"就有了方位、方向的含义。而正是由于庭院北面常常是母亲的居室，因此，绕了一大圈，"萱堂"就有了母亲居所的意思，后来也就可以用来代表母亲了。例如元代耶律楚材《祝忘忧居士寿》："玉佩丁东照兰省，斑衣摇曳悦萱堂"；还有宋代叶梦得《再任后遣模归按视石林》："白发萱堂上，孩儿更共怀。"

"萱堂"再经过省略，"萱"就成为母亲的代称了，例如唐代牟融《送徐浩》："知君此去情偏切，堂上椿萱雪满头。"白发苍苍的双亲，怎不叫人生出难舍难分、依依惜别之情。另一位唐代诗人孟郊，其《游子诗》"萱草生堂阶，游子行天涯。慈母倚堂前，不见萱草花"，则生动地刻画出母亲对游子的深深思念。因为忘忧草是游子为减轻母亲思念所种，然而，母亲满心满腹都是对远游子女的深切思念，眼睛里哪里还会有忘忧草呢！

就是这样的父爱和母爱，滋养着我们一代又一代人茁壮成长，而且还给我们带来守望相助的众多亲人，让我们的人生充满真情、充满爱意。

第十六章　长辈和晚辈的称呼

在这个部分你将了解到下面这些字：

祖	奶	婆	姥	伯	叔	姑	舅	姨	妗
儿	女	子	嗣	息	婿	媳	侄	甥	孙
曾	烈	鼻	玄	来	晜	仍	云	耳	

一　父母的双亲

许多人一定都很熟悉这样的场景：医院产房外面，几位老人既喜且忧、坐立不安，常常是一边向紧闭着的大门里面张望，一边还不停地互相说着什么，而旁边一位面露疲惫之色的青年男子则完全被晾

在一边，就像个局外人一般处于被人无视的状态。

此时此刻正在妈妈体内积蓄力量、准备破茧而出的小家伙，请多体谅一下你们父亲的不容易吧。眼下爷爷、奶奶、外公、外婆眼里心里全是你，谁还会有半点心思留意他们

曾经也非常疼爱的儿子、女婿呢。由此也可以想见，你在祖父一辈人心目中的地位是何等重要。

"祖"在甲骨文里写作 𝕒 ，是一个祭台上供奉的牌位形状，最初意思就是祖宗、祖先。

其实，这个字本来是现在的"且"，从古至今，它的模样基本上就没发生过多少变化，只是后来为了更突出祭祀的含义，才在左边添加了与祭祀有关的"礻"，这才变成了"祖"。

由表示"祖宗"的意思再往后发展，"祖"就逐渐成为大家庭"一把手"的称呼，这就是我们的"祖父"。例如柳宗元《捕蛇者说》："吾祖死于是，吾父死于是"，意思就是，我的祖父和父亲都死在捕蛇这件差事上。

由于最初具有"祖宗、祖先"等含义，所以我们也把世世代代生于斯、长于斯的故土称为"祖国"。例如清末巾帼英雄秋瑾《柬某君》："头颅肯使闲中老，祖国宁甘劫后灰？"诗人用反问的方式表达了在祖国积贫积弱的危难关头，她的儿女们不能麻醉和休眠自己的意志，不能坐看家国万劫不复，而是要在国难当头时人人奋起、匹夫有责。

"祖"既然可以指祖父，那么，祖父的配偶自然就是"祖母"了。然而，不同地域的人对祖母的称呼往往存在着一些差别，例如"婆婆、娘娘、娭（āi）毑（jiě）"等等。当然，相对而言，"奶奶"现在的使用范围最广。

不过，"奶"这个字出现的年代却比较晚，最早的时候有一种字形是"嬭"，它的意思是女性的乳房。据一些学者考察研究，用"奶奶"称呼祖母应当不早于元代，而且在元代也只有极少用例。后来到了清代，用这种称呼称祖母才渐渐多了起来，例如《红楼梦》："你琏二哥糊涂，放着亲奶奶，倒托别人去。"

与"奶奶"情况相仿，把祖父称为"爷爷"的历史也不算长。根据目前看到的史料，这种对祖父的称呼大约也是在元代才开始出现，随后用例逐渐增多。因此，从这里我们也可以看出汉语词汇比较严整的对称性。

用"婆婆"称呼祖母，其历史比"奶奶"大概要早一些，例如唐代权德舆《祭孙男法延师文》："翁翁婆婆以乳果之奠，致祭于九岁孙男法延师之灵。"

历史上更早表示祖父、祖母称呼的，大致还有"大父、大母；王父、王母；大王父、大王母"等，其中的"大"读作tài，意思跟"太"相同。例如《韩非子》："今人有五子不为多，子又有五子，大父未死而有二十五孙。"

另外，从历史文献看，"大父"这种称呼既可以用于祖父，也可以用于外祖父。例如《史记》："冒顿（mò dú）在，固为子婿；死，则外孙为单（chán）于。岂尝闻外孙敢与大父抗礼者哉？"这句话是说，如果您的女婿冒顿单于亡故，则您的外孙将继承单于之位，您听说过有哪个外孙做出过违逆外祖父旨意的事情吗？

对外祖父的称呼，现在各地也不一致，使用范围比较广的有"外公、老爷"等。

从字面意思看，"外公"应当是相对于"内公"而言，但是，涉及亲缘关系，"内"和"家"在意思上非常接近，我们从历史文献也能发现，古时候人们也常常把祖父称作"家公"，例如《颜氏家训》："昔侯霸之子孙称其祖父曰家公。"

当然，由于地域差异，有些地区也把外祖父称为"家公"。例如《颜氏家训》说"河北士人皆呼外祖父母为家公家母；江南田里间亦言之。"

"老爷"一词最初是指有身份地位的官僚、富人等，后来则用于对别人的尊称。用它来称呼外祖父则来自某些特定的地区，例如明代沈榜的《宛署杂记》："外甥称母之父曰老爷。"

与"老"读音相同，用来称呼外祖母的还有一种说法——姥姥。而"姥"这个字，其实有两种读音，读mǔ的时候，意思与"母、姆"

pó

婆

lǎo

姥

基本相同，而且这种读音历史更悠久。因此，这个字最初指的是母亲以及与母亲辈分相同的女性，后来用"姥姥"称呼外祖母同样来自某些地区，例如前面提到的《宛署杂记》："外甥称母之父曰老爷，母之母曰姥姥。"

另外，在形式上与"外公"相对称，称呼外祖母的还有"外婆"这种说法，例如《儒林外史》："舍下就在这前街上住，因当初在浦口外婆家长的，所以小名就叫做浦郎。"

二　与父母辈分相同的长辈

类似"浦郎"这种在祖母、外祖母呵护下长大的情况，在中国从古至今就是一种常态。因为儿孙绕膝，这是多少人知天命之后的追求和境界。老舍先生的力作《四世同堂》，主要描写的是日寇铁蹄下的旧中国和民族存亡关头不同人的抉择与追求，与此同时，也让我们在字里行间感受了几代人之间的血脉之情。

实际上，在祖母或外祖母身边长大，我们感受到的可能是更多长辈的关心与爱护。这些长辈上敬父母、下育儿孙，为大家庭遮风挡雨。他们是我们的：伯父、伯母、叔父、婶母、姑母、姑父、舅父、舅母、姨母和姨父。

"伯"最初的意思是长子，后来，它就有了指"父亲兄长"的意思。例如杜甫《醉歌行》："汝身已见唾成珠，汝伯何

年夜饭

bó
伯

由发如漆。"这首诗是诗人写给科举落第的侄子杜勤的，两句诗的大致意思是说，诗人自己尚且黑发如漆，而侄儿少年有成，在赋诗写文方面已然能够出口成章。显然这是诗人安慰、鼓励侄子的暖人之作。

另外，"伯"还是个多音字，读bǎi的时候指的是丈夫的兄长，例如袁同兴《盼到天明出日头》："大伯子嫌俺不做活。"

"叔"的金文字形是扗，左边是"未"（shú），指的是豆类作物"菽"；右边是手的形状；左右合在一起，意思就是收或者捡拾。由于"叔"与"少"声母相同，读音相近，所以它后来就产生了"年幼"的含义，而比父亲年纪小的，自然就是叔叔了。

叔叔的配偶一般称作"婶、婶子"等，例如宋代吴自牧《梦粱录》："抱儿遍谢诸亲坐客，及抱入姆婶房中，谓之'移窠'。"记录的是当时杭州一带生子育儿的一些民俗。

shū 叔

gū 姑

"姑"最初意思是指丈夫的母亲，也就是婆婆，例如唐代李朝威《柳毅传》："既而将诉于舅姑，舅姑爱其子，不能御"，说的是一位已婚女性，由于其丈夫终日贪恋侍女的美色，欲将此事禀告公婆，但是公婆却溺爱儿子，并不严加管束。

"姑"之所以能够用来称呼长辈，是因为它的读音与"故"相近，而"故"本身含有"故旧"之义，意味着可以指年纪大的人。因此，"姑"后来也就能用来称父亲的姐妹了。

jiù 舅

"舅"与"姑"的情况非常相似。首先，它的读音与"旧"相同，所以也能用来表示长辈。其次，从《柳毅传》的例子看，它最初指的是丈夫的父亲，后来才有了"母亲的兄弟"这种意思。

和母亲兄弟关系非常紧密的，还有母亲的姐妹以及母亲兄弟的配偶。

yí 姨

"姨"最初指的是妻子的妹妹，因为"姨"的读音与"弟"相近，所以含有年龄比妻子小的意思，例如《诗经》："东宫之妹，邢侯之姨。"后来它逐渐扩大到也可以指妻子的姐姐。对于已婚且已为人母的女性来说，她们的姐妹正是孩子们的长辈，因此，"姨"后来也就产生了表示"母亲姐妹"的意思。

"舅母"是舅舅的配偶，一般也称"舅妈"等。此外，现在有些地区还有一种专门用于舅母的称呼"妗"。不过，据古人考证，这是民间对舅母一种比较通俗的称呼，而这个字本身，最初却是表示"喜笑的样子"，只是这种意思在目前可见的历史文献中似乎鲜有用例。

然而，不管怎样，我们从"妗"最初的意义中还是感受到了众多亲人其乐融融的温馨，并且也都希望这令人放松、让人安宁的氛围永远持续下去。

jìn

妗

三　我们的下一代

要延续亲情，其中必不可少的条件是赓续血脉。因此，我们虽然为人子、为人孙，曾经在长辈们撑起的树荫底下乘凉，但是，每个羽翼渐丰的雏鹰，总有振翅欲飞、搏击长空的一天，而且，也必将承担起为人父母的职责，为即将到来的下一代继续劬劳、领航。

儿女双全，这是中国传统观念中的理想家庭模式。"儿"这个字在甲骨文中写作，下面是人的躯体，上面非常突出的是大大的脑袋。它最初的意思就是指男孩儿，后来也可以指女孩儿。

我们都知道，幼儿头部的长度大约占身高的三分之一，而成人的这个比例则

ér

儿

老鹰哺育雏鹰

大约是七分之一。由此可见我们祖先在造字的时候精准把握事物主要特征的卓越智慧。而且这个字表示头部的部分，还非常有创意地表现出未满周岁幼儿囟门尚未闭合的情况。

"儿"这个字由于最初指婴儿，后来就用来表示儿女了。当然，用它表示子女的时候，一般是指儿子。例如辛弃疾《清平乐·村居》："大儿锄豆溪东，中儿正织鸡笼。"

nǚ

女

"女"的甲骨文字形是 ，描画了一个跪坐的温婉女性形象。它最初的意思就是指妇女。在古代，如果表示女婴，最初用的正是"婴"。用"女"表示女儿是后来发展出来的意思，例如《木兰诗》："不闻爷娘唤女声。"

"儿""女"也常常合在一起表示子女，例如杜甫《赠卫八处士》："昔别君未婚，儿女忽成行。"诗人感叹的是世事沧桑，与友人聚少离多，离别时友人还是未婚未娶，再聚首却已然"使君有妇"，并且还子女成行。

zǐ

子

"子"的甲骨文字形是 ，也是一个襁褓中的大头婴儿形象，两只小手向上扬起，躯体和两条小腿被裹在襁褓之中。它最初的意思就是指婴儿，后来也像"儿"一样逐渐用来表示儿女或者表示儿子，例如《孟子》："是故明君制民之产，必使仰足以事父母，俯足以畜妻子。"这句话是孟子奉劝梁惠王应当推行富民政策，使百姓具备奉养父母、抚育妻子儿女的物质基础和能力。

抚育儿女，从某种意义上看，其实也是生命的延续，因此，历史上才会流传下来"子嗣、子息"等说法。

sì

嗣

"嗣"在金文里有一种字形是 ，由"册、司、口、子"四部分构成，意思是诸侯用典册发布诏令，传位于嫡长子。其中"司"就表示发布诏令。

长子继位也就是继嗣之意，因此，"嗣"后来就用来表示所有的"继嗣"，既可以指儿子，也可以指后代。例如王安石《答郏（jiá）大夫书》："承教，并致令嗣埋铭祭文"，其中"令嗣"指的就是对方的公子；而《汉书》"后妃有贞淑之行，则胤嗣有贤圣之君"中的"胤嗣"则是指所有后代了。

"息"的金文字形是 ，它最初的意思是呼吸、气息。对于人来说，气息意味着生命的持续，而从某种意义上说，子女同样意味着生命的延续，因此，"息"后来就发展出"子女"的意思，例如唐代张籍《董公诗》："汝息为我子，汝亲为我翁。"

另外，"息"除了用于子女，也可以用来称其他晚辈，例如宋代金石学家，也是洪承畴、洪秀全先祖的洪适，其所作《同寮祭吕母文》中就有"某等定交，贤息并游莲府"，其中的"贤息"就是对他人后代的一种尊称。

四　儿女一辈长江后浪

"贤"和"令"用在称呼中，都含有尊重对方的意味。不过，它们之间存在着一种比较明显的差别："令"一律用于第三方，概无例外；而"贤"则既可以用于第三方，也可以用来称对方，比如"贤弟、贤婿"等。

岳父用"贤"称呼女婿，的确显得过于客气，但这就是古时候的礼节，而且"婿"这个字本身就包含着贤良的意思。

"婿"原本写作"壻"，左边是"士"不是"土"；右边的"胥"由于古代与"谞"相通，所以含有"智慧"的意思；左右两边合在一起，本来是指有才智的男子。因为谁都希望把女儿许配给这样的男子，所以"壻"也就有了"女婿"的意思，而且后来也就写成了"婿"。

岳父一家对女婿的尊重和重视，从"婿"这个字可见一斑，而且这种重视还反映在对女婿的其他称呼中，例如"姑爷、令坦（祖）、东床"，还有帝王家公主的"驸马"。

东床袒腹

"姑爷"很好理解，指的就是自家姑娘的夫君。"驸马"一说则略有曲折，因为"驸"这个字原本是指非驾辕的副驾之马，也就是起辅助作用的驾车马匹。后来由于西汉时设置管理此类马匹以及由这类马匹承担的御驾事务的官职，称作"驸马都尉"；而到了三国两晋时期，恰好又有公主的夫君身居这种官职，所以后来就用"驸马"表示帝王的乘龙快婿了。

"令坦"和"东床"的说法，则来自一个十分有趣的传说，而且还牵涉到东晋时大名鼎鼎的书法圣手王羲之。

据传说，东晋时屡建战功、书法技艺同样精湛、位居三公的司空郗鉴，曾经想为爱女择婿，因为他曾听说丞相王导府上几位公子均出类拔萃，所以就亲笔写了一封信，并派一位门客到丞相府拜访，目的是考察合适人选。门客回来之后禀告郗鉴，说王丞相的几位公子果然名不虚传，其中有一位更是与众不同，其他公子均衣冠楚楚，唯独此人袒胸露腹卧于东床。没承想，郗鉴听了门客的话之后却说：如此随性的公子必有过人之处，我这女婿就定他了。这位被选中的女婿就是日后被誉为"书圣"的王羲之。

从那以后，女婿便有了"东床"的雅号，而且连带着还产生了一个令人捧腹的说法"令坦"。由于古时候"坦"和"袒"在某些情况下相通，所以也可以写作"令袒"。

岳父选女婿，那么，公婆就是选儿媳了。"媳"这个字左边是"女"，右边是"息"，意思就是衍生子息的女子，也就是儿子的配偶。可见"息"在其中并不仅仅表示读音。

从现实情况看，"媳、婿"虽然与家族后代相关，但是他们本人一般与其配偶家族并无血缘关系。但是在古代，也存在着表兄妹通婚的情况。这一代人是各自家族的后起之秀，也是家族的希望所在。

侄子、侄女、外甥和外甥女都是儿女一辈的青年俊彦，他们与叔伯姑舅姨之间的亲情也常常为人所称道。

"侄"的出现时间比较晚，在它前面出现的是"姪"，指的是女性本人兄弟的子女。这个字之所以是女字旁，是因为它最初指的是姑侄关系，是从姑姑角度出发看待这种亲缘关系的。这一点从"姪"右边的"至"也可以得到佐证，因为"至"在"姪"里面一方面表示读音；另一方面也暗含着女子虽然已经出嫁，但是对于娘家来说，她们与娘家的任何瓜葛都可以看作是"返回到"，这与表示出嫁的"适"方向刚好相对，"适"指的是"去往"，而"至"则意味着"返回"了。

后来，"姪"的意思又扩大到兄弟之间的后辈，也就是可以指叔侄关系了，所以左边也用单人旁替代了女字旁。

跟姑侄关系联系紧密的无疑是甥舅关系，因为兄妹、姐弟之间，任何一方和对方子女的关系不外乎这两种。做兄弟的，自己的子女是姐姐或妹妹的侄子，那么，姐妹的子女就必然是自己的外甥或外甥女。

"甥"这个字右边的"男"和"姪"左边的"女"作用相同，意味着这种亲属关系是从身为男性的"舅舅"那里衍生的。这个字左边的"生"同样兼有表示读音和意思的作用，因为"外甥"一般都比舅舅年纪小，所以隐含着"后生、晚生"的意思。

这些后生之辈，随着他们渐渐长大，他们身后仍然会有后来人，就像《愚公移山》中愚公所说的"子子孙孙无穷匮也"。

那么，这种跨越很长时间的亲缘关系，正如我们中国古话所说"祖宗十八代"，这祖祖孙孙之间会用什么称呼呢？

xí
媳

zhí
侄

shēng
甥

五　或许不曾谋面的血脉亲缘

血脉延续，从理论上讲是"有始无终"的一种情形。西汉辞赋家扬雄在《反离骚》中，就明确表述了自己家族和自身姓氏的源流"有周氏之蝉嫣兮……灵宗初谍伯侨兮"。意思是说，自身血脉是从黄帝那里（即"周氏"）流传下来，而家族谱牒上的始祖则是晋武公"姬称"的儿子"伯侨"。伯侨是春秋战国时期风云人物晋文公重耳的叔父。

族　谱

很显然，那些记录在族谱上的先祖，其中有一些我们有缘得见，而另外一些则只能遗憾地缘悭一面了。同样的情况也存在于我们和子孙后代之间，几代之后就都活在我们的期望和想象之中了。

绝大多数情况下，孙子女乃至重孙子女这两代人，大概还能够享受到祖父母和曾祖父母对他们的疼爱。

孙

sūn

"孙"这个字以前写作"孫"，左边是"子"；右边是"系"，表示联结、接续；左右合在一起，意思是延续血脉的子孙，指的就是"孙子"。例如杜甫《石壕吏》："有孙母未出，出入无完裙"，诗人用短短十个字精妙地道出了儿子战死沙场，守寡的儿媳连一件蔽体的衣服都没有这种窘况，一针见血地指出朝廷连年征战带给百姓的无尽苦难。

连同孙子在内，所谓"祖宗十八代"，如果分为长、幼两个系列，长辈系列按由近及远次序是：父亲、祖父、曾祖、高祖、天祖、烈祖、太祖、远祖和鼻祖，共九辈。晚辈系列也按照由近及远次序，则有：儿子、孙子、曾孙、玄孙、来孙、晜（kūn）孙、仍孙、云孙和耳孙，也是九代。

"曾"在金文里写作 。最上面的部分表示蒸汽；中间是一种类似现代蒸笼的炊具；下面则是锅灶。几部分合在一起，指的是一种用于加热食物的炊具"甑"。也就是说，"曾"最初正是"甑"的象形写法，后来才在右边增加了表示陶土材料的"瓦"，造出了一个新的字——甑。从那以后，"曾"也就不再表示炊具了。

了解和熟悉厨房事务的人都知道，蒸笼一类的炊具必须叠加在能够盛水的锅等容器上面才可以使用，而且其自身还可以逐层叠加，因此，"曾"最初也就暗含了"叠加"的意思。这种意思在包含它的"增、赠"等汉字中，体现得相当明显。

"曾祖"这种称呼所表示的亲缘关系，意味着中间隔了两辈人。那么，辈分的相隔，其中就隐含着中间叠加了其他亲属，而这种含义正是"曾"最根本的意义所在。"曾孙"的情况与此完全相同。

"高、天、太、远"四个字，虽然具体意思不一样，但是它们之间存在着一个共同要素，那就是都包含着距离大、程度深这样的含义。"高"指的是上下两端距离大；"天"意味着顶端；"太"用在距离方面，同样是指远；"远"自然不必细说了。因此，这几个字用在亲缘关系方面，它们均意味着这样的亲属离自己已经比较遥远了。

"烈"原本意思是火势猛烈，后来则发展出"光亮"以及像火焰一样炽盛、鲜明的"功业"等含义。所以，后人出于自豪以及尊敬等情感因素，就把某些祖先称作"烈祖"了。例如南北朝庾信《哀江南赋》："余烈祖于西晋，始流播于东川。"

根据传统观念，母体中的胎儿，最先成形的器官就有"鼻子"，所以"鼻"就暗含了"始"的意思。因此，"鼻祖"也就意味着"始祖"，也就是在有称谓的祖辈之中必然居首位。例如元好问《济南庙中古桧

zēng
曾

liè
烈

bí

同叔能赋》："濑乡留耳孙，阙里传鼻祖。""濑乡"是道家始祖老子的故里，而"阙里"则是孔老夫子居住的地方，可见元好问对这两位先贤的尊崇、景仰之意。

"耳孙"一说，带着我们把视线转向儿孙后代。

xuán 玄

"玄"这个字最初意思是暗红色，含有"昏暗"之义。"玄孙"指的是和自己隔了三代的子孙，这种亲缘关系已经比较远了，而距离变远就意味着看不清远处的事物，这种情况恰好暗合"玄孙"这种亲缘关系也是由于距离遥远而变得暗淡。例如南朝裴松之《三国志注》："然亲亲有衰，尊尊有杀，故礼服上不尽高祖，下不尽玄孙……六世而亲属竭矣。"很显然，按照裴氏理念，亲缘关系呈现出代代衰减的趋势。

lái 来

"来"这个字很有意思，其实它是个典型的"乌龙字"。因为它的甲骨文字形是 𣎆，显然描绘的是一种农作物的形象，而实际上它最初的意思也正是"麦"；反观"麦"的甲骨文字形却是 𡿺，下面是表示腿部的"夂"。所以，这两个字是在汉字发展过程中"张冠李戴"了。

"来"后来有了"将来、未来"等意思。"来孙"显然就是距离当下尚有时日的未来子孙，例如宋代林景熙《题陆放翁诗卷后》："来孙却见九州同，家祭如何告乃翁！"

kūn 晜

"晜"的意思与"昆"相同。"昆"下面的"比"，其甲骨文字形 𠤎 是两个站立着的人的侧面形象，表示"接近"或"并立"之义，所以间接表示"众"，而众人在一起，则必然有先有后，有长有幼。因此，"晜"也就有了"或先或后"的意思，那么，"晜孙"之"晜"恰好就意味着辈分在后了，而且比"孙辈"还要靠后。

réng 仍

"仍"最初的意思是"因"，也就是有根源、有所依凭，所以有"因袭"的意思，比如"一仍旧贯"大致就是因循守旧、墨守成规的意思。因此，"仍孙"的主要意思是指虽然中间隔了许多代人，但是这一代人仍然是一脉所出、来自同一个源头。例如宋代赵彦卫《云麓漫钞》："此帖流传至于智永，右军仍孙也"，说的是南北朝至隋朝初年，以真草《千字文》闻名于世的智永和尚乃是书圣王羲之的七世孙。

"云"的基本意思就是天空中的云气。以我们所处的大地为参照，天上的云彩显然离地面很遥远，用它来表示八世孙，也就意味着这一代子孙已经遥远如浮云了。例如陆游《镜湖西南有山作短歌》："云孙相遇不相识，笑问尘世今何年。"

"耳"的基本意思就是耳朵，用它表示九世孙，存在着两种说法：一种说法是"耳"和"仍"在古代有相通的情况，所以也能够像"仍"一样用来表示比较远的亲缘关系；第二种说法是由于亲缘关系比较遥远，所以不可能是亲眼所见，不过是流于耳闻而已。

一些活在我们心目中的长辈和晚辈，与我们只能是隔世相望，而陪伴在我们身边并且和我们一起嬉戏游玩的，还有许多与我们年龄相仿的兄弟姐妹，他们又都是谁呢？

yún
云

ěr
耳

第十七章 兄弟姐妹关系的称呼

在这个部分你将了解到下面这些字：

兄	哥	弟	姐	姊	妹	嫂	妇	棠	棣
萼	华	鹡	鸰	昆	孟	仲	季	妯	娌
姒	娣	连	襟	挑	担				

一 我的兄弟姐妹们

童年的记忆总是那么美好，当我们走过花甲，一天一天变老的时候，不知不觉中，常常萦绕在脑际的往往是这样一些画面：脸上挂满泥水印的小哥几个，一起背着父母玩泥巴、翻墙头；抱着洋娃娃的姐姐和妹妹，围在做针线的母亲身边"过家家"……晕黄的光线中，一切都是那么安逸、遥远而又亲切。

那个常常出现在我们脑海中的"孩子王"，就是曾经挺起稚嫩的小胸脯，用并不强壮的肩膀为一众弟妹勇于担当的"兄

长"。

"兄"的甲骨文字形是 ，上面是"口"，下面是"人"。对这个字的解释，历来存在着两种主要意见：

第一种意见认为，这个字的意思是人在祭祀中祷告，也就是"祝"。在我国古代，祭祀对每个家庭来说都是重大事务，所以主持祭祀的一般都是父亲或长兄，因此，这个字也就有了兄长的含义。

第二种意见比较曲折。这种意见认为"兄"最初的意思是"滋长、增益"，因为从人的口中滔滔而出的言语是源源不断的。后来，这种"增长"含义就逐渐用来表示程度上的"更加"，例如《诗经》："每有良朋，况也永叹"，其中的"况"就有版本作"兄"，意思正是"更加"。整句话的大致意思是，虽然有好友，（可是想到兄弟，仍然）更加感叹。"增长"也好，"更加"也罢，它们都含有"长、多"等意思，而兄长比弟弟年长，经历人世的时间也更多，所以"兄"后来就指家里先出生的男孩了。

现在，弟弟称呼兄长的时候，一般最常用"哥、哥哥"等。据考证，"哥"这个字最初意思是"歌"，例如唐代姚思廉《陈书》："其充闱房者，衣不重彩，饰无金翠，哥钟女乐，不列于前。"几句话都是称赞南北朝时期陈朝开国帝王陈霸先的，说他如何简朴。后来这个字有了表示"兄长"的意思，但是其缘由尚无确切的考据。

与"兄、哥"相对的是"弟"。"弟"在金文里写作 ，表示用皮革捆扎、束绑。因为环绕着捆扎物体会形成一圈一圈错落有致的螺旋形状，形似梯级，所以，这个字后来就有了"次第"的意思，而把这种意思推及兄弟之间，它就可以表示排行了。因此，"弟"后来就产生了"兄弟之间年幼的一方"这种意思。例如《诗经》："宴尔新昏，如兄如弟"，意思是燕尔新婚的夫妻亲密得如同兄弟一般。

男孩之间论兄弟，女孩之间就是论姐妹了。但是，"姐"这个字最初的意思却是"母亲"，而且是古代居住在巴蜀一带的人所使用的一种称呼。据清代段玉裁推断，这个字应该也是那个地区的人创造出

xiōng
兄

gē
哥

dì
弟

jiě
姐

来的，最初还写作"她、𡛚"等。后来，这个字也用来表示家里女孩子中年龄大的一方。

在古代，同样表示姐姐的还有"姊"。"姊"最初是弟弟对姐姐的称呼，例如《木兰诗》："小弟闻姊来，磨刀霍霍向猪羊。"

"姊"在古代还有另外一种字形"姉"。东汉训诂学大师刘熙在《释名》中对这个字的解释很有意思。他认为"姊"就是"积"，相当于太阳升起之后，随着时间的积累而越来越明亮。而"姊"刚好也意味着出生之后，在时间上比年幼的弟妹积累得更多。

"妹"最初的意思就是指比哥哥、姐姐年幼的孩子。关于这个字的由来也有两种意见。

一种意见认为"妹"相当于原本表示"昏暗不明"的"昧"，而昏暗不明常常意味着黄昏，黄昏在一天之中又往往意味着"晚"或者"时间靠后"，恰巧这也正是"妹"右边的偏旁"未"所包含的"时间在后"的意思。

另一种意见认为，"妹"右边的偏旁或许是"末"，因为"末"的声母与"妹"的声母相同，而且"末"也含有"小；时间在后；在序列中靠后"等意思。因此，"末"既能表示"妹"的读音，同时也和"妹"在意思上有关联。

看起来，"姊"和"妹"在意思上各有其自身的来源，而且各自所包含的偏旁也已经蕴含了时间先后、年长年幼的意思。与这种情况类似的，还有"嫂、妇"这两种称呼。

"嫂"的意思很明确，就是指兄长的配偶。这个字右边的"叟"是对老年男性的一种尊称，所以既含有年长之意，同时也表示尊重。因此，称兄长的配偶为"嫂"同样具有年长与尊敬的双重含义。

"妇"以前写作"婦"，右边是"扫帚"的"帚"，表示手持扫帚打扫。所以，"妇"原本指的是已婚女性，后来也用来称呼弟弟的配偶，即所谓的"兄嫂弟妇"。可见，在古代非常讲究长幼有别、尊卑有序，哥哥和弟弟配偶的称呼都能反映出这方面的差别。

zǐ
姊

mèi
妹

sǎo
嫂

fù
妇

二　堪比丽木良禽的兄弟

兄弟之情历来是传统文化的重要聚焦点。从孟子总结、提倡"兄友弟恭"到唐代诗人王维作"遥知兄弟登高处，遍插茱萸少一人"，再加上春秋战国时期《郑伯克段于鄢》和魏晋时期曹植《七步诗》等反面教材的推波助澜，"兄弟"便成为亲情的一种标志性意象。

其实远至西周，《诗经·小雅》的《常棣》篇里面除了"凡今之人，莫如兄弟"的直白性表述，还出现了对"兄弟"的比喻性称呼，例如

常棣

"常棣之华，鄂不韡（wěi）韡"，意思是常棣之花盛开，花萼和花托鲜艳亮丽。因为整首诗是颂扬兄弟情深的，所以其中的"常棣"就被用作"兄弟"的比喻，以致它后来就成为"兄弟"的一种代称。

"常"这个字在《藏在身体里的汉字》一书中曾经谈到过，最初意思是指穿在下面的衣裙，也有意见认为它最初指的是一种旗帜。

"棣"指的是一种灌木，也就是"常棣"。后来也有把"常棣"写成"棠棣"的，而且这种形式也可以用来表示"兄弟"。例如苏轼《生日王郎以诗见庆，次其韵并寄茶二十一片》："棠棣并为天下士，芙蓉曾到海边郎。"

"棠"最初指的是一种不结籽实的植物，也就是所谓的"草木之牡者"；而结籽实的则叫"杜"，即"草木之牝者"。牝、牡指的就是雌和雄。

táng

棠

dì

棣

另外，古代还曾经出现过把"常棣"写成"唐棣"的情况，而且也把"兄弟"这种寓意赋予了"唐棣"。但是，据许多学者考证，就植物而言，"常棣"与"唐棣"完全是两种，特别是唐棣之花的开合顺序与一般植物刚好相反。其他植物的花是先合后开，唐棣的花是先开后合。这种与同类都相反的特性，潜藏着"不亲和"的意味，因此，"唐棣"寓意"兄弟"的用法在古代遭到了许多人的指摘和否定。

　　与此相对照的是，"棣萼、棣华"表示"兄弟"却是绝大多数人都认可的用法。例如杜甫《至后》："梅花一开不自觉，棣萼一别永相望。"另外，根据记载清代军机处史料的《枢垣记略》，恭亲王也因感叹皇家兄弟之间的相互照应和荫蔽，曾作诗云"光依桐叶茂，荫庇棣华荣"。

　　"萼"指的是花萼，是花瓣下面起承托作用的叶片，一般多为绿色。从发芽到含苞再到盛开，花萼对花都是起保护作用的铠甲，花落之后，有些植物的花萼又会承担起保护幼小果实的职责，一直与果实相依相伴，例如草莓、茄子等。南朝谢灵运《山居赋》："送坠叶于秋晏，迟含萼于春初"，描绘的就是晚秋落叶、初春绽蕾的景象。

　　"华"指的是植物盛开的花，古文字形中包含着花叶绰约下垂的形状。按照古人的说法，如果根据最初的意思细分，木本植物的花称为"华"，而草本植物的花则称作"荣"。然而，按照现代植物学的科学观念，所谓木本、草本，其实并不是严格意义上的植物学分类。

　　"华、萼"之所以能够比喻兄弟，是因为花木的某些特性暗合了"兄弟"的意思。从花瓣、花蕊、花托、花萼以及萼柎（fū）之间的关系看，它们彼此之间的承托与联结的紧密，在古人心目中恰恰象征着兄弟之间的亲密关系，因此，"棣华、棣萼"乃至"常棣、棠棣"才被赋予了"兄弟"的含义。而且，出于同样的理由，"跗萼、萼跗"也可以作为"兄弟"的别称，例如唐代李峤《洛州昭觉寺释迦牟尼佛金铜瑞像碑》："欣跗萼之有序，庆宗社之弥隆"；宋代曾巩《喜二弟

è
萼

huá
华

侍亲将至》："鸿雁峨峨并羽仪，棠棣韡韡联跗鄂（萼）"等。不过，现在表示"花萼"的意思时一般写作"柎"，而"跗"则只用来指脚背。

曾巩的诗句，用花鸟衬托出兄弟、父子即将相见的欢乐祥和场面，让人不由自主身临其境，仿佛也感受到了亲情的绵绵温馨。

除了花木，我国古代确实还存在着用鸟类比况兄弟的现象，例如宋代韩愈《答张彻》："同同抱瑚琏，飞飞联鹡鸰。"这首长诗充满了诗人对侄女婿张彻的欣赏，其中的"鹡鸰"是指张彻、张籍两兄弟。

而用"鹡鸰"表示"兄弟"，其实从《诗经》中就能够找到踪影，例如："脊令在原，兄弟急难"，其中的"脊令"就是"鹡鸰"。

鹡鸰，俗称张飞鸟，是一种地栖类飞禽，多生活在溪流、沼泽、池塘等水边。这种鸟也称"雝（yōng）渠"或者"雝"，它有一种天性，就是用鸣叫声呼唤同类，所以"雝雝"也表示鸟的和鸣声。由于叫声和谐，所以"雝雝"后来还产生出"和谐、和睦"等含义，例如《诗经》中的"雝雝鸣雁、雝雝喈（jiē）喈、有来雝雝"等，有的表示鸟叫声如琴瑟和鸣，有的则表示鸟类相处的亲昵和谐。而无论是呼唤同类、叫声和谐，还是相处和睦，这些特性都符合人们对兄弟的认知，所以"脊令、鹡鸰、雝渠"往往就被当作"兄弟"的代称。

鹡鸰

三　兄弟姐妹的序列

兄弟和睦，往往意味着长幼有序，长兄如领头大雁，把握方向，勇于承当；弟弟如同群雁，跟随兄长，保持完整队形。这种兄弟之间各司其责、各尽所能的情形，也能通过兄弟排行体现出来。

在我国传统观念中，兄弟排行

雁阵

自远古时期就形成了一些比较独特的说法，比如我们常常在人名中看到的与亲属称谓有关的"伯、叔"等，它们就表示了兄弟之间的长幼次序。

"伯"在前面已经谈到，它是对父亲兄长的一种称呼，原本指的就是年长。所以，如果人的名字里含有这个字，往往意味着此人是兄弟中的老大。然而在古代，"伯"并不仅仅限于表示男性年长者，它也可以表示同辈中最年长的女性，例如《诗经》："问我诸姑，遂及伯姊"，意思就是代为问候几位姑姑还有大姐。

"叔"在父辈亲属中指父亲的弟弟，用在兄弟排行中，它一般是指排行第三的男孩。例如三国时期的东吴孙氏，孙权孙仲谋的大名由于《三国演义》以及南宋词人辛弃疾《永遇乐·京口北固亭怀古》等文学作品的推波助澜，几乎妇孺皆知。而他的弟弟，在兄弟中排行第三的孙翊孙叔弼，知道的人就很有限了。

另外，商周时期躲入首阳山"不食周粟"饥饿而死的"伯夷叔齐"两兄弟，"叔齐"在兄弟中也是行三。但是，"叔"在表示时代含义的时候，意思只是宽泛意义上的"末世"，例如唐代李商隐《赠送前刘五经映三十四韵》："叔世何多难，兹基遂已亡"；还有清代魏源《默觚》："叔世之民，其去圣哲亦久矣，其愿见之，日夜无间"。其中，"叔世"指的都是某一个时代的强弩之末，所以含有"衰败、没落"之义，诸如"基业已毁、民心背离圣贤"等等乱象均已呈不可逆转之势。

与"伯"一样表示排行在前的还有"昆"和"孟"。

kūn
昆

"昆"的意思在前面讲"晜"的时候已经提及，它有"或先或后"的意思，在"晜（昆）孙"中它表示的是时间靠后，而在兄弟排行中，它表示的就是排行在前了。例如《诗经》："终远兄弟，谓他人昆"，表现的是流浪之人远离家人，不得不叫陌生人"大哥"这种凄凉甚至屈辱的境遇。

和"昆"略有差别的是，"孟"不只表示排行在前，而且明确表示排在首位，也就是老大。"孟"的金文字形是 ⿱𡆀子，表示婴儿在澡盆一类的容器中洗浴，它最初的意思是"长子"。但是围绕着"长子"一说，历史上也存在着略有差异的说法：一种说法是非正室所生长子为"孟"，而正妻所生则称"伯"；还有一种说法是，无论嫡出庶出，只要是家族中的长子，均为"孟"。

另外，就像"伯"也可以指排行最大的女孩子一样，"孟"也能表示同样的意思。例如按照《毛诗故训传》，《诗经》"彼美孟姜，德音不忘"中的"孟姜"指的就是齐国国君的长女，因为齐国国君姓姜。

除了表示人的长幼次序，"孟"还可以用来表示时间的顺序。由于长子为先，所以"孟"就表示在时间上处在最前面的，比如"孟春"指的就是春季的第一个月，例如南北朝鲍照《代堂上歌行》："阳春孟春月，朝光散流霞。"

孟春之后，随之而来的就是传统上称作"仲春"的春季第二个月了。

"仲"这个字的右边是"中"，它的意思也与"中"相同，就是"中间"。在兄弟姐妹排行中，"仲"指的是排在长子或长女之后的次子、次女，例如大名鼎鼎的孔夫子，表字仲尼，表明老夫子上面还有一位兄长；而古代女子举行"及笄"成年礼之后，取字"仲姬"的一定就是次女了。

"仲"和"昆、伯"等还常常合在一起使用，如"昆仲、伯仲"等，这些说法相当于"兄弟"，例如郁达夫《自述诗》："王筠昆仲皆良璞，久矣名扬浙水滨"。后来，由于表示老大和老二，"伯仲"渐渐就有了"不相上下"的意思，例如孙中山《行易知难》："中国更有一浩大工程，可与长城相伯仲者，运河是也。"

就像前面提到的，"伯、仲"之后是"叔"，而在"叔"之后，还有一个表示最小兄弟姐妹的说法"季"。

"季"这个字下面的"子"很好理解，表明与人有关；它上面的"禾"字是"稚"的省略。"稚"表示晚种的农作物，含有"时间在后"的意思，所以也间接表示"幼小"。因此，"季"最初的意思就是"年少、幼小"。例如《诗经》："谁其尸之，有齐季女"，意思是说，女子出嫁前在娘家行祭祀礼，那么，今天主持祭祀仪式的是谁呢，少女非常虔诚和恭敬。还有《仪礼》："诗怀之，实于左袂，挂于季指"，说的是祭祀过程中，主人从主持人手中接过祭器纳入怀中，再放入左衣袖，并用右手掀起衣袖一角挂于左手小指。这仪式够繁复吧。

"季"用在兄弟姐妹排行中，一般情况下指的是排行第四，但是往往也只是意味着"弟弟"或者"最小的弟弟"。例如李白《春夜宴从弟桃李园序》："群季俊秀，皆为惠连"，意思是，一众弟弟均是俊才，都比得上南北朝时期辞赋家谢灵运的才子堂弟谢惠连。再如唐代元稹《阳城驿》："公令季弟往，公与仲弟留"，其中"季弟"指的就是最小的弟弟。

兄弟姐妹情同手足，而且随着大家一起长大，到了适婚年龄他们往往还会带来更多的同龄伙伴，不断扩充着兄弟姐妹这支家族联队。

四　我们是异姓兄弟姐妹

兄弟娶妻之后，他们的配偶就称为"妯娌"。

"妯"这个字按照五代十国时期南唐训诂学家徐锴的考据，它的右边或许是"冑"的省略。"冑"字有两个来源：一个来源的下面原本是"冃"，就是"帽"的象形字，所以表示盔甲兜鍪，也就是"甲冑"之"冑"；另一个来源上面是"由"，下面是肉月的"月"，表示血脉之由来，也就是"华冑、裔冑"的"冑"。

另外，"妯"字在古代还有一种写法是左边"女"，右边"育"。

zhóu
妯

"育"的甲骨文字形是，表示女性生育。因此，综合考虑徐锴的考据和左"女"右"育"的字形，再结合前面提到儿子的配偶称"媳"，而"媳"含有"繁育子息"的意思，或许"妯"最初就暗含了"繁衍子嗣、传宗接代"的意思。

"娌"最初的意思是"耦"，也就是"两个"或"成双的"，因此，"妯娌"成为"若干兄弟妻子"的说法，很可能意味着两位以上能够传宗接代的女性。例如当代李佩甫《羊的门》："于凤琴这一茬妯娌们，生的娃子就更多了。"

和"妯娌"一样，也表示"兄弟的妻子的合称"的，历史上还有"姒娣"这样的说法，例如《曾国藩家书》："兄弟姒娣，总不可有半点不和之气。"

"姒"的基本意思是兄长的妻子，而"娣"就是弟弟的妻子了。"娣"这个字很好解释，右边的"弟"原本就含有"年少；排行在后"等意思。"姒"这个字大概就要费些周折了。目前还没有查到历史上解读该字源流的文献和说法，而我们通过这个字右边的"以"，或许可以探究、推断一下它的来源。

按照从古至今比较通行的解释，"以"最初意思是"用"或者"为"。但是，参照这个字在甲骨文里面的一种字形 和《六书通》里的一种字形 ，再比较"氏"的甲骨文字形 ，我们似乎有理由推测，这个字最初的意思应当是"有所本、有所出"，也就是有可以依凭的来源。因为"氏"的甲骨文字形表示的是"分支"，意思上正是大的氏族部落内部不断衍生出小部落的写照，而一切衍生出来的

姆 lǐ

姒 sì

娣 dì

小部落均以大部落为母体，大部落就是它们的源头，也就是它们"所本、所出"的本源。恰好，《康熙字典》对"以"这个字的解释也有"因也"，而"因"的甲骨文字形就是人躺在席子一类衬垫上，含有"有所依凭"的意思。结合《诗经》"何其久也，必有以也"中"以"表示"原因"这种情况，做出"以"最初表示"有所本、有所出"这样的判断，看上去是合乎逻辑和情理的。

那么，如果上述推断成立，"姒"为什么能够表示"兄长之妻"的意思，就比较顺理成章了。因为女子嫁入夫家，她本人的社会身份从此就有了新的本源和依托。而且按照中国古代传统观念，对女性而言，一切都是"之子于归，宜其室家"，夫家才是她们一生的归宿和依凭。所以，"姒"的意思就比较明确地表示了女子出嫁之后以夫家为依凭这种观念。

与兄弟的妻子称"姒娣、妯娌"相映衬，姐妹的配偶则称作"连襟"或"挑担"。

"连"最初意思是用人拉的车，由于人与车之间相连不绝，所以后来就有了"连接、联结"等意思。"襟"最初指"交叠于胸前的衣领"，后来也表示衣袍的前襟。

衣袂相连，是为"连襟"。可见，这种说法比较形象地展现出姐妹配偶之间的亲密关系。当然，这里面是否也隐含着"连"最初的负重之义，表示男性也是岳父母家的劳力之一，那就不得而知了。但是，"挑担"却非常明显地呈现出劳动和劳力的含义。

根据"挑担"这种说法所通行的地域，它确实表现了那些地区比较常见的劳动方式。因此，"挑担"指姐妹配偶这种意思，很可能暗含了两个以上男劳力娶了同一家姐妹为妻这样的寓意。当然，从另一个角度看，扁担这种工具总是两头负重的，如果把男性看作是悬挂在扁担两头之物，那么，他们之间的关联确实就是同一家庭的姐妹在起类似扁担的连接作用了。

妯娌、姒娣、连襟、挑担，他们都体现了一个家族网络不断扩

连 lián
襟 jīn
挑 tiāo
担 dàn

大的态势，而就弟弟与嫂子的关系而言，自古就有"长嫂如母"这样的说法。而且在以前的现实生活中，的确也存在着长嫂在年龄上完全可以划归母亲一辈的情况，所以侄子比叔叔年龄大的现象并不少见。这种情况就引出了一个家庭或一个家族中的辈分问题，而辈分则是家族修族谱时非常重要的一项内容。

第十八章 族谱和宗祠里的祖先

在这个部分你将了解到下面这些字：

辈	分	世	代	谱	系	裔	胤	袭	肖
宗	祠	祊	昭	穆	阀	阅	绍	昌	显
兼	异	同	卑	谦	敬				

一　族谱上的祖祖辈辈

"辈分"一说，完全起源于家族内部排列成员位次的需要，例如当代张清平《林徽因传》："他们的族谱上有记载，严格按辈分字号排行的方法，使他们不会弄错这一脉子孙的谱系。"当然，后来这种观念也扩展到某个集体或领域中的成员关系，比如"小字辈、论资排辈"等。

"辈"上边的"非"表示整个字的读音；下边的"车"表示字的意思与"车"有关。按照清代段玉裁《说文解字注》"盖用《司马法》故言"的说法，也就是依据传为春秋时期军事家司马穰（ráng）苴（jū）（又称"田穰苴"）编著的兵书《司马法》，这个字最初确实表示"一百辆军车"。

在一般情况下，达到这种数量的军车，行进中必有序列。而如果把"辈"的"序列、行列"等含义应用到人群，它就可以表示按照

bèi

辈

某种标准划分的人的先后次序了。例如杜甫《八哀诗》："古人不可见，前辈复谁继。"

"分"表示用刀把东西分开，而把东西分开就有了"区别、区分"等意思。当它读去声的时候，最初大致有两种意思：

一种是事物本身所具有的某些特征，而这些特征里面实际上已经暗含了一定的"区别性"，像"名分、职分"等，例如诸葛亮《出师表》："此臣所以报先帝而忠陛下之职分也。"

另一种是平均分割或分配，以及均分之后所形成的结果。例如《左传》"凡侯伯救患分灾讨罪，礼也"和《礼记》"分毋求多"，前一个例子中的"分"指的是"分担"，其中含有"均摊"的意思；后一个例子中的"分"则指的是均分之后所形成的部分，相当于现在的"份、份额"等。

但是，在"辈分"这类表示事物某种特性的词语中，从意义源流看，历史上曾经使用"份"的现象是不恰当的。而且，"份"这个字，最初意思和"文质彬彬"的"彬"相同，它甚至跟"份额"这种意思完全不沾边。

家族里，一辈又一辈子孙绵延不断，这就形成了世世代代香火相继的局面。

"世"的金文字形是 ，它是把三个"十"合到了一起，意思就是三十年。例如《论语》："如有王者，必世而后仁"，意思是如果有开创霸业者，必然要经过三十年励精图治，而后才可能形成仁政的局面。

"代"最初的意思是"更替"，后来，由于唐代时避讳唐太宗李世民的名字，所以"代"出现了与"世"相通的情况，例如唐代诗人王维咏叹西汉名将李广嫡孙李陵的《李陵咏》："汉家李将军，三代将门子。"这里的"代"如果依照古例，就应当使用"世"。

当然，无论是与"世"相通，还是由"更替"之义发展，"代"都会指向一辈又一辈的人，例如清代赵翼《论诗》："江山代有才人出，各领风骚数百年。"

世代交替，前贤后秀，一拨一拨的人因借老祖宗的根基衍枝蔓叶，逐渐就形成了蔚为壮观的参天大树。那沃若的枝叶可能就成为镁光灯下定格的族谱。

谱
pǔ

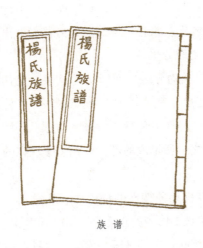

族谱

"谱"最初的意思是登记造册或者按照一定序列陈列事物，这恰好就是修族谱的真实写照。例如唐代刘知几《史通》："《史记》者，纪以包举大端，传以委曲细事，表以谱列年爵，志以总括遗漏。"几句话非常精当地概括了《史记》"纪、传、表、志"的主要特征，其中，"系统性记载呈现世系、人物和史事"是"表"的主要标志，其内容、体例与作用大体上相当于我们今天的"大事记"。

系
xì

"系"的甲骨文字形为 ![甲骨文]，表示丝从手中悬坠。后来到了小篆，这个字演变成由"厂"（yì）和"糸"构成，"厂"表示横向拖曳，在一些字里面也常常变成"丿"。所以，根据小篆字形，"系"的意思就与"繫"出现了相通、混用的情况，有了"系联、联结"等意思。而实际上，"系"最初就是"悬垂"之义，而且在这种意义上，由"统合、集聚于一点而向下延伸"，随后才产生出"直系、世系、支系"等含义。

从古至今，虽然"系、繫、係"三个字确实存在通用的情况，但是在"直系、世系、支系"这种意义上，只能用"系"。这一点，在使用过程中，尤其是在进行繁简字转换时要非常注意，一定不要弄错。

"谱系"合在一起，意思十分清楚，就是指"从起始祖先向下衍生的家族支脉序列"。从这样的序列中，我们能够很清晰地看到一个家族的先祖及其子嗣后裔。

二　子孙后代薪火相继

"裔"这个字对绝大多数华夏子孙来说并不陌生，因为很长一段时间以来，遍布世界各地的数千万"华裔"一直在寻根问祖，谱写着一曲又一曲同胞情深、血浓于水的动人篇章。就连他们在海外聚居的地方，往往也以"唐人街"命名。而"唐人街"这个名称正是大唐盛世中外文化交流的见证，辉煌的历史与现状无疑给"唐人街"的沧桑平添了一抹亮丽的色彩。

yì
裔

唐人街

"裔"上边是"衣"；下边是"冏"（nè）。对这个字的解释存在着几种意见：第一种意见认为它最初的意思是"衣裙"；第二种认为是"衣裾"；第三种认为是"衣服的边缘"。

我们先看第三种意见。"裔"确实有"边缘"的含义，但是这种意思是后来发展出来的，而且是指一切事物的边际，并不单单指"衣服的边缘"。例如《左传》《史记》中的"投诸四裔""迁于四裔"等，其中的"四裔"都是"四方偏远之地"的意思，这类政策与举措的核心是把当时的一些少数民族迁到距帝王统治区很远的偏远地区。

再说第二种意见。"裾"指的是衣襟，意思与之相近的还有"衽、衿"等，因此，在古汉字大家庭中，再多一个表示相同概念的"裔"，必要性似乎存疑。而且清代段玉裁在《说文解字注》中也已经回应了这种意见，认为是文献流传过程中把"衣裙"误作"衣裾"了。

显然，现在仅剩第一种意见接近正确。的确，如果把"裔"最初的意思明确为"衣裙"，那么，由于衣裙有"下垂"含义，结合前面"系"的"悬垂"之义，我们就可以理解"裔"后来表示"子嗣后人"的缘由。

此外，"裔"下面的"冏"其实本身就有"向下"的意思。因为这个字跟"讷"相通，而"讷"本来就是"有话憋在肚子里面，难以表达出来"，其中隐含着"把言语咽进腹中"的意思，这种意思又明显表现出向下吞咽的趋势。因此，"裔"自然也就具备了表示"向下"的本质，这就是它后来表示子孙后代的来源。例如屈原在《离骚》"帝高阳之苗裔兮"这句话中，显然表露了自己是远古时期五帝之一颛顼后代的自豪感。

血脉上的后裔，全凭一代一代子嗣承续而来，而表示承续意思的有一个很特别的汉字"胤"，这个字还常常出现在人的名字里，寓意家族香火相继、人丁兴旺。

yìn

胤

"胤"的金文字形为𦝧，左右两边形成的"八"象征绵长；中间上半部分的"幺"从字形角度表示叠加；中间的下半部分是"肉月"。几个部分合在一起，表示同一血脉上子孙相继、代代承续，例如《国语》："胤也者，子孙蕃育之谓也。"

子孙繁衍，实际上也就是后人对先辈的承袭。"袭"同"裔"一样，也包含了"衣"字。

关于"袭"这个字最初的意思，主要有两种意见：一种意见认为表示衣服前襟向左掩的一种袍服；另一种意见认为表示衣服外面再套衣服或者罩衣服。

这两种意见各有各的理由，也都有相应的文献用例。但是，依照"袭"后来的意义发展，再结合它在古代的其他字形，或许后一种意见在理据上更充分一些。

先看文献用例。《礼记》："寒不敢袭，痒不敢搔"、"升降、上下、周还、裼（xī）袭，礼之文也"。第一句话比较直白，就是冷了也不敢再加衣服，感到痒了也不敢搔痒，充分体现出旧时代礼教对媳妇在公婆面前举止的束缚。第二句话说的是乐舞的一些规矩，其中包括敞开外套（裼）、合拢外套（袭）都是符合礼制的点缀形式。

从文献用例可以看出，无论是增加衣服还是合上外套，其中都含有"重复叠加"的意味。

再看"袭"在古代的另一种字形"<ruby>袭<rt>龘</rt></ruby>"，它的上边是两个繁体字"龍"，而由两个"龍"构成的字读dá，意思是两条龙或者龙腾飞的样子。很显然，这个字的读音和意思似乎与"袭"的音和义离得都比较远。那么，对这种字形比较合理的解释可能就是它在"<ruby>袭<rt>龘</rt></ruby>"里面只是表示"重复"。类似情况其实在"胤"字里面的"幺"字上已经有所体现。

因此，综合以上情况，把"袭"最初的意思解释为具有重叠、重复含义的"增加衣服"应当是比较妥当的，因为"重叠、重复"就意味着"因袭"或"承袭"等，恰好与"子孙承继前人"的意思相符。

承继祖先，往往意味着与祖先相似，现在依然活跃的一种说法"不肖子孙"，虽然整个意思与"承继"相抵触，但是其中的"肖"原本就表示相似。

"肖"的金文字形是 𦙞，下面是"肉月"；上面的部分是"小"，"小"既表示"肖"的读音，同时也表示晚辈。这个字最初意思是骨肉血脉相连的后代"酷似其祖先",后来也表示一般意义上的"相似、酷似",而且在这种意义上要读第四声。现在的"肖像、惟妙惟肖"等都来源于这种意思。例如陈祖芬《祖国高于一切》:"说来也怪,只有她出走之后,他这做丈夫和父亲的人,才充分地领略了这一切遗传上的惟妙惟肖之处。"再如清代李渔《闲情偶寄》:"春花肖美人之已嫁者,秋花肖美人之待年者",意思是春天盛开的鲜花就像"之子于归"的佳人,而秋季吐蕊的群英则像待字闺中的少女。

三 祠堂里的先祖

基因的强大力量,使得许多后人与其祖先之间虽然经过漫长岁月的销蚀与砥砺,但是依然能够从他们身上看到祖宗的影子。诚然,绝大多数祖先也都早已驾鹤西去,仅仅留存在后人的记忆以及宗族祠堂之中了。

宗族祠堂中的祭祖活动是每一个家族的大事,那些牌位代表的先祖也是族人的骄傲。

"宗"的甲骨文字形是 ,上面的"宀"表示房屋;下面的"示"甲骨文字形为 ,表示天上的日、月、星垂示人间,后来就有了"祭天、祭祀"等意思。所以,"宗"既表示在房屋里面祭祀和崇奉,也表示祭祖的场所"祖庙"。例如杜甫《咏怀古迹》:"诸葛大名垂宇宙,宗臣遗像肃清高",表达的是后世对诸葛亮的尊崇和敬奉。再如《诗经》:"既燕于宗,福禄攸降",意思是说,已经在宗庙陈设了祭

zōng

宗

祖的酒席，因此，福禄就会源源不断地降临。

"祠"最初意思是"春季的祭祀"，后来也可以表示"祠堂"。例如《礼记》："仲春之月祠不用牺牲，用圭璧及皮币"；还有《红楼梦》："次日一早，至宗祠行礼，众子侄都随往。"

"祠"这个字意思比较简单，但是对于这些意思的解读却很有趣味。一种意见认为，这个字含有"词"的意味，因为春季祭祀供奉的贡品相对较少，甚至会以"圭璧及皮币"代替牛、羊等，因此，祷告的话语相对就多一些，于是便包含了"语词多"的意味。不知这样的解读是否基于春天乃青黄不接时节，所以连祭祀也因应现实情况而一切从简了。

另一种意见认为，"祠"有"食"（sì）的含义，因为孝子思亲，所以供奉物品给祖上享用。由于食物是供奉给祖先的魂灵享用，所以为了区别让活着的人进食的行为"食"而使用了"祠"。

在宗祠里祭祀祖先，必有祭祀之处，这种祭祀的地点便称作"祊"（bēng）。当然，也有一种意见认为"祊"是祭祖时接待宾客的地方。

"祊"最初的字形是"彭"，两个字形的相同之处是都含有表示祭祀的"示（礻）"。后一种字形比较容易分析，上边的"彭"表示整个字的读音，下边的"示"与字义相关。而前一种字形看上去则比较费解，虽然左边的"礻"提示了整个字意义方面的信息，但是右边的"方"既不能提示读音方面的线索，也看不出和字义之间有什么关联。这种情况好像有违汉字的造字理念与原则。

但是实际上，根据一些人的考证，"祊"右边的"方"可能有两种来源：

一种是子孙后辈祭祖时，思念至深，茫然若失，就像东汉班固《白虎通》中"念亲已没，棺柩已去，怅然失望，彷徨哀痛"所表述的那样，心中彷徨不已。因此，"方"其实负载了"彷徨"的意思。

另一种是祭祖时，孝子不知神之所在，所以请求法师于宗庙门内的旁侧祝祷，并且也在此处接待宾客。因此，"方"就同"旁"产生了关联。

这些祭祖过程中的种种细节，充分表达了子孙后代对祖先的虔敬之心，而且这种心绪从宗祠里面祖宗牌位的排列次序也可见一斑。

祠堂里的祖宗牌位，基本格局是始祖居中，然后分左右序列安置始祖的后辈，左首依次为始祖之子、曾孙、来孙和仍孙等；右首依次是始祖的孙子、玄孙、晜孙和云孙等。左首与右首的相对位置均为父子关系。左首父辈序列称为"昭"，右首子辈序列称作"穆"。

zhāo
昭

mù
穆

"昭"本来意思是明亮，后来也表示自上而下的彰显，例如诸葛亮《出师表》："昭陛下圣明。"恰好宗庙中的"昭"都是面南向阳而居，均沐浴在阳光之中，而且与右首相对位置的"穆"均为父子这样自上而下的长幼关系。

"穆"本来是一种农作物的名称，但是经典中使用的"穆"往往是代替它右边的"䜘"。而"䜘"是由"𡭴"的一部分和"彡"构成，"𡭴"就是表示细小间隙的"隙"；"彡"则表示光线或纹饰；合在一起的意思是微弱的光亮或细细的花纹。"䜘"的这种"幽暗微弱"含义常常意味着静谧、肃静，再进一步则可以发展出"肃敬、肃穆"等意思。而宗庙中"穆"的位置正好是面北背光，本身接受到的光线的确比较微弱，而且在相对位置的"昭"面前，它们确实也需要表现对父辈的恭敬。

可见，就是宗庙中的牌位也充分体现了传统文化中宗法制度的严密和繁复。

四　大家族的辈分用字

然而，大家族的祖先还并不仅仅存在于家族的祠堂里面，一些家族宅院的正门之外，左右两侧常常会竖起两根柱子，柱子上面就铭刻着这个家族先祖的功业与荣耀。这两根柱子分别叫做"阀"和"阅"。例如宋代王钦若等修编的《册府元龟》："阀阅二柱，相去一丈，柱端置瓦筒，号为乌头"；还有南朝顾野王修编的《玉篇》："在左曰阀，在右曰阅"。

"阀"最初的意思是"自序"。由于这种自序是刻写在大门外面竖起的柱子上的，所以它的字形就跟"门"产生了联系，而且它本身也可以指这种柱子。至于这个字里面的"伐"，其实并不仅仅表示"阀"的读音。因为"伐"最初的意思是"击、刺；砍杀"，后来就表示"征战"，而参与征战的人则意味着有建功立业的可能性，所以"伐"也

fá

阀

阀 阅

具有"功业"的含义。例如司马迁在《史记》中评说项羽"自矜功伐，奋其私智而不师古"；还有记载魏国隐士侯嬴劝诫魏公子信陵君"北救赵而西却秦，此五霸之伐也"，其中的"伐"都是指"功业"。而"伐"的这种含义正是"阀"表示"祖先功业"的来源。

既然表示功业，而一切功劳又存在着或大或小的差别，因此，"阀"实际上也含有"等级"的意思。例如《史记》："古者人臣功有五品，以德立宗庙定社稷曰勋，以言曰劳，用力曰功，明其等曰阀，积日曰阅。"从这里不难看出，"阀"显然具有核定功劳等级的含义。而与"阅"相关的所谓"积日"，指的则是"资历的长短"。

前面已经提到，"阅"是与"阀"隔大门之宽度而呼应的另一根柱子，上面同样刻有文字。参照"积日曰阅"的说法，我们能够知道，这根柱子上面刻写的内容应当是大户人家祖上的经历或履历。因此，"阅"这个字应当具有"经历"的含义，这也正是仍然在使用的"阅历"

yuè

阅

等词语意义上的源头。

另外，既然用文字记录了祖先的历史，那么，这些内容除了作为历史资料留存，更大程度上的目的与作用，应当是让后人或他人知晓，而要了解这些历史，就必须阅读文字记录，这便是"阅读"中"阅"的意义由来。

当然，"阅"除了以上这种来源，在古代它还有另外一种来源。

按照《说文解字》的解释，"阅"的意思是"具数于门中"，也就是在门里清点物品、记录数量。这种情况首先表明古代大户人家的大门不是仅仅只有门扇、门槛等，而且还包括一定的空间和面积。其次还说明"阅"这个字与"门"有着紧密的联系。最后，由于清点和记录都具有留存历史的目的与作用，所以参照前面的相关内容可以知道，"阅"的这种来源同样可以成为"阅历、阅读"等词语意义方面的基础。

祖上的荣耀，既是后人引以为傲的资本，同时更是激励、鞭策晚辈"青出于蓝而胜于蓝"的动力。因此，许多家族在辈分用字的选择上就充分体现出传承家风、光耀门庭的愿望。

家世显赫的名门望族自然十分重视辈分用字的遴选，例如孔氏家族自四五十代人开始，就通过御赐等方式确定了超过百世子孙的辈分用字，其中包括现在大家比较熟悉的"令、祥、德"等等。

另外，据说南北朝时期梁武帝萧衍虽然一生戎马倥偬，但是此公文才上佳，后来由于思虑子孙教育问题，所以诏令属下周兴嗣连缀上千汉字编成蒙学教材，结果催生了影响至深并被后人叹为"舞霓裳于寸木，抽长绪于乱丝"的《千字文》。后来，有萧氏子孙提议就用《千字文》当作萧氏辈分用字，结果却被他否决，他的理由很简单：在天下尚未一统的乱世，子孙名字如果有极其显著的标志，恐怕出门往来很不方便。

除了这些大户人家，实际上普通百姓也存在着辈分用字的需求。像我国历史上许多家族就曾经使用过辈序字表。这些字表大都编成比较容易记诵的韵文形式，例如江苏有一支张姓的辈序用字为："好学用典，有文斯远，积庆之家，儒宗以衍，运际昌明，时乘光显。"

一般情况下，辈序用字的寓意大致会集中在这样一些方面：一是彰显品德修养；二是继承光大祖业；三是寄托期望愿景，等等。

品德修养方面比较常见的辈序用字有"忠、孝、慎"等；继承祖先方面的则是"承、绍、昌"等；表达愿景的一般就是"魁、显、瑞"一类的"好字眼"。

"绍"最初的意思是"接续、联结、继承"等，例如《尚书》："绍复先王之大业。"所以，现在常用的"介绍"其实就是表示在若干个体之间建立联系，使它们彼此相连接。

"昌"是个比较有意思的字，根据它的意义，说它是由两个"日"构成似乎顺理成章，但是，根据清代段玉裁《说文解字注》，尽管许慎的考释也提到了"日光"这样的意思，然而他们都认为"昌"是由"日"和"曰"构成，最初表示"善美的言辞"，后来才指一切美好。因此，"繁荣昌盛"并不是由日光炽盛之意而来，而应当是由"美好"的意思发展而来。

"显"同样是个有意思的字，因为它的来源有两个。第一个来源是"㬎"，字的上边是"日"，下边是"丝"，表示日光下有许多蚕丝，意思是"众多东西都明亮"。第二个来源是"顯"，左边是"㬎"，右边是表示头部的"页"。不难发现，无论哪种来源，"显"都含有"显著、彰显、明显"等意思。因此，"显"成为家族辈序用字，本身的用意就非常显著，明显寄托了长辈对后代的殷切希望，希望他们能够取得非常突出的业绩，成为优秀的杰出人才。

shào
绍

chāng
昌

xiǎn
显

五　人与称呼的多样关系

的确，一个家族的兴旺，往往需要祖祖辈辈几十代甚至成百上千代子孙持续不断地进取，因为任何懈怠都可能导致家族的衰落。

从一些比较古老的家族族谱看，我们常常会发现这些家族的辉煌历史，也能看到这些参天大树上盘根错节的支支脉脉。同时，如果参照前面谈到的亲属称谓，我们还会发现有些亲属的称呼往往不止一种。比如祖父，我们除了称"祖、祖父"之外，还会称"爷爷"，而且在古代还曾经称作"大父、王父、大王父"等。与之相应的"祖母"，也有"奶奶、婆婆、娘娘、媓妣、大母、王母、大王母"等。这些称呼表现出明显的多样性特征。

与这种情况相呼应的，还存在着把同一种称呼用于不同辈分亲属的情形，比如在古代，"姐"曾经就是对母亲的一种称呼，现在却用来称年龄比自己大的同辈女性。

以上两种情况其实是从不同角度看待亲属称谓的结果，而它们在本质上并无多大差别。因为从亲属角度看，是有些亲属身兼多种称呼；而从亲属称呼看，则是有些亲属的称呼兼及多种亲属。这种"同"与"异"实际上是一种辩证统一。形成这种现象的最主要原因不外乎地域差异或者时代差异等。

　　"兼"的金文字形是，表示用手同时抓握两株庄稼，意思是"同时涉及或具有几种事物"。例如清代李渔《闲情偶寄》称赞"芙蕖"是："有五谷之实，而不有其名；兼百花之长，而各去其短"；再如"鱼与熊掌不可兼得"。同样的道理，我们的"祖父"先后身兼"爷爷、大父、王父"等多种称呼；而"姐"又先后兼指"母亲"和"姐姐"。

　　人与称呼之间的多样性关联，其实反映的是"异"与"同"，"分"与"合"。

　　"异"这个字有两种来源。一种来源是"异"，表示用两只手托举事物；另一种来源是"異"，金文字形写作 ，由两只手和表示"给予"的"畀"构成，意思是把事物分给别人。

　　按照"异"的后一种来源，如果把东西分给其他人，那么，分开就意味着出现了差别，也就意味着必然会产生"不同、不一致"这样的结果。同一种亲属兼有不同称谓，或者同一种称谓兼及不同亲属，其实这也是一种分配，因此，就必然会形成某些差异。

　　换一个角度看问题，其实相"异"的现象也会导致相同的结果，比如"奶奶、婆婆、娘娘、媒馳、大母、王母、大王母"等，虽然它们本身是不同的称呼，但是它们指的却是同一种亲属。

　　"同"由表示多重覆盖的"冃"（mǎo）和"口"构成，最初意思是会集、聚合到一起。而聚集在一起的事物，往往意味着"人以类聚，物以群分"，其中就隐含了"相同"的意味。因此，"异"与"同"实际上也就意味着"分"与"合"，而且从某种意义上说，也是"分"或者"合"所带来的必然结果。

　　有些情况下，传统观念中的尊卑意识也是导致亲属称谓产生差

jiān

兼

yì

异

tóng

同

异的原因，例如弟弟的配偶，既可以称"弟媳"，也可以称"弟妇"。"媳"和"妇"这两个字我们前面已经谈到了，"妇"字里面就潜藏着地位卑微的含义。

bēi
卑

"卑"的金文字形是 𤰞，上边是盔甲的"甲"，下边是古文"左"。"甲"代表人的头部，"左"由于我国古代"右首为尊、尊右卑左"的传统观念，所以，上下两部分合在一起就表示"卑微"。

但是，按照传统文化中人的道德品行方面的某些规范，实际上所谓的"卑微"常常并不等同于客观现实，而是仅仅意味着某种观念与态度，比如几乎人人都耳濡目染的"戒骄戒躁、谦虚谨慎、尊重他人"等。

qiān
谦

自谦无疑是一种美德，当然适度也是必要的。在绝大多数情况下，自谦的同时往往就意味着"尊敬"和"恭敬"，因此，"谦称"和"敬称"其实是同一种情况的两个侧面，本质上并无差异。比如提及自家儿孙说"犬子"，而提到对方公子就会称"令郎"等。

根据《说文解字》，"谦"最初的意思其实就是"敬"，再参照其他工具书，所谓"至恭不自满"等种种解释，毫无疑问都含有"敬"的意思。

jìng
敬

"敬"由"茍"（jì）和"攵"构成。注意，这里的"茍"不是"苟且"的"苟"，它本身意思是"自我谨慎言行"；而"攵"与"攴"（pū）的读音和意思都一样，是通过手持小棍形状表示"敲打、敲击"，进而表示"督促"等。因此，"敬"的意思就是通过督促等达到谨言慎行、严肃恭谨的状态。其中"茍"与"敬"读音相似，所以也具有表示读音的作用。

总括以上内容，无论是自谦还是恭敬，无论是同一种亲属对应多种称呼，还是多种亲属对应于同一种称谓，其实它们所反映的都是我国传统文化中亲缘关系的方方面面，是我们触摸历史、感受中华文化的一条重要门径，也是我们热爱亲人、光大中华祖先业绩、共创中华民族灿烂明天的巨大动力。

主要参考文献

费锦昌，徐莉莉:《古今汉字趣说》，第1版，169页，广东，暨南大学出版社，2011。

傅永和，李玲璞，向光忠主编:《汉字演变文化源流》，第1版，1783页，广东，广东教育出版社，2012。

韩伟:《汉字字形文化论稿》，第1版，290页，北京，世界图书出版公司，2010。

陆宗达:《训诂简论》，第1版，207页，北京，北京出版社，2002。

钱文忠:《钱文忠解读〈百家姓〉》，第2版，273页，江苏，江苏文艺出版社，2014。

裘锡圭:《文字学概要》，第1版，287页，北京，商务印书馆，1988。

施正宇:《原原本本说汉字——汉字溯源六百例》，第1版，320页，北京，北京大学出版社，2009。

王力主编:《王力古汉语字典》，第1版，1817页，北京，中华书局，2000。

王力主编:《中国古代文化常识》，插图修订第4版，265页，北京，世界图书出版公司，2008。

王筠:《文字蒙求》，第2版，189页，北京，中华书局，2012。

张一清:《十二个汉字品历史》，第1版，194页，广西，接力出版社，2015。

左民安:《细说汉字》，第1版，574页，北京，九州出版社，2005。